KB138555

바르트부르크의 루터
지금의 모습을 바탕으로 그린 바르트부르크 성

1521년 5월 4일, 아우구스티누스회 수도사 마르틴 루터는 보름스에서 비텐베르크로 가던 도중 무장한 기사들의 습격을 받았다. 알텐슈타인 성 부근의 튀링엔 숲에서 루터가 납치된 것은 황제의 파문이 발표되기 며칠 전의 일이었다. 루터는 납치 계획을 이미 알고 있었다.

하지만 루터의 아주 친한 동료까지도 루터가 바르트부르크에 숨었다는 사실을 몰랐다. 제국에서 추방된 루터는 목숨을 지키기 위해 강력한 선제후의 보호 아래 이곳에서 은둔해야 했다.

융커 외르크 안전을 위해 루터는 변장을 했고 '융커 외르크'라는 이름의 기사로 변신했다. 수도복을 벗고 기사의 겉옷을 입었으며 깎았던 머리를 기르고 수염을 길러 얼굴을 덮었다. 그의 진짜 이름은 더 이상 사용하지 않았다.

루카스 크라나흐 1세,
〈융커 외르크로 변장한 마르틴 루터〉, 목판화, 1522.

망루
성의 방어를 위한
중요한 건물

새들의 왕국 지난 몇 년간 쉼 없이 긴장하며 지내온 루터에게 갑자기 고요함이 찾아왔다. 그는 '외딴 곳에서' 혹은 '밧모 섬*에서' 쓴다며 수많은 편지와 책들을 썼다. 하지만 '새들의 왕국에서'라는 인사는 단 한 번 사용했는데 아마도 자신이 은신하는 곳이 산속이라는 암시를 줄까 봐 자제했던 것 같다.

남쪽 탑

③

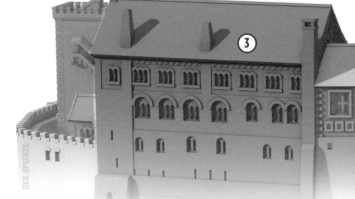

루터의 성경 번역
12월 중순부터 루터는 신약성경을 독일어로 번역하기 시작했다. 1483년에 뉘른베르크에서 출간된 코버거(Koberger) 성경에 수록된 고린도전서 13장 1~3절 문장이다.

"만약 내가 사람과 천사의 말을 할지라도 내게 사랑이 없으면 내 소리는 울리는 종소리나 딸랑거리는 방울 소리가 되고 만약 내가 예언을 하고 모든 비밀을 알고 모든 예술을 알며 모든 믿음이 있어 산을 옮길 수 있다 해도 내게 사랑이 없으면 나는 아무것도 아니다."

루터는 그리스어 원문을 이용해서 신약성경을 번역했으며 대중이 더 잘 이해할 수 있게 설명을 첨가했고 내용이 분명히 전달되도록 민중이 사용하는 단어를 선택했다. 루터 성경(1545년)의 동일한 부분이다.

"만일 내가 사람과 천사와 대화할 수 있어도 사랑이 없다면 나는 울리는 꽹과리이고 시끄러운 종소리다. 그리고 만일 내가 예언을 할 수 있고 모든 비밀과 모든 지식을 다 알고 많은 믿음이 있어서 산을 옮길 수 있어도 사랑이 없다면 나는 아무것도 아니다."

* 로마제국 시대에 종교·정치범을 귀양 보낸 유배지였다. 사도 요한이 이곳에 갇혀 지내면서 요한계시록을 썼다.

1521년 루터의 이동 경로
오늘날의 국경

튀링엔

헤센

바르트부르크

베저 강

프랑크푸르트

마인 강

라인 강

라인란트
팔츠

보름스

출처: 헤센 루터 가도 협회

엘리자베스 성벽
중세 시대에 지어진 성벽 위의 망루는 석궁을 쏘는 사수를 충분히 보호해주었고 나중에는 화약을 말리기 위해 사용되었다.

❶ 잉크병 사건
루터는 성경을 번역하던 중 '사탄'에게 잉크병을 던졌다고 알려져 있다. 그래서 바르트부르크에 재현된 그의 서재 한쪽 벽에는 잉크 얼룩이 묻어 있다. 이 이야기는 경외감을 불러일으키는 전설이 되었으나 벽에 묻은 잉크 얼룩은 진짜가 아니라고 한다. 다만 루터 자신이 바르트부르크에서 사탄과 잉크로 싸웠다고 말한 적이 있다. 성경을 번역하는 작업에 관한 비유가 훗날 잉크병을 던졌다는 이야기로 변한 것이다.

❷ 성문
기사로 변장한 루터는 가끔씩 성문 밖에 나가기도 했다. 한번은 성직자와 마주치고는 그에게 루터를 어떻게 생각하냐고 묻다가 발각될 위험에 처했는데 루터를 감시하던 경비병이 다가와 교묘히 화제를 돌린 일이 있었다. 루터가 '융커 외르크'로 위장하고 책을 빌리려 할 때마다 관리인은 이것이 평범한 기사가 할 행동이 아니라는 점을 몇 번씩 강조해서 알려줘야 했다.

❸ 궁전 / 백작의 집
아우구스티누스회 수도사의 검소한 생활과 반대로 궁전에 사는 '융커 외르크'는 기사 계급에 걸맞은 사치를 누릴 수 있었다. 술도 실컷 마실 수 있었는데 그의 위장이 견디질 못했다. 하필 에르푸르트에 흑사병이 도는 바람에 신분을 숨기고 의사에게 가는 일도 불가능해졌다. 그는 1521년 10월이 되어서야 약을 받고 금방 회복했다.

돌아가다
1522년 3월 1일에 루터는 성을 떠나지 말라는 선제후의 경고에도 불구하고 라이프치히 인근 도시 보르나를 향해 길을 나섰다. 그는 자신이 없는 동안 종교개혁가 카를슈타트가 시작한 과격한 개혁 운동을 막고 싶었다.

1517 종교개혁

일러두기

1. 본문의 외래어는 국립국어원의 외래어 표기법을 따랐으나,
현실적인 언어 사용과 차이가 클 경우에는 원어 발음을 존중했다. 이들 목록은 다음과 같다.

본문 표기(외래어 표기법)

괴츠 폰 베를리힝엔(괴츠 폰 베를리힝겐) | 괴팅엔(괴팅겐) | 로이틀링엔(로이틀링겐)

막데부르크(마그데부르크) | 메밍엔(메밍겐) | 발트링엔(발트링겐) | 빙엔(빙겐) | 잉엔빙켈(잉겐빙켈)

카알(카를) | 튀링엔(튀링겐) | 튀빙엔(튀빙겐) | 페르낭 디 마갈량이스(페르디난트 마젤란) | 필립(필리프)

2. 성경 구절은 대한성서공회의 개역개정판을 따랐다.

DIE
REFORMATION

1517 종교개혁

루터의 고요한 개혁은 어떻게 세상을 바꿨는가

21세기북스

500년 전의 종교개혁은 우리의 일상을 어떻게 바꿨는가?

2017년 10월, 종교개혁 500주년을 기념하며 우리는 종교개혁이라는 사건을 단지 하나의 역사적인 사건이나 교회의 기념일로만 볼 수 없다. 종교개혁의 메시지는 그 당시 정치와 사회 체계에 폭발적인 파장을 불러일으켰고 독일을 넘어 수많은 사람의 일상을 오늘날까지 송두리째 뒤바꿔놓았다.

지금도 종교개혁은 오늘날의 시각으로 볼 때 중세에서 근대로 전환된 결정적인 사건으로 여겨진다. 하지만 현대의 역사학자들은 옛 저술들과 달리 교회의 분열이 시대가 급격히 단절된 원인이었다고 생각하지 않는다. 1500년경에는 개혁의 목소리도 들렸지만 도처에서 복잡한 변혁이 일어났기 때문이다.

그럼에도 비텐베르크의 수도사 마르틴 루터가 교회의 폐해와 교황에 대해 자신의 이론을 발전시켜 제시한 비판은 독보적이었다. 루터의 사상은 교회와 국가를 근본적으로 변화시키는 촉매제가 되었으며 개인의 사생활에도 깊은 영향을 끼쳤다. 하나였던 기독교 신앙이 분열되어 처음에는 두 가지 종파로, 나중에는 더 치열하게 경쟁하는 수많은 신앙고백들로 갈라졌다. 처음으로 종교 영역에서 개인이 대안적인 사고를 품을 수 있게 된 것이다.

독립을 추구하던 영방 제후들의 이해관계가 종교 문제와 결부되어 있었기 때문에 수십 년간 신성로마제국의 통일은 위태로운 지경에 이르렀다. 그들은 종교개혁의 가장 강력한 적이었던 카알 5세가 고수하고자 했던 보편적인 황제권 이념도 넘어섰다. 오래 지나지 않아 제국 각지의 지역 문화는 새롭게 일어난 신앙고백을 받아들여 다양한 생활, 사고, 교육의 전통을 형성하기 시작했고 이때 생겨난 상이한 전통들이 20세기까지 이어져 서로 대립하기도 했다.

종교개혁은 다층적이고 복합적인 양상으로 일어난 사건이었다. 그만큼 종교개혁의 역사적 연구는 복잡할 뿐 아니라 전체를 조망하기가 어렵다. 20세기 중반까지만 해도 학계에는 중립적인 관찰자가 없었다. 역사학자들도 자신의 신앙관에 따라 대부분 어느 한쪽을 옹호했으며 오늘날 이들의 해석과 평가는 마치 자신이 편드는 쪽만 옳다고 주장하는 시도처럼 보인다. 후대 사람들에게 종교개혁의 내용을 왜곡하는 것은 신앙관뿐만이 아니다. 민족주의자, 반유대주의자, 나치 등도 루터와 그의 글을 자기들의 방식대로 해석한다.

어쩌면 이제 무척 세속화되고 이념을 초월한 사회에 사는 우리가 비로소 있는 그대로 1517년의 사건을 바라볼 수 있게 되었는지도 모른다. 그리고 어쩌면 이것이야말로 다가오는 종교개혁 500주년을 앞두고 우리에게 주어진 중대한 과제일 것이다. 이 책은 어떤 방식으로든 이 과제에 기여하기 위해 기획되었다. 이 책의 저자들은 깊은 호기심을 품고 집필에 참여했다. 먼 옛날 아직 종교가 대중을 좌지우지하던 그 시대는 정치와 신앙 그리고 사회가 아주 밀접하게 연관되어 있었고, 한 분야의 변화는 필연적으로 다른 분야에까지 영향을 미쳤다. 이 책은 루터와 그의 사상이 불러일으킨 영향을 추적하고 어떻게 비텐베르크의 이름 없는 아우구스티누스회 수도사가 전 유럽의 영웅으로 떠올랐는지 이해하고자 노력했다. 또한 지방과 도시, 국가 그리고 권력자 집단에서 일어난 발전을 살펴보고, 어째서 본래 학문적이고 철학적인 논쟁이 그토록 엄청난 폭발력을 발휘할 수 있었는지 분석해보았다.

교황과 교회를 향한 루터의 비판이 교회의 분열로 이어질 것이라는 사실은 누구도 예측하지 못했다. 더욱 흥미로운 점은 500년 전의 주연급 활동가들이 이제껏 전례 없는 사건에 대응하기 위해 어떤 전략과 수단을 발전시켰는지, 어떻게 그들이 각자의 이해관계를 옹호했고, 그러면서도 어떻게 타협하기 위해 노력했는지에 관한 내용들이다. 모두 오랜 과거의 이야기임에도 곳곳에서 당시 사람들이 생각해낸 해결책과 타협안은 지금 보아도 무척 현대적이고 실제적이다. 그리고 루터와 그의 동료와 적 들의 사례에서 배울 수 있는 시사점은 이미 500년이나 지났지만 지금도 큰 영향을 끼칠 수 있을 것이다. 이런 생각에서 필진은 이 책이 지적 자극을 북돋는 역사 여행이 되길 소망한다.

2016년 4월 함부르크에서
디트마르 피이퍼, 에바-마리아 슈누어

종교개혁에 관한
가장 시사적이고 흥미로운 접근

이 책은 독일의 대표적인 시사 교양지《슈피겔Der Spiegel》이 종
교개혁 500주년을 기념하여 만든 기획물로, 2015년 11월《슈피
겔 역사》시리즈 잡지의 여섯 번째 책으로 출간되었다. 2016년
DVA Deutsche Verlags - Anstalt 출판사에서 일부 화보들을 생략한 채 잡
지에 실린 글을 모아『Die Reformation: Aufstand gegen Kaiser
und Papst(종교개혁: 황제와 교황에 대항한 봉기)』라는 제목의 단
행본으로 출간되었고,『1517 종교개혁』은 이것을 번역한 것이다.
이 책에 실린 글들은《슈피겔》의 명성에 걸맞게 대중성과 시사성
그리고 전문성까지 결합되어 있어 루터를 중심으로 한 독일의 종
교개혁을 이해하고 파악하는 데 좋은 길잡이가 된다.

  책은 총 3부로 구성되어 있다. 1부에서는 루터의 교회 비판이
발단이 되었던 종교개혁의 주요 전개 과정과 그 의미를 소개한

다. 2부에서는 종교개혁 운동의 외연을 다룬다. 도시에서의 종교개혁, 인쇄술, 기사 지킹엔, 크라나흐 등 흥미로운 소재와 인물들을 통해 종교개혁의 성공에 기여한 다양한 요인들을 살펴본다. 3부에서는 가톨릭교회의 대응을 비롯해 신성로마제국 차원에서 종교개혁의 영향을 다루고 있다. 이처럼 이 책은 종교개혁이라는 주제를 거시적인 시각과 미시적인 시각을 교차시키면서 독자들에게 종교개혁에 대한 전체적인 안목을 갖도록 한다.

이 책에는 26개의 다양하면서도 단편적인 글이 수록되어 있다. 저자가 21명에 이르고 인터뷰이는 5명인데 이들은 독일의 저명한 역사가와 교회사학자 그리고 신학자(마르고트 카스만, 하인츠 쉴링, 미하엘 마테우스, 토마스 카우프만, 루이제 쇼른-슈테) 등으로, 총 26명의 견해가 책에 실렸다. 저자가 많지만 구성이 탄탄해 각각의 글이 서로 단절되는 느낌을 주지 않는다. 이 큰 주제를 한 권의 책 안에 모두 담을 수 없다는 현실을 감안하면, 각 글들은 핵심적인 내용을 파악하거나 새로운 정보를 원하는 독자들의 요구에 부응한다. 작가들 대부분은 전문 학자이기보다는 대중적인 글을 쓰는 저널리스트이기 때문에 글의 성격이 시사적이며, 문체가 건조하지 않아 읽는 즐거움이 크다.

종교개혁이나 루터는 매우 익숙한 주제 중 하나라고 할 수 있다. 따라서 책마다 비슷한 이야기들이 반복되는 경우가 많지만, 이 책은 참신한 소재를 많이 다루고 있어 종교개혁에 대한 이해를 높일 뿐 아니라 흥미도 배가시킨다. 예를 들면 루터를 열렬히 지지했던 기사 지킹엔, 종교개혁 시기 3대 화가 중 한 사람인 루카스 크라나흐, 종교개혁 운동에 기여한 여성들, 뉘른베르크 시·라인 강 하류·스웨덴 등 다양한 지역에서 독특한 양상으로 전개된 종교개혁들을 소개한다. 원서의 편집자들은 그 시대가 종교개혁을 필요로 했으며, 루터 외에 많은 사람들이 주역으로서 개혁에 참여했음을 의도적으로 드러내려 한 것으로 보인다. 더불어 루터를 영웅으로 부각시키지 않았으며, 농민전쟁이나 유대인 문제 등에서 루터가 보여주었던 일탈적인 모습을 노출시키는 것도 꺼리지 않는다.

독자들은 번역문으로 이 책을 접하기 때문에 번역에 대한 언급도 피할 수는 없을 듯하다. 독자의 이해를 돕기 위해 의역하는 과정에서 다소 지나친 부분이 있고 원 저작자들이 표현하려는 미묘한 뉘앙스가 충분히 살지 못해 아쉽지만, 전체적인 이해에는 큰 무리가 없을 것이다.

종교개혁은 흔히 교회사의 주제로 간주된다. 그렇지만 당대에는 종교가 세속사와 분리되어 있지 않았을 뿐 아니라, 오히려 세속의 변화를 재촉한 측면도 있어 통합적인 시각으로 이 주제에 접근하는 것이 필요하다. 그런 면에서 이 책에는 가톨릭이나 개신교 어느 진영에도 기울지 않는 중립적 관찰자이자 외부자의 시각을 견지하려는 저자 및 편집진의 의도가 적절하게 관철되어 있다. 오늘날 세속사와 교회사에서 서로 다른 시각으로 종교개혁을 이해하며 해석하고 있는데, 이 책에서는 여러 분야의 학자들과 대중적 시선을 견지하는 저널리스트들의 다양한 시각을 만날 수 있어 그 거리를 좁히는 데 기여할 수 있으리라 생각한다. 종교개혁 500주년이라는 의미 있는 해를 맞아 이 사건이 시사하는 바를 균형 있게 파악하고, 나아가 종교의 역할을 성찰하는 데 좋은 안내서가 될 것이다.

2017년 10월 밴쿠버에서
박흥식

목차

02 개혁과 시대정신　　15세기, 변화의 움직임이 싹트다

03 개혁이 남긴 의미　　유럽을 넘어 전 세계로 뻗어가다

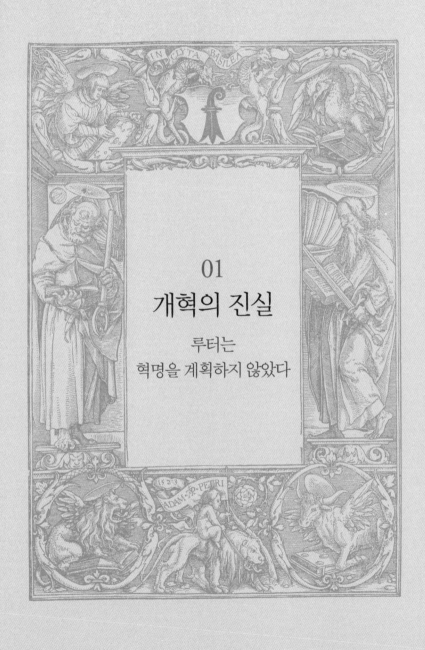

01

개혁의 진실

루터는
혁명을 계획하지 않았다

미래로의 방향 전환

마르틴 루터는 종교개혁을 계획한 적이 없다. 하지만 루터의 주장은 유럽을 근본적으로 뒤바꿔놓았고 오늘날까지도 영향을 미치고 있다. 비텐베르크에서 기원한 사상이 시대의 신경을 깊이 자극했기 때문이다.

 이 이야기는 독일 역사의 위대한 이야기 중 하나다. 어쩌면 가장 위대한 이야기일지도 모른다. 비텐베르크Wittenberg의 무명의 수도사가 강력한 교회 권력에 항의했기에 파문당하고 법의 보호를 박탈당했으나 수천 명의 추종자를 얻었다. 그의 주장은 힘없는 민중뿐만 아니라, 높은 지위에 있던 제후들도 설득시켰다. 로마 가톨릭교회를 향한 그의 비판은 교회에 새로운 종파를 출현시켰고 그렇게 탄생한 개신교가 곧 유럽 영토의 절반을 차지하게 되었다. 이 수도사는 그 정도로는 충분하지 않았는지 결혼하여 행복한 가정을 이루었고 자신의 아내와 더불어 훗날 개신교 목사 가정의 빛나는 모범이 되었다.

어떤 드라마 작가도 이보다 더 극적인 이야기는 쓸 수 없을 것이다. 다른 장면들도 있다. 수도사 마르틴 루터가 비텐베르크 성당 문에 논제를 붙이기 위해 힘껏 망치를 내리치는 장면, 보름스Worms 제국의회에 출두하여 황제 앞에서 "저는 제 주장을 고수할 것입니다. 달리할 수 없습니다"라고 외치는 장면, 그 후에 루터를 파문하겠다고 협박하는 교황의 교서를 불태우는 장면, 바르트부르크Wartburg 성에 숨어 하느님의 말씀을 누구나 이해할 수 있도록 최선을 다해 성경을 번역하던 장면 등 가톨릭교회와 국가 체제에 저항하는 개혁가 루터의 모습들이다.

이런 순간들과 전설을 통해 종교개혁은 독일인의 집단 기억에 깊이 각인되었다. 몇몇 표제어들, 예컨대 '논제 게시'나 '성경 번역', '면벌부indulgence' 같은 단어만 들어도 많은 이들의 머릿속에는 이미 강렬한 종교개혁의 장면들이 파노라마처럼 지나갈 것이다.

종교개혁은 고지식하고 과거에 정체된 중세 시대에 대항한 이성의 반란이며, 무지의 어둠을 밝힌 빛이자 근대라는 새로운 시대를 활짝 연 사건이라 여겨진다. 독일에서 종교개혁 기념일인 10월 31일을 법적 공휴일로 지정한 주는 많지 않지만 독일인은 종교개혁을 국민 의식 속에서 크게 기념할 만한 사건으로, 루터를 위대한 민족 영웅으로 생각한다.

2017년은 루터가 논제를 발표한 지 500주년이 되는 해다. 이제까지 상투적으로 알던 지식과 선입견을 다시 한번 의심해볼 수 있는 좋은 계기다. 왜냐하면 무척 많은 자료들을 통해 종교개혁의 역사 속에 루터의 영웅담만 있는 것이 아니라 실제로는 훨씬 더 복잡한 일들이 있었음을 알 수 있기 때문이다. 게다가 종교개혁을 단지 교회가 분열하기 시작한 시점으로만 이해한다면 종교개혁이 가진 의미를 오해하는 것이다.

종교개혁은 많은 변화들이 서로 강하게 상충하며 역동하는 시기에 일어났다. 루터의 사상이 세상에 나올 무렵에는 종교뿐 아니라 정치와 문화, 사회와 경제 분야에서도 근본적인 변혁의 움직임이 싹트고 있었다. 아마도 그랬기 때문에 루터의 주장이 그렇게 성공적으로 받아들여졌을 것이다. 루터보다 앞서서 등장한 체코인 얀 후스Jan Hus와 영국인 존 위클리프John Wyclif도 비슷한 주장을 했지만 지지 세력이 충분치 않아 성공하지 못했다.

오늘날 우리는 당시 사람들이 어떤 정신적인 요구에 노출되었는지 알 도리가 없다. 세계관이 근본적으로 바뀌었고, 늘 그렇듯이 지식인들의 세계관이 먼저 변하고 일반 대중이 그 영향을 받았다. 1492년 크리스토퍼 콜럼버스Christopher Kolumbus는 그때까지 미지로 남아 있었던 새 대륙을 발견했고, 그 대륙은 1507년이 되어서야 세계 지도에 모습을 드러냈다. 1519년부터 1522년까지 페르낭 디 마갈량이스Fernão de Magalhães(잘 알려진 영어 이름은 페르디난트 마젤란)가 최초로 배를 타고 지구를 일주하여 몇 세기 전부터 알려져 있던 지구가 둥글다는 사실을 비로소 경험적으로 입증했다.

당시 사람들이 비단 지형에 관해서만 완전히 새로운 관점을 갖게 된 것은 아니었다. 1543년 주교좌성당cathedral 참사회원이자 천문학자였던 니콜라우스 코페르니쿠스Nikolaus Kopernikus는 오랜 시간 연구와 관찰을 통해 자신이 내린 결론을 한 편의 논문으로 제출했다. 지구가 자전하면서 태양 주위를 궤도 선회한다는 내용이었다. 태양이 지구 주위를 도는 것이 아니라니 얼마나 혁명적인가!

한편으로는 들뜬 분위기가 생겨났다. 곳곳에서 흥분되는 사건이 계속 벌어졌기 때문이다. 화폐 제도가 빠르게 정착한 뒤 독일 남부 지역의 상업도시, 예컨대 아우크스부르크Augsburg, 울름Ulm, 뉘른베르크Nürnberg와 같은 도시에 인구가 몰리면서 새로운 교통로가 유럽을 더욱 긴밀하게 이어주었다. 인쇄술의 발달로 소책자와 더불어 오늘날 신문의 전신인 《새로운 소식Neue Zeitung》과 같은 간행물들이 처음으로 근대에 발생한 사건과 소식을 빠르게 전하는 매체로 떠올랐다.

예술가들은 실재에 가까운 인간과 자연의 모습을 그려냈고, 인문주의자들은 이탈리아 르네상스의 자극을 독일에도 가져오기 위해 노력했다. 이들은 고대적 원천들을 새롭게 해석하고 고전 교육을 통해 널리 확산시키고자 했다. 몇몇 사람들은 변화를 기뻐했고, 인문주의자이며 시인이었던 기사 울리히 폰 후텐Ulrich von Hutten은 1518년에 선언과도 같은 글을 썼다.

오, 새 시대여! 오, 학문이여! 살아 있다는 것이 얼마나 즐거운가! 그것도 아직 쌩쌩하게 일하고 있을 때 말일세! 학문이 꽃을 피우고 지성이 눈을 뜨고 있다! 그대 야만이여, 목에 밧줄을 걸라. 스스로 떠나가라!

하지만 어떤 변화는 두려움도 불러왔다. 1453년에 오스만제국은 콘스탄티노플을 정복했고 서방을 향해 더욱 세력을 넓혔다. 인구도 증가하여 예를 들어 공작령 작센의 인구는 1450년에 40만 명이었다가 1550년에는 50만 명이 되었다. 그로 인해 빵과 곡물 가격이 치솟았고 경작지가 부족해져 많은 가정이 빈곤에 허덕였다.

중세 시대에는 계시록의 환상에 등장하는, 임박한 종말에 대한 생각이 만연했으나 특히 세기가 바뀌는 황제 막시밀리안 1세Maximilian I 시대에는 어두운 종말 예언이 유난히 많았다. 수많은 천문학자가 특이한 행성의 위치 변화를 보고 1524년 2월에 지구의 종말이 찾아올 것이라 추측했고, 혜성이 지나가면 대홍수가 일어날 것이라는 견해도 있었다. 루터 또한 종말이 가깝다고 확신했다. 그는 한 편지에 종말을 예감하게 하는 조짐이 계속 보인다고 썼다.

황제 막시밀리안이 지배하는 동안 많은 놀라운 표적이 하늘에 나타났고, 땅과 바다에도 나타났습니다. 그리스도가 말씀하신 대로

입니다. 이제 그 어느 세기에도 보지 못한 거대한 표적을 모두가 보게 될 것이며, 우리는 천국이 가까이 왔다는 확실한 소망을 품을 수 있게 될 것입니다.

루터에게 임박한 종말의 조짐은 일종의 경고였다. 모든 거짓과 모든 잘못을 뉘우치고 최후의 심판을 기다리며 스스로 준비되었는지 되돌아보라는 메시지였다. 그래서 그는 자신의 신앙이 바른지 시험하며 저주받아 지옥에서 고통받지 않기 위한 방법을 찾으려 애썼다. 루터는 새로운 방법을 고안한 것도, 혁명을 계획한 것도 아니었다. 그와 반대로 그는 신앙의 뿌리로 되돌아가 예수 그리스도가 어떤 생각으로 기독교의 토대를 설명했는지 따져보았다.

종교개혁Reformation이란 단어는 글자 그대로 뜯어보면 형태를 되돌림Rückformung, 즉 원형으로의 복원을 의미한다. 단어의 의미가 시사하듯 루터는 날카로운 눈으로 미래를 내다본 것이 아니라, 현재보다 더 나았을 것으로 추정되는 본래의 상태로 회귀하려 했다. 루터가 살던 시대에는 이렇게 옛것과 새로운 것이 공존하는 것이 전형적이었다. 사람들은 시대가 변하는 것을 보고 느끼면서도 대부분 전통적이고 숭고한 듯한 질서에 따르는 것이 최고라 여기는 중세의 사고방식을 고수했다. 16세기 말까지도 개신교와 가톨릭 측 작가들은 소책자를 통해 어떤 종파가 더 오래되었고 본래의 모습을 지녔으며 참된 것인지, 그리고 어느 쪽이 신앙을 변질시켰는지에 관해 격렬한 토론을 벌였다.

말세가 도래했다는 루터와 그의 동지들의 생각은 1500년 무렵의 정치적 논쟁 중 일부였다. 왜냐하면 세상의 권력자들도 이른바 본래의 질서를 되찾는 방식에 관해 열정적인 토론을 벌였기 때문이다. 황제 막시밀리안과 그의 후계자 카알 5세Karl V의 통치 시기에 열린 제국의회는 언제나 '제국 개혁'에 관한 주제를 다루었다.

황제는 개혁을 통해 신성로마제국의 황제라는 자신의 지위를 더 강화하고 이웃 국가인 프랑스와 영국처럼 절대적인 왕권을 가지고 싶었다. 새로운 것을 도입하겠다는 의도라기보다는 그 반대였다. 황제를 지지하는 무리의 주장을 빌리면 제국 개혁의 목적은 저 옛날 찬란했던 제국의 통치력을 되살리는 것이었다.

이에 그동안 점점 더 많은 권력을 쥐게 된 영방 제후들은 반발했다. 그들은 황제의 통치를 받기보다 통치에 참여하기를 원했다. 제후들은 일종의 연방 정부, 즉 제국의 재정과 대외 정치를 관장하는 제국 행정부를 결성하려 했다. 이들의 주장도 새로운 것은 아니었다. 옛날부터 그래왔듯 황제의 조언자로서 자신들의 주장을 펼칠 권리를 유지해달라는 요구였다.

1495년에 보름스에서 제국의회가 열렸다. 표결권을 지닌 세속과 종교계의 선제후와 제후들, 자유 도시와 제국 도시의 대표들,

백작과 독일 기사단의 대표들은 우선 제국 헌법의 개정을 논의하기로 했다. 하지만 좀처럼 의견이 하나로 모아지지 못했다. 특히 루터를 둘러싼 신학적인 논쟁은 여러 해 후에 황제와 제후들 사이에 권력을 두고 전개된 힘겨루기의 발단이 되었다. 제후들이 과거대로 돌아가자는 루터의 생각을 이용하여 과거에 자신들이 누리던 이권을 다시 되찾으려 했기 때문이다. 이 때문에 결과적으로 이들은 새로운 종파를 받아들였다.

유사한 모순이 다른 사회 계급에서도 나타났다. 높은 귀족인 영주 세력의 지위가 높아지면서 상대적으로 낮은 귀족인 기사 계급은 설 자리를 잃어버리고 옛날의 명예롭던 시절을 그리워했다. 그들은 과거 중세 시대에 기사들이 향유했던 특권을 다시 얻고 싶었다. 힘을 쥔 영주 세력이 자기 영지에서 휘두르는 착취 부담에 끊임없이 시달리던 농민 계층은 '이전의 권리'를 되돌려 받고 싶었다. 두 계층 모두 루터의 주장에 힘을 얻어 농민 봉기를 계획했으나 무참히 진압되었고 급기야 본래의 의도와는 완전히 반대되는 결과를 가져왔다. 이전의 질서로 되돌아가는 것은 물론 과거로 회귀하려던 농민들의 요구를 강력하게 제압하기 위해 영주들은 더 가혹한 세금과 노역을 부과했고 이로 인해 개혁을 향한 기대도 사라졌다.

역사학자들은 근대 초기에 일어난 현상을 두고 '전통의 혁신 능력'이라 설명한다. 겉보기에 과거로 회귀하는 듯한 상황에서 진정으로 새로운 시대가 탄생한다는 이야기다. 전통과 진보 사이에 복잡하게 얽혀 억눌려 있던 에너지는 종교개혁을 계기로 변화의 촉진제와 촉매제가 되어 종교뿐만 아니라 당시 신앙과 밀접하게 연관되어 있었던 정치, 사회, 문화에까지 변화를 일으켰다. 변화의 움직임은 곧 사방으로 번져서 스위스 연방과 스웨덴, 덴마크에서도 개혁의 씨앗이 비옥한 땅에 떨어졌다.

동시대인 중 그 누구도 그것이 새로운 시대를 여는 빅뱅이었다는 사실을 알지 못했을 것이고, 아마 다음 세대에 이르러서야 비로소 인지할 수 있었을 것이다. 그렇지만 실제로는 그렇지 않았다. 본질적으로 종교개혁은 변화들을 되돌려 다시 이상적인 과거로 돌아가자는 시도였다. 그럼에도 종교개혁이 미래 쪽으로 방향을 잡을 수 있게 된 것은 역사가 전환되는 방식이 본래 그렇기 때문이다. 역사를 만드는 주체가 사람이기 때문이다.

교회를 상대로 투쟁했던 루터의 이야기는 설득력이 충분하다거나, 영화로 만들만큼 극적이라고 할 수는 없다. 하지만 자세히 살펴보면 일어난 사건들 속에 있는 모순들 때문에 오히려 더 흥미진진하다. 왜냐하면 이것이 역사 속의 의도와 그 영향 사이의 인과관계에 의문을 품게 하고 계획과 전략, 실행 가능성에 대한 믿음에 의구심을 주기 때문이다. 종교개혁은 다양한 이해관계가 복잡하게 얽혀서 전혀 예상치 못한, 그리고 누구도 막을 수 없는 역동성을 만들어낼 수 있는지 알려주는 좋은 사례다.

루터 역시 500년이 지난 지금 우리가 그를 기억하게 될 것이라고 전혀 생각하지 못했을 것이다. 그가 확신했던 대로라면 이미 오래전에 세상이 멸망했을 것이기 때문이다.

글 에바-마리아 슈누어

어둠으로부터의 비상

우리가 아는 종교개혁가 마르틴 루터는 대담한 교회의 반란자이지만 본래 겁 많고 순종적인 사람이었다.

 마르틴 루터가 언제 세상의 빛을 보았는지는 정확히 알려져 있지 않다. 엄밀하게는 두 가지 관점이 확실치 않다. 우선 루터의 출생 연도라고 추측되는 시기가 주장하는 학자마다 다르며, 다음으로 그가 태어난 생가에 당시 얼마나 빛이 잘 들었는지에 관해 아는 이가 없다. 아기 루터는 세상의 빛을 보았을까? 밝고 따뜻한 이미지는 이날 실제로 일어난 사건과 결코 어울리지 않는다. 아기 루터는 암흑세계에 내던져졌다고 보는 편이 더 정확할 것이다. 루터의 어머니는 미신을 믿었고 아버지는 술을 마시고 가족에게 폭력을 휘두르는 가장이었다. 그런 가정에서 자란 아이의 어린 시절은 어땠겠는가? 아마도 끔찍했을 것이다.

독일인들이 루터에 관해 품는 이미지는 극적인 사건에 관한 것

이다. 사탄을 향해 잉크병을 던지거나, 성당의 문에 망치를 내리
치는 모습, 묘한 실종 사건이나 여러 가지 확고한 선언 등이다.
그렇기에 루터의 유년과 청소년 시절을 들여다본 사람은 누구나
몹시 놀라게 된다. 그는 어떻게 이런 정력가가 될 수 있었을까?

"나는 1484년에 만스펠트Mansfeld에서 태어났다. 그것만은 확
실하다"라고 루터가 스스로 이야기한 적이 있다. 하지만 무엇
을 근거로 확신한 것일까? 루터의 동료인 필립 멜란히톤Philipp
Melanchthon과 루터 사이에 벌어진 대화 내용이 지금도 전해진다.

루터가 말했다. 나는 이제 60세가 되었네. 그러자 멜란히톤이 대
답했다. 자네는 고작 58세가 아닌가? 자네의 모친이 직접 이야기
해준 것이라네. 그러자 루터가 대답했다. 자네들이 나를 너무 어
리게 생각하는군. 나는 틀림없이 60세라네. 하지만 멜란히톤은
루터의 주장을 인정하려 하지 않았다.

루터가 태어난 해는 불분명하지만 날짜는 정확히 알려져 있다.
11월 10일 밤, 독일의 아이슬레벤Eisleben에서 자정이 되기 조금 전
에 사내아이가 태어났다. 다음 날 사내아이는 마르틴이란 이름으
로 유아 세례를 받았다. 11월 11일이 성자 마르틴의 날이었기 때
문이다. 하지만 어느 해였는지는 정확하지 않다. 당시에 세례 기
록은 존재하지 않았고 많은 문서가 공통적으로 부활절을 한 해의

첫날로 여겼기 때문이다.

지금은 멜란히톤의 주장을 받아들여 대체로 1483년 11월 10일을 루터가 태어난 날로 보고 있다. 그러면 루터의 세계에 과연 밝은 빛이 존재했을까? 만스펠트 백작의 영지에 속한 아이슬레벤의 루터 생가는 일부가 불타 없어졌지만 전해지는 기록에 따르면 루터 부부는 마루와 방, 부엌과 침실이 딸린 1층집에서 여러 명의 아이들과 함께 살았다. 1484년에는 아버지 한스 루터가 구입한 만스펠트의 더 큰 집으로 이사했다.

루터 가족의 진지하고 근면한 삶의 태도는 화가 루카스 크라나흐 1세Lucas Cranach I가 그린 그림에서 잘 알 수 있다. 루터의 어머니 마가레테의 초상화는 눈이 움푹 들어가고 단호해 보이는 중년의 부인이 어두운 배경에 앉아 있는 모습이다. 한스 루터는 광산업자이자 광부였고 쉬지 않고 일했으며 말 그대로 높은 지위까지 출세하기 위해 노력했다.

처음에는 광산 갱내의 열악한 조건에서 구리를 캐내는 일을 했으나 곧 작은 광산 몇 개를 소유하게 되었고, 이제는 그 자신이 광부를 고용하는 고용주가 되었다. 하지만 루터 가족은 무척 검소한 생활을 고집했던 것 같다. 루터는 훗날 어린 시절을 회상하며 무척 알뜰했던 그의 어머니가 숲을 다니며 오븐에 쓸 땔감을 주워 왔다고 썼다. 그녀가 즐겨 부르던 우울한 노래 가사는 이랬다고 한다.

아무도 너와 나를 좋아하지 않는단다. 그건 우리 잘못 때문이야.

　루터가 성장한 시기에 그 지역 사람들이 상상한 하느님보다 더 엄하고, 벌주기 좋아하는 전지전능한 하느님은 아마 없을 것이다. 하지만 동시에 귀신과 마귀, 악한 영들이 광산의 갱과 땅속 무덤은 물론 지상에도 올라와 악한 사건을 많이 일으켰다. 루터의 형제 하나가 죽자 루터의 어머니는 옆집 여인이 요술을 써서 아이를 죽였다고 믿었다. 루터 역시 옆집의 마녀가 동생을 독살했다고 생각했다.

　광산에서 일하는 아버지가 아이들에게 해준 이야기는 그 자신이 꾼 악몽의 내용이었다. 마귀가 어떤 광부의 등을 무참히 짓밟는 바람에 그 광부가 죽어간다는 이야기였다. 아이들은 악마를 피하기 위해 가끔씩 빠르게 등 뒤를 돌아봐야 한다고 믿었다. 게다가 당시에는 진짜 위험도 존재했다. 흑사병 같은 것들 말이다. 어떤 이미지가 그 시대의 아이를 따라다녔는지 자세히 알 수는 없지만 어떤 자장가도 악령들을 완전히 물리칠 수 없었음은 분명하다.

　어쩌면 악마와 마귀, 요괴가 주는 두려움보다 자신의 친부모에게 느끼는 두려움이 더 컸을지도 모른다. 지금은 결코 가정교육이라고 볼 수 없는 과격한 체벌이 당시의 일반적인 훈육법이었다. 루터는 호두 한 알을 훔쳤다가 어머니에게 "피가 나도록" 두

들겨 맞았다고 회고했다. 한번은 아버지에게 너무 가혹한 벌을 받고 "아버지가 원망스러워서 가출할 생각"까지 했다고 썼다.

어린 시절의 경험이 사람의 인생에 얼마나 영향을 미치는가? 아침의 닭 울음소리가 좋은 하루를 결정하지 않는가? 사람의 인격은 언제 형성되는가? 이런 많은 생각이 후대에 태어난 우리의 머릿속을 스친다. 당시 사람들은 그런 의문을 품을 만한 여유가 없었고 어린아이의 경험이 인생에 미치는 영향에 대한 지식도 없었다. 그러므로 비난은 접어두도록 하자.

루터 가족 역시 당시 기준으로 보면 무척 평범했다. 루터가 자신의 어린 시절을 특별한 방식으로 견뎠던 것일까? 루터와 그의 지인들이 남긴 기록에 따르면 어린 루터는 이 시기의 어느 순간 이른바 두 번째 탄생을 경험했다고 한다. 이때 훗날 '분노의 루터'라고 불리게 되는 독특한 의지, 저항하는 힘, 반항하는 자아가 탄생했다고 말이다. 루터가 사탄과 싸웠던 것은 어쩌면 그가 성경 번역을 위해 깃펜과 사투를 벌이기도 훨씬 전인 어린 시절부터가 아니었을까?

세상은 술에 취한 농부 같아서 말안장 위에 간신히 앉혀놓아도 다시 반대편으로 떨어진다. 아무도 세상을 도울 수가 없다. 사람은 자신이 원하는 모습을 따르게 마련인데 세상은 사탄을 따르기 때문이다.

이렇게 강렬한 문장들은 루터의 『식탁담화ischreden』[1]에서 발췌한 것이다. 루터가 종교개혁의 동지와 제자들과 함께 식사를 하며 나눈 대화와 논쟁을 기록한 책이다. 루터의 어린 시절을 완전히 무시한 채 이러한 발언들을 해석하기란 어려운 일이다. 루터 자신도 그의 영혼에 매인, 오랜 시간 동안 풀지 못한 '매듭들'과 함께 살아왔노라고 고백한 바 있다.

1490년경 학교에 입학한 것도 어린 루터 인생의 전반적인 분위기를 바꾸지는 못했다. 고작 7세의 나이에 루터는 학업을 위해 만스펠트의 라틴어 학교에 다녀야 했다. 처음에는 추운 날씨에 먼 학교까지 걸어갈 수 없는 어린아이라서 부모의 등에 업혀서 등하교하라는 조치를 받았다.

루터는 자신이 학교에 다닌 유년 시절에 관해서도 인상적인 글을 남겼다. "폭군"이 통치하는 "악마의 학교"에 다녔노라고 말이다. 어린 루터는 회초리 뭉치를 들고 다니던 선생들에게 끊임없이 매를 맞았다. 학교야말로 그에게는 지옥이자 연옥이었다. 학생들은 다른 학생을 감시하고 고발하도록 강요받았다. 연약한 아이들은 갑자기 불려나가 게으름뱅이라는 마스크를 쓰고 서 있어

---

1 루터의 부인 카타리나는 집을 개방하여 루터의 벗과 제자들이 숙식하도록 도왔다. 그래서 루터의 식탁은 항상 흥미로운 토론의 장이었다. 여러 신앙적이고 현실적인 질문에 관한 루터의 대답을 기록한 책이 『식탁담화』다. 이 책은 로마교황청이 거의 다 태워 없앴으나 한 권이 살아남았고 국내에는 크리스천다이제스트 출판사가 『탁상담화』라는 제목으로 번역 출간했다-옮긴이(이어지는 모든 각주는 옮긴이 주다).

야 했다. 가장 열심히 공부해야 하는 과목은 문법이었다. 역사와 지리는 교과목에 없었고, 훗날 루터는 수학조차 배운 적이 없다고 회상했다.

그가 다음으로 간 곳은 막데부르크Magdeburg의 라틴어 학교였고, 그 후에는 친척집이 있는 아이제나흐Eisenach로 다시 전학을 가야 했다. 마치 만스펠트 학교에서 맞은 매가 충분하지 못했다는 듯 루터는 새 학교에서도 극심한 처벌을 견뎌야 했다. 당시 루터는 프란체스코회 수도원에서 일어났다는 사건 이야기를 들었다. 어떤 평 수도사가 어두운 예언을 했다는 이유로 감금당했다는 내용이었다.

그럼에도 루터에게 아이제나흐에서 보낸 시간은 유익했던 것 같다. 아이제나흐에서 루터에게 숙식을 제공해준 부인에게 루터는 훗날 존경과 감사를 표시했다. 그녀가 루터를 돌보게 된 이유는 루터의 '마음을 울리는 목소리'에 감동받았기 때문이라고 전해진다. 그녀는 루터에게 재차 "진실하게 베푸는 여성의 애정보다 더 아름다운 것은 지상에 없다"고 이야기했다고 한다. 부인이 돌봐주지 않았다면 루터는 숙식을 위해 구걸해야 했을 것이다. 루터의 전기를 쓴 제자 요하네스 마테시우스Johannes Mathesius는 대학생이 된 루터가 성실 그 자체였다고 썼다.

그는 옆길로 벗어나거나 한눈을 파는 일이 단 한 번도 없었다.

마침내 루터에게 빛과 따뜻함이 찾아왔고 그의 인생은 이제 좋은 방향으로 나아갈 것처럼 보였다. 어느 정도 재산을 모으게 된 루터의 아버지는 아들의 학업을 지원하기 위해 아낌없이 돈을 썼던 것 같다. 1501년에 마르틴 루터는 에르푸르트Erfurt 대학에 등록하기 위해 에르푸르트까지 도보로 가는 먼 순례길에 올랐다. 루터의 부모는 아들의 직업적인 계급 상승을 원했기에 아들이 법학자가 되길 바랐고 그는 부모에게 순종했다. 많은 상업로가 교차하던 도시 에르푸르트는 독일 대학 도시 중에서는 가장 세련된 도시에 속했다. 이곳에서 루터는 비판적으로 원천 문헌을 연구하는 법을 배웠고 깊은 영향을 받았다. 그는 17세부터 21세가 될 때까지 4년간 에르푸르트 대학에서 공부했다.

이 시기가 훗날의 반항에 얼마나 크게 영향을 끼쳤을까? 도시의 생활은 어디까지나 루터가 그때까지 알았던 삶의 방식과 달리 무척 다채로웠다. 상인들이 짐마차를 끌고 다니며 광장에서 물건을 팔았고, 여러 가지 축제가 열렸으며, 종교 관습과 세속의 규범이 함께 공존했다. 그리고 아주 당연하게도 사람들은 다른 사람들의 성공을 아주 부러워했다. 길거리에서 난생처음 시체를 본 루터는 몹시 탄식했다. 그 도시는 그야말로 '매음굴'과 '맥줏집'이었다. 대학 분위기 역시 조용하지 않았다. 겁 없는 학생들은 호기롭게 권력에 반기를 들었고 대학의 학위 수여식은 불필요할 정도로 화려하게 진행되었다.

하지만 루터는 그런 분위기와 완전히 동떨어진 생활을 했다. 그는 암플로니우스 생활관Kollegium Amplonianum이나 힘멜스포르테Himmelspforte[2] 하우스, 또는 게오르그 기숙사Georgenburse와 같은 학생 기숙사에 살면서 마치 수도원이나 다름없는 생활을 했다. 그러나 루터와 대학 생활을 함께했던 크로투스 루베아누스Crotus Rubeanus는 루터가 "호탕한 성격의 청년"이었다고 썼다. 많은 해석의 여지를 남기는 표현이다.

루터는 법학자가 되기 위해 필요한 논쟁의 기술도 이곳에서 배웠다. 에르푸르트 대학의 커리큘럼에는 토론술, 논리학, 변증법이 있었다. 그리고 루터는 이 분야에 굉장한 재능을 타고났던 것 같다. 이른바 7개 자유 학예과[3]를 함께 수학한 친구들이 루터에게 '철학자'라는 별명을 붙여주었기 때문이다. 훗날 루터는 이렇게 회상했다.

변증법의 가장 중요한 소득이자 유용성은 어떤 개념을 아주 잘 다듬어서 간단명료하게 정의하고 설명할 수 있다는 점이다.

대학생 루터는 언변으로 사람들을 사로잡았으며 금세 어떤 주

---

2 '천국의 문'이라는 뜻이다.
3 중세 대학에서 전문적인 학과 과정을 배우기 전에 대학생들이 의무적으로 배워야 했던 7개 자유교과강의로 문법, 수사, 논리(3학)와 산술, 기하, 음악, 천문(4과)을 말한다.

제의 토론에라도 환영받는 인사가 되었다. 루터는 천문학에 심취하고, 고전 철학을 읽었으며, 류트⁴를 연주하는 법도 배웠다. 루터는 "음악이 영혼을 기쁘게 한다"라고 말했다. 음악은 언제나 루터를 짓누르던 병적인 우울증을 이겨내기 위한 수단이었던 것 같다.

루터는 무척 성실한 학생이었고 그의 아버지는 아들의 태도에 깊은 감명을 받았다. 부자간의 분위기는 온화해졌다. 아버지는 '극진한 사랑과 헌신으로' 무엇보다 생활비를 충분하게 지원했고 그 덕분에 루터는 기숙사에서 2인실을 사용할 수 있었다. 루터는 짧은 시간 만에 문학 석사 시험을 통과했다. 이제 자랑스럽다고 할 만한 석사 학위를 취득한 루터는 도서관에 자유롭게 출입할 수 있게 되었고 드디어 태어나서 처음으로 완전한 성경 전권을 손에 쥐어볼 수 있었다.

하지만 마치 루터가 너무 많은 것을 누렸다는 듯이, 혹은 그런 즐거움을 누리려면 시험을 통과하거나 대가를 치러야 한다는 듯 그는 또다시 끔찍한 경험을 마주해야 했다. 그가 아직 학생이던 시기에 늘 지니고 다니던 작은 단검이 불운을 불러왔다. 들판을 걷던 중 넘어지면서 단검이 다리를 찌른 것이다. 그런데 하필 단검 끝이 부러지면서 칼날 조각이 허벅다리에 깊이 박히고 말았

---

4 만돌린과 비슷한 형태를 가진, 중세 유럽에서 유행했던 발현악기다.

고 루터는 상처에서 많은 피를 흘리게 되었다. 같이 걷던 친구가 의사를 불러오기 위해 가장 가까운 마을로 서둘러 달려갔다. 죽을지도 모른다는 공포에 사로잡힌 루터는 하늘을 향해 소리를 질렀다.

마리아여, 나를 도와주소서!

그는 간절히 도움을 구했다. 다행히 의사의 도움으로 곤경을 면했지만 그날 밤에 상처가 다시 터졌다. 루터는 다시 마리아를 부르며 도와달라고 애원했다. 사고가 터진 그날은 마침 부활절이었고 루터가 죽었다 살아났다는 이야기가 기숙사에 퍼졌다.

이런 극적인 경험이 루터의 인생에 어떤 영향을 끼쳤을까? 루터는 훗날 자신이 수도사가 된 이유에 관해 결코 흥미를 느끼고 의지가 있어서 된 것이 아니라, 오히려 "갑작스러운 죽음에 대한 공포와 두려움 때문에 어쩔 수 없이 자신도 모르게 엄숙한 맹세를 했다"라고 말했다. 단지 죽음이 두려워서였을까? 그가 자주 이야기하고 그토록 벗어나고 싶어 했던 죄와 수치심은 어떤 것이었을까? 루터가 우연히 단검에 찔린 것이 사실이 아니라고 의심하는 견해도 있다. 다리의 상처는 단순히 사고로 생긴 것이 아니라 다른 학생과 결투를 벌이다가 실수로 상대 학생을 찔러 죽였으며 그 와중에 생긴 상처라는 이야기다. 믿을 만한 근거를 찾아

볼 수는 없지만 여전히 의혹이 남아 있다.

루터는 "절망이 수도사를 만든다!"라고 말한 적이 있다. 루터의 친구들이 쓴 기록을 보면 루터는 때때로 높은 벽이 자신을 둘러싼 것 같은 죽음의 공포에 시달렸다고 한다. 죽음에 가까이 다가간 경험이 루터로 하여금 종교에 눈을 뜨게 한 것일까, 아니면 에르푸르트로 가던 중 슈토테른하임Stotternheim 부근에서 번개를 만나 성스러운 두려움을 경험하고 수도사가 되기로 결정한 것일까? 번개를 만난 사건 역시 잘 알려진 이야기다.

어떤 이유에서든 루터는 1505년에 수도원에 들어가기로 결심했다. 그는 '완전한 은둔'을 소망했다. 그래서 탁발수도회⁵ 중 하나인 아우구스티누스회를 선택했고 수도원에 찾아가 자신은 자유로운 신분으로 미혼이며 아무 질병이 없다고 고백하고 정수리의 머리털을 밀었다. 주변 머리만 남기고 가운데 부분은 모두 삭발하는 것이 당시 수도사의 관행이었다.

루터는 이제 자기 자신에게 부끄럽지 않았다. 하지만 그의 부모는 어떻게 생각했을까? 루터의 아버지가 수도사가 되기로 한 아들의 결정을 받아들이기까지는 무척 오랜 시간이 걸렸다. 아들이 문학 석사가 된 것을 무척 자랑스럽게 여겼던 아버지였다. 그런데 이제 갑자기 수도원의 두꺼운 벽 뒤에 들어가 인생을 허비

---

5 청빈을 지향하여 생계를 동냥에 의존하는 수도회를 지칭한다.

AETHERNA IPSE SVAE MENTIS SIMVLACHRA LVTHERVS
EXPRIMIT·AT VVLTVS CERA LVCAE OCCIDVOS

M·D·X·X

루터는 1521년까지 수도복을 입고 정수리의 머리털을 깎은 수도사 차림을 유지했다. 옷차림까지 옛 가톨릭의 관습을 완전히 벗어버린 것은 그 이후부터다. 그림은 크라나흐의 동판화다.

하겠다니 얼마나 청천벽력 같은 소식이었겠는가? 루터의 어머니조차 아들과 만나길 원치 않았다. 훗날 나머지 두 아들을 흑사병으로 잃고 난 뒤에야 아버지는 노기를 누그러뜨렸다. 다시 신앙이 깊고 순종적인 루터에게 연락을 하기 시작했기 때문이다. 그럼에도 부자 사이의 골은 쉽게 좁아지지 않았다.

루터는 드디어 정말로 고요한 생활, 엄격한 규율, 웃음이 허락되지 않는 분위기에서 살게 되었다. 당시 아우구스티누스회 수도원은 결코 가난하지 않았다. 루터 역시 먹고 마실 것이 충분하다고 여겼으며 가끔 하는 금식은 무리가 되지 않는다고 생각했다. 또한 루터가 속한 수도회는 인문학을 중시했고 세상과도 완전히 담을 쌓지 않았다.

루터가 생활한 수도사들의 방에는 난로가 없었고 짚으로 엮은 침대와 담요가 전부였다. 수도원에서는 끊임없이 죄에 관한 이야기를 들었다. 하지만 수도사들이라고 해서 언제나 고해해야 하는 죄를 전부 기억하는 것은 아니었다. 루터의 동료 수도사 하나는 "숨 쉴 때마다 죄를 지을 수는 없는 것 아니냐"라고 불평하기도 했지만 많은 수도사들이 몇 시간씩 고해성사를 하곤 했다. 루터는 자신이 6시간 동안 죄를 고백한 적이 있다고 자랑하기도 했다. 대체 무슨 내용의 고백을 그렇게 긴 시간 동안 할 수 있는 걸까? 당시 고해와 속죄 의식에 대한 비난을 루터의 글에서 찾아볼 수 있다.

죄는 씻으면 씻을수록 점점 더 드러나게 된다.

수도원에서 루터가 행한 특이한 행동들을 지금의 관점으로 보면 깊은 경건심을 알 수 있는 사례라기보다는 일종의 정신질환처럼 보인다. 몇몇 문헌은 루터가 자신이 집례하는 첫 미사 때 바닥에 쓰러져 소리를 질렀다고 기록하고 있다. 루터 자신의 회고에 따르면 그는 미사 기도문을 낭송하면서 두려움과 공포 때문에 벌벌 떨었다고 썼다. 성찬대에 서서 자신이 누구에게 기도하는지, 그리고 신에게 감히 말하고 있는 자신은 누구인지 자문하고는 제단에서 도망치고 싶었다고 했다. 다른 수도사들이 루터를 진정시켰다.

너무 흥분한 나머지 악령이 협박하는 환상을 본 것일까, 아니면 단지 거룩한 전능자에 대한 공포에 휩싸인 걸까? 오늘날 누군가가 루터처럼 행동했다면 괴짜 취급을 당했을 것이다. 하지만 오래 지나지 않아 루터는 '제2의 바울'이란 좋은 평판까지 얻는다.

이 새로운 바울은 훗날 그가 멀리하게 되는 가톨릭교회로부터 사제직을 권유받았다. 그는 차부제가 되었다가 부제가 되었고, 결국 1507년에 사제 서품을 받았다.[6] 루터의 성직 계급 상승은

---

6 가톨릭교회의 성직 계급은 크게 주교, 사제, 부제로 나뉘며 부제 밑 가장 낮은 성직이 차부제다.

심지어 그의 아버지에게도 깊은 인상을 안겨주었으나 가족과 완전히 화해하기에는 부족했다. 에르푸르트에 온 한스 루터는 놀랍게도 수도원 식당을 위한 명목으로 20굴덴[7]이라는 큰 기부금을 냈고 서품을 축하하는 연회장에도 모습을 드러냈다. 그러나 루터는 너무 성급하게 기뻐했던 것 같다. 아버지가 여전히 아들을 비난했기 때문이다. 한스 루터는 "네 부모를 공경하라"는 십계명의 네 번째 계명을 기억하고 화를 낸 것일까? 루터는 아버지에게 지난날의 번개 사건을 이야기하며 자신이 하늘의 음성을 듣고 부름받았다고 설명했지만 한스 루터는 "악마의 음성이었겠지"라고 대꾸했다고 한다. 요즘 같았으면 아들이 헛것을 본 것이라고 말했을 것이다. 루터는 아버지의 냉랭한 대답이 마음속에 "날카로운 비수"처럼 꽂혔다고 회고했다.

이제 루터는 성경을 연구하는 데 모든 정성을 쏟았다. 그는 붉은색 가죽 표지를 덧댄 라틴어 성경을 들고 다니며 집착하듯 성경을 읽었는데 나중에는 성경 전문을 거의 외울 수 있을 정도였다. 1508년 가을에 루터는 자신의 명성이 깊이 뿌리내릴 도시에 초대를 받았다. 바로 비텐베르크였다. 에르푸르트와 비교하면 비텐베르크는 엘베Elbe 강변에 있는 시골 마을로 '문명 세계의 변방'이나 다름없었다. 이곳의 대학은 갓 세워진 데다 규모도 에르푸

---

7 루터가 살던 시대의 화폐로, 1굴덴은 일반 노동자의 2주치 임금에 해당하며 2굴덴으로는 소 한 마리를 살 수 있었다.

르트 대학보다 훨씬 작았다. 하지만 루터에게는 좋은 기회였다. 그는 윤리 철학을 가르치게 되었다.

그보다 앞서 루터는 완전히 다른 의미의 도덕성을 보여야 했다. 당시에는 일반적인 거리였지만 걸어서 며칠이 걸리는 거리까지 걸어서 이동해야 했다. 그러면 수도원의 고요함에서 벗어나 위험하고 복잡한 세계, 거친 산길과 자비가 없는 강도들이 숨어 있는 길을 지나가야 했다. 수도사인 루터는 양손을 외투 속에 감추고 땅만 보고 겸손히 걸어야 했다. 하지만 귀는 열고 걸을 수 있었고 그는 걸어가며 농민들의 이야기를 들었다. 젊은 시절 수천 킬로미터를 걸어 다녀야 했던 루터는 민심을 듣는 방법도 스스로 터득했을 것이다.

루터의 가장 길고도 험난했던 여행은 1510년 가을에 시작되었다. 그는 뉘른베르크를 지나 울름, 더 나아가 길이라고 할 수도 없는 알프스를 넘어 스위스의 쿠르Chur까지 가야 했다. 최종 목적지는 로마였다. 젊은 루터는 여행하면서 다양한 인상을 받았다. 그는 스위스인을 만나고 난 뒤 '용감하고 흠잡을 데가 없는 강한 민족'이라고 생각했다. 하지만 긴 여정과 한겨울의 날씨는 루터의 체력을 소진시켰고 급기야 열병을 앓게 되었다. 그는 훗날 그때 석류를 먹어서 살아날 수 있었다고 썼다. 루터는 독일보다 훨씬 더 웅장하고 시설이 좋은 이탈리아의 수도원들을 보고 감격했다. 루터(와 동행한 수도사)의 임무는 로마에 있는 아우구스티누스회 교구 수장들, 그리고 가능하면 교황을 만나 청원서를 전달하는 일이었다. 청원서는 에르푸르트에서 생긴 신학적인 논쟁 문제를 해결해달라는 내용이었다. 다양한 지역에 있는 수많은 아우구스티누스회 수도원이 의견 차이로 불화를 겪고 있었다. 어떤 수도원은 수도원 규정을 개혁한 반면 다른 수도원은 전통적인 규정을 고수했다. 수도회 전체를 위한 규정이 존재한다면 각각의 수도원은 어느 정도까지 자율적으로 규정을 바꿀 수 있는가? 교구의 관할 주교가 아우구스티누스회의 자율성을 허락할 수 있는가, 아니면 모든 수도원이 로마 지도부의 규정에 따라야 하는 것인가? 아우구스티누스회 수도원들의 논쟁은 마치 훗날 루터가 해결해야 할 커다란 갈등을 예견해주는 징후 같았다.

하지만 그때까지만 해도 그는 가톨릭교회에 순종하는, 신앙심으로 가득한 종이었다. 로마에 도착하자마자 루터는 바닥에 엎드려 이렇게 외쳤다.

반갑도다, 성스러운 로마여! 성스러운 순교자들의 피가 뿌려진 진실로 거룩한 도시여!

루터는 로마에서 약 4주간 머물렀다. 루터 일행이 임무에 성공했는지 실패했는지는 판단하기가 어렵다. 왜냐하면 로마가 이들 특사의 청원 자체를 받지 않았기 때문이다.

교회법에 따라 독일인은 청원을 할 수 없다.

이 여행은 루터의 기억에 선명한 흔적을 남겼다. 가톨릭의 성지에서 받은 인상은 훗날 그가 기록했듯이 좋기도 나쁘기도 했다. 그는 가톨릭교회의 행정 절차에 관해 감탄하며 법적인 문제들은 "빠짐없이 듣고 판단하고 판결을 내리고 토론을 벌였다"라고 썼다. 하지만 얼마나 많은 미사를 되풀이했는지 성찬대에서 거만하게 구는 '경박한 신부들'에 관해서는 한탄했다. 루터는 또한 몇몇 로마 성직자들이 미사를 '날림으로 대충' 해치우는 것을 보고 역겹다고 생각했다.

독일 사제들은 이탈리아의 성직자들에 관해 크게 착각하고 있었다.

그러면 교황은 어땠을까? 루터는 성찬대에서 교황이 혼잣말을 중얼거리며 이리저리 움직이는 것을 보았다. 독일에서 온 독실한 수도사는 내심 성스러운 아버지가 '황금 같은 입술을 열어 말로는 표현할 수 없는 황홀한 말씀으로 영혼의 치유를 선포할 것'이라 기대했었다. 하지만 신앙심이 깊었던 루터는 순례를 중단하지 않았고 그때까지는 개혁을 생각하거나 뭔가 바뀌어야 한다는 생각도 하지 못했다. 훨씬 더 시간이 지난 뒤에 루터가 로마 여행에서 받은 인상은 루터 자신에 의해 재해석되었다.

그때부터는 비텐베르크가 루터의 활동 장소였다. 오늘날로 따지면 루터가 커리어를 쌓은 장소인 셈이다. 루터는 수도회 내부에서 지위가 높아졌으며 대학에서는 신학 교수직을 얻었다. 교수가 되기 위해 루터는 먼저 박사 학위를 따야 했는데, 그는 이 학위를 두고 "이미 인정된 성서학 박사 학위"라고 말하기도 했다. 신분 상승은 루터가 그때까지 경험하지 못한 호사까지 가져다주었다. 29세가 되던 해에 그는 난생처음으로 아우구스티누스회 수도원 별채의 독방을 사용할 수 있게 되었다. 루터 자신도 훗날 "초라한 쪽방에서 나와 교황의 권세를 누리게 되어" 놀라웠다고 회고했다. 곧 "루터가 대단히 새로운 학설을 만들어낼 것"이라는 소문까지 돌았다.

루터는 새로운 자신만의 방에서 성경을 깊이 연구했고, 특히 시편과 바울 서신서를 연구하다가 '천국에 이르는 문'을 열게 되었다. 골똘히 생각한 끝에 루터가 얻은 깨달음이자 그의 신학에서 가장 중요하게 된 생각은 구원이 하느님의 은총으로 온다는 것이었다. 즉 구원은 하느님이 인간에게 거저 주는 선물이라는 것이다. 지속적인 속죄 행위가 아니라, 오로지 '하느님의 은혜'가 인간을 죄에서 자유롭게 한다.

얼마나 놀라운 생각인가! 루터는 원죄로 신과 단절된 인간에 대한 견해를 완전히 바꾸었다. 인간은 참회와 끝없는 자기 정죄가 아니라, 오로지 신의 은총으로 구원을 얻을 수 있다고 말이다. 루터는 이때부터 면벌부의 부당함을 지적하기 시작했다. 그러나 행위를 통해 구원을 얻을 수 있다는 기존 신앙관이 면벌부를 구입하면 죄에서 자유로워질 수 있다는 면벌부 판매를 뒷받침하고 있었다.

루터의 지적은 가톨릭교회를 공격하는 셈이었다. 가톨릭교회는 신과 인간 사이에 성직자를 세우고, 성직자의 '중재'가 아니면 아무도 구원을 얻지 못한다고 주장했다. 루터는 신학적인 토론을 벌일 수 있게 되길 원했지만 곧 자신이 권력 문제를 건드렸다는 사실을 깨달았다. 신의 은혜로 구원을 받는다는 이야기는 교회가 불필요하다는 내용이 아니었다. 오히려 스스로 신의 권한을 가로챈 교회의 월권행위에 아무런 신학적 근거도 없다고 지적한 것이었다.

탑에 틀어박혀 골똘히 학문에만 몰두한 신학 박사는 교회의 정치에 자신이 일으킬 거대한 지각변동을 전혀 예상하지 못했다. 루터 자신은 우선 끝없는 속죄와 고해로 자신을 괴롭히던 수도사의 쳇바퀴에서 자유를 얻었다. 예수의 탄생과 삶, 십자가 죽음과 부활을 통한 '기쁜 소식'을 말씀 그대로 받아들일 수 있는 길이 열렸다.

루터의 강력한 영향력이 그의 혁명적인 신학적 논리 때문만은 아니었다. 비텐베르크의 루터는 그때까지 당연하게 여겨지던 기존 교회의 부당함을 신학 박사들 간의 논쟁, 사제들 간의 토론의 주제로 던진 것이 아니었다. 그는 이 문제를 모든 대중 앞에 내밀었다. 1517년에 처음 면벌부에 관한 논제를 썼을 때는 라틴어를 사용했으나 곧 모든 사람이 이해할 수 있는 언어로 다시 번역해서 공표했다. 이것은 정말 새로운 사건이었고 그의 신념인 '만인 사제설'과도 부합하는 행동이었다.

루터의 모든 새로운 글이 빠르게 인쇄되어 배포되자 보수 계급의 불만이 높아졌다. 일반 시민과 농민이 하느님의 은총에 관해 토론할 자격이 있는가? 누가 민중을 순종적으로 만들 수 있을 것인가? 루터는 교황을 재정적으로 공격할 생각인 걸까, 아니면 마인츠Mainz의 대주교가 돈을 버는 것이 못마땅한 것일까? 면벌부를 파는 임무를 맡은 도미니크회 수도사 요하네스 테첼Johannes Tetzel은 여러 도시를 돌며 돈을 받고 죄를 감해주었다.

그런데 갑자기 어떤 신학 박사라는 자가 등장해 테첼이 파는 면벌부에 효력이 없다고 주장한 것이었다. 테첼은 당연히 분노했고 루터의 입을 막기 위한 교활한 계획을 궁리하기 시작했다. 신학자들에게는 루터를 법정에 세워 이단으로 규정하라는 지시가 떨어졌다. 그들은 루터의 논제에 대한 반박문을 작성하고 소환장을 발송했다.

하지만 루터는 자신의 새로운 역할을 받아들였고 고위 권력을 두려워하지 않았다. 교황은 어땠을까?

교황도 우리 모두와 똑같이 평범한 인간이다.

비텐베르크의 신학 교수에게 교회의 분열은 중요하지 않았다. 그는 교회에 정직과 진리가 세워지길 원했다. 고요한 탑에서 은둔하며 땅만 보고 걷던 수도사는 비판적인 신학자를 넘어 민중을 선동하는 요주의 인물이 되었다. 그리고 쉬운 말로 설명하는 법을 알았던 설교가는 가는 곳마다 추종자들을 얻었다. 루터는 "분노보다 더 나은 치료제는 없다"처럼 건배할 때 쓰는 말까지 잘 알고 있었다. 그는 유년 시절에 받은 상처를 모두 떨쳐낸 것 같다.

루터는 무척 바빴을지도 모른다. 왜냐하면 공개 토론에서 성공을 거두었을 때뿐만 아니라 많은 일이 벌어진 1518년에도 무척 많은 편지를 보내고 받았기 때문이다. 한때 순종의 사도였던 그가 이제는 대담한 큰 소리를 내었다.

나를 협박하는 이가 많아질수록 내 확신은 더 커진다. 나는 새로운 불꽃을 일으켰다.

글 슈테판 베르크

"금화가 연보궤에 떨어지는 소리와 함께"

마르틴 루터의 교회 비판이 면벌부 전쟁에 불을 붙였으나 민중은 내세의 편안함을 약속하는 면벌부를 계속 찾았다.

크리스티안 하이츠만Christian Heitzmann이 들고 있던 문서는 언뜻 보기에 498년이나 된 것 같아 보이지 않았다. 양피지는 전혀 누렇게 변하지 않았고 글씨가 선명하게 남아 있었다. 독일 니더작센 주 볼펜뷔텔Wolfenbüttel에 자리한 아우구스트 공작 도서관 내 필사 자료실의 책임자는 액자에 든 면벌부를 보여주었다. 대주교 알브레히트 폰 브란덴부르크Albrecht von Brandenburg가 발행했다고 라틴어로 적혀 있었다.

이 면벌부는 기념비적인 새 베드로성당 건축 자금을 마련하기 위해 교황청이 대량으로 제작한 면벌부의 일부였다. 판매된 장소는 독일의 괴팅엔Göttingen이며 1517년 7월 1일에 발행되었다. 몇 부나 발행되었는지는 알 수 없지만 최소한 수천 장이 제작되었을 터였다.

"중세 후기에 면벌부는 경건을 표현할 수 있는 공인된 수단이었고 무척 인기가 많았습니다." 사서인 하이츠만이 말했다. 수백 년 전부터 기독교인들은 기도나 순례 외에도 돈으로 지옥의 형량을 줄일 수 있었다. 6세기에 대교황 그레고르Gregor는 성인들처럼 바로 천국으로 들어갈 수 없는 영혼들은 연옥에서 다음 심판을 기다리며 뜨거운 불을 견뎌야 한다는 연옥 교리[8]를 선포했다. 연옥을 뜻하는 라틴어 단어 푸르가토리움Purgatorium은 '정화하는 혹은 정련하는 장소'라는 의미를 가진다.

토마스 아퀴나스Thomas Aquin는 연옥을 땅속 깊은 곳의 불구덩이로 묘사했고, 단테Dante는 죄인들이 눈꺼풀을 철사로 꿰맨 모습을 하고 머무는 언덕으로 그렸다. 종교적인 상상이 깊은 영향을 끼쳤던 중세 사회에서 연옥의 이미지는 사람들에게 두려움과 공포를 불어넣을 수 있는 효과적인 수단이었다. 이런 공포심을 이용하여 교회는 재정을 쌓을 수 있었다. 오늘날로 말하면 기부 캠페인이나 크라우드펀딩과 같은 것으로 교구장과 주교, 대주교와 교황은 성당을 짓거나 보수할 때, 또는 십자군전쟁 자금을 모으기 위해 면벌부를 팔아서 돈을 모았다.

그리고 이런 거래를 정당화하기 위해 신학자들은 교활한 논리

---

8 가톨릭 교리에서 연옥은 지옥으로 갈 정도로 큰 죄는 짓지 않은 죄인의 영혼이 머무르는 곳이다. 영혼들은 연옥 불을 견디는 고통스러운 시간을 통해 살면서 지은 죄를 씻는다. 선행이나 회개에 따라 연옥에 머무는 시간이 달라질 수 있다.

를 생각해냈다. 예수와 성인들의 위대한 선행과 공로 덕분에 교회에는 여분의 선행이 쌓여 있는데, 성직자들이 이 '공로의 보고'에서 이를 꺼내 면벌부를 구입한 사람에게 건네주면 받을 처벌을 일부 또는 전부 면제할 수 있다는 시나리오였다. 주교는 40일치의 연옥 형벌을 '사면absolutio'하거나 '면벌indulgentia'할 수 있었고 추기경은 100일치까지 면해줄 수 있었다. 형벌을 모두 사면할 수 있는 완전면벌indulgentia plenaria은 그리스도의 대리자인 교황과 교황의 위임을 받은 사람만 할 수 있었다.

볼펜뷔텔 도서관의 면벌부는 베드로성당의 건축 자금 마련을 위해 판매된 면벌부였다. 발행인은 "하느님과 로마 교황의 은혜로 마인츠와 막데부르크 교회의 대주교가 된 알브레히트"라고 쓰여 있었다. 그렇게 시작하는 면벌부에는 '뤼겐의 제후' 등 알브레히트의 다른 직위가 8개나 줄줄이 이어졌다.

면벌부 구매자는 한 성직자를 선택해 죄를 고백하고 죽기 전에는 완전면벌을 요청할 수 있었다. 평범한 사제라면 중죄라도 면벌부 구매자를 사면할 수 있었다. 면벌부에는 면벌 조항이 쓰여 있고 사제는 사면을 위해 이 조항을 한 단어 한 단어씩 정확하게 읽어주어야 했다. 물론 제한도 있었다.

교황이나 고위 성직자를 모함하거나 살해한 자, 교황의 글을 왜곡하는 자는 예외에 속한다.

알브레히트의 면벌부 판매가 오로지 교황을 위한 것만은 아니었다. 23세의 어린 나이에 할버슈타트Halberstadt의 대주교가 된 호헨촐레른Hohenzollern 가문의 알브레히트는 막데부르크의 대주교직도 차지하고 1년 후에는 다시 마인츠의 대주교직을 얻기 위해 엄청난 금액을 지불해야 했다. "당시에 주교가 되려면 취임 비용을 내야 했습니다." 하이츠만이 설명했다. "그리고 성직을 맡은 사람은 초입세를 내야 했어요. 즉 첫해에 벌어들인 수입은 모두 로마에 바쳐야 했던 겁니다."

세 개의 교구를 차지하게 된 대주교 알브레히트는 비용을 감당하기 위해 당시 은행 역할을 하던 푸거Fugger 가문에서 거금을 빌릴 수밖에 없었다. 그러자 교황은 그에게 베드로성당 건축을 위한 면벌부를 판매할 수 있도록 허락해주었다. 면벌부 판매 수입의 절반은 빚을 갚기 위해 아우크스부르크의 푸거 가문에 보내졌고 나머지 절반은 로마로 보내졌다. 도미니크회 수도사였던 요하네스 테첼이 베드로성당 건립을 위한 면벌부 판매 책임자로 임명되었다. 십자가와 교황의 깃발을 든 테첼은 알브레히트가 관할하는 세 교구의 도시마다 찾아가서 신자들에게 면벌부를 판매했다. 푸거 가문의 수행인이 테첼과 늘 동행하면서 연보궤를 감시했다.

면벌부를 통한 손쉬운 감형은 유혹적일 수밖에 없었다. 당시 대중에게 뿌려진 전단은 현금으로 하느님의 은총을 구입하라고 적나라하게 광고한다.

금화가 연보궤에 짤랑하고 떨어지는 순간 영혼이 연옥에서 튀어
오릅니다.

정말 중요한 문제는 이것이었다. 인간의 구원이 인간 자신의
선행에 달려 있는가, 아니면 하느님이 은총을 내려 구원할지 말
지를 결정하는가?

마르틴 루터는 영혼의 구원을 돈으로 해결할 수 있다는 논리를
거부했다. 그래서 면벌부 판매를 지적하는 95개조 논제를 작성하
여 대주교 알브레히트에게 보냈다. 하지만 알브레히트는 루터의
근본적인 의문에는 관심이 없었고 현실적으로 자신이 푸거 가문
에 갚아야 할 빚만 생각했다. 비텐베르크의 신학 박사는 교회의
지도자가 신학적인 문제를 중요하게 생각하지 않는다는 점에 크
게 실망하여 자신의 생각을 사람들에게 전달할 다른 방도를 찾았
고 마침내 행동을 시작했다. 그것이 종교개혁의 시작이었고 통일
된 유럽 가톨릭교회의 마지막이었다.

루터와 그의 동지들의 면벌부 비판 노력도 그냥 땅에 떨어지지
않았다. 면벌부 판매는 1563년에 금지되었고, 이에 더해 1570년
에 교황 비오 5세Pius V는 누구든지 면벌부를 판매하면 파문할 것
이라고 공표했다.

글 미하엘 존트하이머

진정한 신앙으로의 복귀

설교자들은 계시록을 언급하며 죄인들에게 겁을 주었고 마녀와 이교도들은 화형을 당했다. 1500년경의 유럽 사람들은 전에 없이 경건했으나 많은 이가 가톨릭교회의 개혁을 원했다.

 그는 기도했는가, 소리를 질렀는가? 얀 후스의 마지막 순간을 묘사한 당시 기록자들은 서로 모순된 기록을 남겼다. 어떤 증인은 그가 화형을 당하면서도 하늘을 향해 라틴어로 기도했던 경건한 하느님의 종이라 평가했고, 또 다른 사람은 그가 불타는 고통으로 괴성을 질러댔으며 계몽시키는 것이 불가능한 '이단자'라고 기록했다.

확실한 것은 교황의 교회를 비판한 체코의 개혁가 얀 후스가 1415년 7월 6일에 독일 콘스탄츠Konstanz에서 산 채로 화형을 당했다는 사실이다. 당시 보헤미아의 왕 지기스문트Sigismund는 얀 후스에게 콘스탄츠 공의회에 나가도록 권유하며 신변의 안전을 약속했다고 한다. 아마도 후스가 자신의 입장을 철회해서 보헤미아 공동체와 로마 가톨릭교회 사이의 불화도 잘 해결될 것이라고 안

일하게 생각했던 것 같다.

하지만 후스는 자신의 주장을 굽히지 않았다. 공의회가 하루 종일 후스를 심문했지만 그는 교회의 면벌부 판매와 성직자들의 윤리적이지 못한 행실을 비판하는 자신의 입장을 고수했다. 그런데 사형 판결은 엉뚱한 이유로 내려졌다. 교회와 수도원을 점령하고 있던 자기 추종자들의 처벌을 후스가 거절했기 때문이다. 심지어 후스에게 우호적이었던 공의회 의원들까지도 그런 상황이 교회의 권위를 떨어뜨리고 통치 체계를 혼란에 빠뜨렸다고 생각했다.

종교개혁이 일어나기 100년 전, 중세의 위대한 마지막 이단자는 거대 권력인 교회에 의해 그렇게 입막음을 당했다. 그러나 후스의 추종자들은 그 후 수십 년간 보헤미아에서 후스의 주장을 관철시키기 위해 투쟁했으며 중서부 유럽의 발도파Waldenses나 잉글랜드의 롤라드파Lollards[9]와 같은 비슷한 종교개혁의 움직임이 일어났다. 15세기 말에 이르러 거대 이교 집단과 교회 분열, 신앙에 관한 논쟁은 극으로 치달았다. 무엇보다 비판적인 세력까지 하나로 통합할 능력을 가진 영향력 있는 지도자가 없었다.

수도원, 교구, 주교 저택에서의 상황에 대해 쏟아지는 비판은

---

9 발도파는 12세기 말 프랑스에서 발데스가 시작한 순복음주의 신앙노선을 말하며 롤라드파는 14세기에 영국의 종교개혁가 J. 위클리프의 가르침을 신봉하던 사람들을 부르던 호칭이다.

이미 충분히 많았다. 콘스탄츠 공의회 역시 교회의 우두머리와 구성원에 대한 개혁의 필요성을 분명히 알고 있었다. 그곳에 모인 고위 성직자들은 모든 신학적 문제를 다루는 병행 기관을 만들어 바티칸의 권력을 축소시키려고 했다. 하지만 콘스탄츠 공의회는 물론 그 후에 개최된 바젤Basel 공의회도 이런 바람을 실현시키지 못했다. 로마 교황 니콜라스 5세Nikolaus V는 1449년에 바젤 공의회가 선출한 대립 교황[10]을 폐위시키고 독재적인 통치 방식을 고수했다.

그러나 세계는 밑바닥부터 완전히 바뀌고 있었다. 요하네스 구텐베르크Johannes Gutenberg가 인쇄술을 발명하면서 처음으로 종교와 정치의 중요한 저술들이 대량으로 배포되었고, 항해자들이 새로운 대륙 아메리카를 발견했으며, 계몽주의와 인문주의의 개선 행렬이 유럽에 첫발을 내딛었고 예술과 건축의 르네상스가 이탈리아 밖으로 빠르게 퍼져나갔다.

15세기 말의 유럽은 그야말로 변혁의 도가니였다. 교회사가들은 당시의 분위기와 흐름이 없었다면 종교개혁이 일어나지 않았을 것으로 평가한다. 괴팅엔의 신학자 토마스 카우프만Thomas Kaufmann은 교회의 분열이 필연적인 결과는 아니었다고 말한다.

---

10 교회의 추기경단이나 일부 제후들이 신학적·정치적 또는 개인적인 이유로 교황의 권위를 거부하면서 새 교황을 선출하기도 했다. 이렇게 대립 교황이 선출되면서 동시에 3명의 교황이 존재한 적도 있다.

그는 교회의 내부적 붕괴가 '급격히 빨라졌다'는 이야기도 개신교에서 말하는 전설에 불과하다고 했다. 왜냐하면 1500년 무렵의 상황은 종교개혁이 자연스럽게 일어날 만한 상황이 '결코' 아니었기 때문이다.

실제로 개혁을 요구하는 목소리는 두 세기 전부터 나타났으며 신학적인 담론에 상투적으로 등장하는 내용에 불과했다. 심지어 교황들도 이런 논쟁에 종종 참여했었다. 물론 언제나 자신들의 정치권력의 이익은 강하게 지키면서 말이다. 개혁의 목소리가 가장 크게 울린 곳은 교회의 맨 아랫부분이었다. 14세기 말 수도원들은 스스로 정화하려는 시도를 했고, 특별히 규율을 중시하는 수도사들이 수녀원과 자선단체에서 공공연히 벌어지는 비윤리적인 관행을 없애는 운동을 벌였다. 프란체스코 수도회는 1417년에 엄격한 '회칙엄수파Observantes'와 관대한 '온건파Conventualists'로 나뉘었다. 도미니크회와 카르멜회Karmeliter, 베네딕투스회와 아우구스티누스회에서도 개혁의 움직임이 있었다. 독일에서는 남독일의 카스틀Kastl과 멜크Melk, 북독일의 부르스펠데Bursfelde 수도사들의 주도로 여러 수도회가 함께 모여 회식엄수파의 계보를 따르는 개혁수도회, 즉 수도원연합을 창설했다.

또한 평신도 지식인들 사이에 진실하고 타협하지 않는 신앙으로 되돌아가야 한다는 분위기가 형성되었다. 네덜란드에서는 역시 14세기 후반에 경건한 시민들이 교회 조직과 대립하는 것은 아니면서 겸손하고 하느님의 뜻에 부합하는 인생을 살기 위해 시작한 신경건주의라는 의미의 '데보치오 모데르나Devotio Moderna' 운동을 벌였다. 신앙심이 깊은 평신도들은 공동생활 형제회와 자매회 같은 단체를 만들었다.

얼마 지나지 않아 유럽의 많은 국가들에서 데보치오 모데르나의 추종자들이 생겨났다. 이들은 사도들의 초대교회를 본받아 함께 생활하는 건물을 짓고 기독교 규율과 가치에 따른 엄격한 기준을 만들어 지켰다. 이곳에서는 명상하고 기도하며 재산을 공동으로 관리했다. 공동생활 형제회는 루터가 태어나기 몇십 년 전에 이미 민중의 언어로 번역된 성경을 배포하고자 했다. 인문주의자인 에라스무스 폰 로테르담Erasmus von Rotterdam도 데보치오 공동체에서 자랐다.

도시국가의 모든 시민들이 그렇게 금욕적이고 경건한 흐름을 따랐던 것은 아니다. 제단과 성당, 종교적인 성화 작품에 헌금하기 원하고 능력이 되는 사람들은 그렇게 했으며 어린 사제들을 후원했다. 1500년경에는 교회 역사 전체를 통틀어 그 어느 때보다도 많은 기부와 헌금이 순수하게 신앙적인 의도로 교회에 쏟아졌다. 그들은 그렇게 함으로써 사회에 선행을 하고 자신의 영혼이 구원받을 수 있다고 믿었다.

많은 돈을 낼 수 없는 사람들은 성물 참배나 순례 여행을 함으로써 하느님을 향한 자신의 경외심을 증명했다. 1512년에 독일

도시 트리어Trier에는 '예수의 성의'[11]를 보기 위해 하루 동안 8만 명의 순례자가 모인 날도 있었다. 당시 트리어의 인구는 8000명 가량이었다. 도처에서 기적이 일어났다는 소문이 돌았고 그러면 새로운 순례 행렬이 이어졌다. 교회사학자 카우프만은 종교개혁이 일어나기 전 수십 년 동안 종교적인 '이벤트 문화'가 유행이었다고 설명한다. 종교적인 열정 때문에 집단 히스테리 증상이 벌어지는 일도 빈번했다. 여자들과 남자들이 갑자기 하던 일을 멈추고 마을을 지나던 순례자 행렬에 동참하는가 하면 한 무리의 군중이 성모상 아래에서 통곡하며 데굴데굴 구르기도 했다.

그와 같은 집단 감정은 많은 신도들로 하여금 마녀에 대한 망상에 사로잡히게 만들었다. 많은 역사학자가 15세기 말에 마녀재판이 급격히 증가한 이유에 대해 거대 이교 집단[12]이 사라졌기 때문이라고 설명한다. 현실 사회의 모든 부조리와 부패를 책임질 새로운 희생양이 필요했던 것이다. 교황 이노켄티우스 8세Innocentius VIII는 1484년에 마녀 색출을 승인한다는 교서를 내려 이러한 집단 강박 상태에 신학적인 근거까지 마련해주었고 그 결과 근대가 시작되기 전까지 셀 수 없이 많은 희생자가 나왔다.

이렇게 현실과 동떨어진 처사는 2년 후 알자스의 도미니크회

---

11 예수가 죽었을 때 입었다고 전해지는 옷으로, 지금도 트리어 대성당에 보관되어 있다.
12 11세기 후반에 남유럽에서 시작되어 전 유럽에 전파된 카타리파를 가리킨다.

수도사인 하인리히 크라머Heinrich Kramer(라틴어 이름 헨리쿠스 인스티토르Henricus Institor)가 이른바 마녀 판별 지침으로 유명한『마녀의 망치Malleus Maleficarum』을 쓰도록 만들었다. 마녀의 특징을 자세하게 서술한 종교적 망상의 결정체였다. 이 책은 특히 여성이 마녀일 가능성이 높은 이유와 아이를 잡아먹고 악마와 문란하게 성관계를 맺는 악한 여자들에 관해 다루고 있다.

마녀가 끼치는 해악을 믿지 않는 사람이야말로 가장 심각한 이단자다.

마녀 판별 안내서의 내용이다. 이 책의 저자가 살아 있던 시기에는 수백 명의 여성들이 처형당했다. 당시 사람들이 마녀 사냥에 찬성한 이유는 상식과 거리가 멀었다. 도덕적인 교만과 여성 혐오, 그리고 악마가 어디에나 존재할 것만 같다는 공포심이 가장 큰 이유였다. 게다가 많은 이들이 종말이 가까웠다고 믿었다. 죄에서 자유롭지 못한 사람(그리고 죄인들!)은 영원히 지옥 불에서 고통받아야 했다.

당시의 성화 화가 히에로니무스 보쉬Hieronymus Bosch나 한스 발둥 그리엔Hans Baldung Grien의 작품들, 그리고 알브레히트 뒤러Albrecht Dürer의 그림 〈묵시록의 네 기사apokalyptische Reiter〉에 등장하는 악마는 종교의 영향력이 극에 달했던 시대의 종말을 향한 두려움을 반영한 것이었다. 종말 분위기가 워낙 만연했기 때문에 바티칸까지 나서서 이런 여론을 잠재울 수단을 강구했다. 1512년에 로마에서 열린 5차 라테란 공의회Laterankonzil는 어떤 사제도 최후 심판의 정확한 일시를 예언하지 못하도록 금지시켰다.

특히 공의회는 그때까지 그 어떤 설교가보다 고위 성직자들을 혼란에 빠뜨린 남자에게 주목했다. 그 인물은 기롤라모 사보나롤라Girolamo Savonarola였다. 몇 년 전 피렌체에서 했던 그의 설교가 피렌체 시민들을 두려움과 공포에 몰아넣었고 모든 권력층이 지위를 빼앗길까 봐 걱정하게 만들었기 때문이다. 사보나롤라는 부도덕한 고위 성직자들이 유흥을 위해 정부를 두고 어린 소년을 고용하는 행태를 비난했다. 로마 교황령에도 그는 호통을 쳤다.

바티칸에 호색과 착취가 넘쳐나는데 왜 하늘이 무너지지 않는지 이해할 수가 없다.

그는 피렌체 정부에게도 관대하지 않았다. 가난한 이들은 세금에 짓눌려 죽을 지경인데 귀족들은 현실 감각을 상실했다고 외쳤다.

1497년 2월 7일에 열린 사육제[13] 기간에 사보나롤라는 '허영심의 화형식'을 제안했고 피렌체의 시민들은 참된 신앙과 거리가

[13] 고기를 먹지 않고 그리스도의 고난을 생각하는 사순절 직전 일주일간 가면을 쓰고 변장하고 마음껏 먹고 즐기는 사육제가 열린다. '카니발'이라고도 부른다.

먼 것들, 가령 화장품과 향수, 거울과 초상화, 악기 등을 모두 불태웠다. 그러나 사보나롤라의 개혁도 어느 순간 적정선을 넘어섰다. 프랑스의 왕 샤를 8세Karl Ⅷ와 협정을 맺으면서 사보나롤라는 북이탈리아 통치자들에게 없애야 할 정치적 숙적이 되었다. 교황 알렉산더 6세Alexander Ⅵ는 사보나롤라를 반대하는 세력과 손을 잡았고, 피렌체 시민들도 그를 외면하기 시작했다. 결국 사보나롤라의 재판이 진행되었다. 지독한 고문 끝에 사보나롤라는 자신이 사기꾼이라고 자백했고 1498년 5월 23일에 그와 자신을 따르던 수도사 두 명이 교수형을 당한 뒤 다시 불태워졌다.

알프스 북쪽에도 회개하라고 호소하는 설득력 있는 설교가들이 있었다. 유명한 인물 중에서도 스트라스부르Straßburg의 궁정 설교가 요하네스 가일러 폰 카이저스베르크Johannes Geiler von Kaysersberg는 자신이 속한 수도회의 비윤리적인 관행을 원색적으로 묘사하며 지역 사람들의 흥미를 끌었다. 사제가 정부를 불러 실컷 즐기는 동안 어린 수도사들을 침대 발치에 세워 보초를 서게 한다는 이야기나 매춘부와 수녀를 비교하면서 적어도 한쪽은 양심의 가책을 받지만 다른 쪽은 이미 유곽이나 다름없어진 수녀원에서 편히 지낸다는 이야기 등이었다.

카이저스베르크는 성직자의 탐욕과 성직 매매, 수도사들의 알코올의존증과 나태함 등을 빠짐없이 비난했다. 하지만 그가 교회의 근본적인 권위까지 흔든 것은 아니었으므로 가톨릭교회는 이

유명한 설교가의 활동을 금지하지 않았다. 반면 다른 설교가, 가령 보름스 주교좌성당 참사회원인 요한 루크라트 폰 베젤Johann Ruchrat von Wesel은 면벌부를 강하게 비난하다가 생명의 위협을 느껴야 했다. 베젤은 처음에는 일자리를 빼앗겼고 곧이어 자신의 주장을 모두 철회해야 했다. 그래도 결국엔 그의 저서만 불타 없어졌고 그 자신은 1479년에 수도원 한곳에 몸을 숨길 수 있었다.

인쇄술 덕분에 성직자들의 부정부패는 15세기 후반에 이르러 문학에 늘 등장하는 소재가 되었다. 가령 종교개혁이 일어나기 전에 독일에서 굉장한 인기를 끈 책으로 인문주의자 제바스티안 브란트Sebastian Brant가 쓴 『바보배Narrenschiff』가 있다. 이 책은 교회뿐 아니라 사회 전체에 만연한 비윤리적인 실태를 풍자하는 내용으로 브란트는 시기와 질투, 무지와 떠드는 입 등 인간의 수많은 악한 면을 비판했다.

로테르담은 한 걸음 더 나아가 1509년에 종교개혁 직전의 사회상을 고발하는 『우신예찬Encomium Moriae』을 썼다. 이 인문주의 지식인은 제일 먼저 현실과 동떨어진 이야기만 하는 신학자들을 지목하여 끊임없이 논쟁을 벌이지만 오히려 더 많은 혼란만 가져오는 "거만한 종자들"이라고 평가했다. 에라스무스는 또한 "미로에서 길을 찾는 것이 실재론자, 유명론자, 토마스주의자, 알베르투스주의자, 오컴주의자, 스코투스주의자가 모인 곳에서 방향을 잡는 것보다 훨씬 빠를 것이다. 이것도 전부가 아니라 유명한 학파 몇 개만 언급한 것이다"라고 썼다.

신학자들 간의 논쟁은 당시에도 항상 벌어졌던 모양이다. 새로운 점은 브란트나 로테르담, 또한 바티칸의 부정부패에 유난히 분노한 울리히 폰 후텐과 같은 인문주의자들이 제기한 비판의 거리였다. 수십 년 혹은 수백 년 동안 아무렇지 않게 버텨온 의혹들에 갑자기 관심이 집중되기 시작한 것이다.

그래서 오늘날 역사학자들은 당시 수도회와 일반 사제들, 그리고 고위 성직자의 행실이 정말 급격히 바뀌었는지에 대해 서로 다른 의견을 내고 있다. 어쩌면 그 시대 사람들이 전보다 더 많이 배웠기 때문에 교회 성직자들의 부패에 더 민감해졌던 것일지 모른다. 그리고 인쇄술의 발달로 전달되는 정보가 많아지면서 상황이 더 심각해졌다는 인상을 주었을 가능성도 있다.

그렇지만 교회가 부패했다는 사실은 틀림없었다. 성직자의 3분의 1 정도만 서너 학기의 학업을 수료했고 신부 열 명 중 한 명은 알려지든 아니든 내연 관계를 유지했으며 대부분의 사제들이 목회에 아무런 관심이 없었다. 많은 성직자들이 금전을 지불하고 성직과 수도원장, 주교 지위를 샀으며 구입한 지위가 주는 봉록을 받아 챙기기에만 열심이었다. 가장 심각했던 곳은 역시 가톨릭교회 서열의 맨 꼭대기였다. 모든 특권은 친인척에게 돌아갔다. 예컨대 보르지아 출신의 교황 알렉산더는 1500년경에 바티칸 영토를 전부 가족들에게 넘겨주려 했다.

위기 상황은 시간이 지나면서 극적인 형태로 변했다. 성당과 수도원을 짓는 등의 대규모 공사를 지원하기 위해 교회는 면벌부를 발행했다. 교황들은 면벌부라는 수단을 점점 더 자주 사용했고 주교구 역시 더 많은 면벌부를 팔고 싶어 했다. 돈을 내는 사람은 과거의 죄과를 면제받을 수 있었다. 루터와 같은 시대에 살았던 알브레히트 폰 브란덴부르크 추기경은 자신이 판매한 면벌부로 3900만 년어치의 형벌이 면제되었다고 자랑하기도 했다.

판매 수익의 3분의 1은 관행적으로 교황에게 보내졌지만 세속의 권력들, 그러니까 도시 국가의 군주와 제후들, 그리고 면벌부 판매 상인도 수익의 일부를 가졌다. 많은 평신도가 면벌부를 편리하게 참회할 수 있는 수단으로 여겼던 반면 면벌부를 곱지 않은 시선으로 바라보는 신학자도 적지 않았다. 독일의 제후들 역시 독일 지역에서 자행되던 교회의 부당한 행위를 점점 더 못마땅하게 생각했다.

그들은 1456년에 이미 로마교황청이 독일 농민들을 착취하는 것에 대해 「독일 민족의 불만Gravamina deutscher Nation」을 작성하여 호소한 적이 있었다. 개혁의 필요성은 16세기 초까지 제국의회가 열릴 때마다 거론되었다. 제후들의 마음가짐도 달라졌다. 그들은 민중의 영적인 상태에 책임감을 느꼈다. 또한 끝없이 계속되던 세속 군주와 종교 지도자 사이의 권력 다툼에서의 승리가 그들에게 돌아갔다.

교황은 15세기에 공의회와의 권력 싸움에서 자신을 지지해주는 대가로 제후들에게 막대한 비용을 지불했다. 점점 더 많은 교구가 제후의 관할하에 들어가면서 수도원 개혁이 일어났고 많은 수도원이 자율적으로 운영되기 시작했다. 훗날 루터가 생명을 건지게 되는 바탕이 형성된 것이다.

교황들이 양보하는 이유는 오로지 권력 유지를 위해서였다. 매번 교회를 개혁하겠다고 약속해놓고는 번번이 다시 파기했다. 교황 알렉산더는 자신이 가장 아끼던 아들, 간디아Gandia의 공작이 죽자 1497년에 위원회를 설치하여 교황의 전권을 위임하기로 했다. 하지만 학자들로 이루어진 위원회가 여러 가지 제안을 제시하자 아들을 잃은 슬픔을 곧장 털어버렸다고 한다. 개혁을 약속했던 서류는 바티칸 서류보관소에서 자취를 감추었다.

마찬가지로 1512년에 5차 라테란 공의회는 교황 율리우스 2세Julius II가 교회의 내부 개혁을 허용하겠다는 취지로 개최한 것이었다. 루터가 속한 아우구스티누스회의 저명한 수도사, 에지디오 폰 비테르보Aegidius von Viterbo가 개회 연설을 하게 되었다. 비테르보는 눈물이 날 정도로 따끔한 비판을 고위 성직자들에게 던졌다.

교회는 전쟁과 부도덕 때문에 기반까지 흔들리고 있소!

그의 목소리가 쩌렁쩌렁 울렸다. 공의회는 5년 동안 교회 개혁을 위해 논의를 거듭했지만 별다른 성과를 거두지 못했고 결국 폐회되고 말았다.

그로부터 7개월 뒤인 1517년 10월 31일에 마르틴 루터가 95개 조 논제를 세상에 내놓았다.

글 마르틴 되리

고요한 대폭발

논제를 둘러싼 의문들, 그리고 한 가지 가능한 이야기

항의를 결심한 수도사는 성당 문을 향해 걸음을 내딛었다. 그는 한 손에 망치를 들고 세상을 변화시킬 벽보를 성당 문에 못 박았다. 그가 쓴 95개의 조항은 로마 가톨릭교회를 고발하는 내용이자 완전히 새로운 신앙의 출생 신고서였다.

수백 년 전 비텐베르크 성당의 문에 일어난 일은 굉장한 의미를 지닌다. 마르틴 루터가 논제를 게시한 사건은 독일의 역사적인 사건 중에서도 가장 중요한 장면에 해당하기 때문이다. 하지만 단호하고 결연한 표정과 못과 망치는 정작 논제가 게시된 1517년 10월 31일에 등장하지 않았던 것 같다. 오랜 시간 동안 우리가 일어났다고 믿었던 사실과 달리 그날 무슨 일이 벌어졌는지 정확히 아는 사람은 아무도 없다. 1961년에 처음으로 역사학자 에르빈 이셀로Erwin Iserloh 가 제기한 의문은 루터의 기록물에서 논제를 붙였다는 내용을 찾을 수 없다는 것이었다. 이 개혁가가 자신의 영웅적인 행동에 관해 아무런 언급도 하지 않았다면 그 행동은 일어나지 않았을 가능성이 크다. 그러면 우리가 이제껏 믿고 있던 이야기는 무엇인가?

이 유명한 장면의 출처를 찾으려면 우리는 필립 멜란히톤을 찾아가야 한다. 1546년, 루터가 죽은 후에 루터의 저술을 모아서 출판한 책의 서문에서 멜란히톤은 루터가 면벌부에 관한 논제를 "1517년 만성절 전날 비텐베르크 성당에 공개적으로 게시했다"라고 썼다.

그 자신도 양심적인 학자였으며 루터와 가까운 친구였던 멜란히톤은 종교개혁의 중요한 증인이다. 그가 묘사한 종교개혁의 첫 사건은 루터의 대담한 성격과 어울리며 1517년부터 연쇄적으로 발생한 사건들을 대부분 잘 설명해주는 사건이기도 하다. 독일 달력에서 10월 31일은 오늘날에도 종교개혁의 날로 기념되고 있다. 하지만 중요한 오류가 하나 있다. 멜란히톤은 1518년에 이르러서야 비텐베르크에 왔으며 중요한 그날의 장면은 직접 목격하지 않았다는 사실이다.

오랫동안 루터의 비서였던 게오르크 뢰러Georg Rörer는 1522년부터 비텐베르크에 체류했다. 뢰러 역시 논제 게시 사건을 목격한 적이 없지만 몇 년 전에 새로이 발견된 뢰러의 자필 기록이 큰 관심을 불러 모았다. 루터가 번역한 신약성경의 수정 작업을 위해 뢰러가 사용했던 초안의 마지막 장에 이런 메모가 남아 있었다.

1517년 만성절 전야에 비텐베르크의 모든 성당과 문들에 면벌부를 비판하는 마르틴 루터 박사의 논제가 붙었다.

뢰러가 쓴 "모든 성당"과 "문들"이란 언급 때문에 새로운 해석이 가능해졌다. 95개 조항이 적힌 벽보는 비텐베르크의 여러 장소에 동시에 붙었던 모양이다. 납득이 가는 설명도 존재한다. 어쩌면 당시 신학 학부의 관행상 학문적인 논쟁을 제안할 때는 비텐베르크 성당 문에 먼저 논제를 붙이게 되어 있었을지도 모른다고 말이다. 그러니까 적어도 루터는 면벌부 문제를 학술적인 토론을 통해 정식으로 다뤄보기로 했던 것 같다. 그의 95개조 논제는 이렇게 시작한다.

진리를 향한 사랑과 진리를 밝히고자 하는 열정으로 아래와 같은 논제를 가지고 토론할 것을 요청한다.

대학의 법규는 또한 어떻게 논제를 붙여야 하는지와 같은 구체적인 사항을 규정해두었는데 소사, 즉 학교 관리인만이 공지를 붙이고 뗄 수 있었다. 하버드의 역사학 교수 다니엘 유테Daniel

Jütte가 2014년에 한 번 더 이 부분을 지적한 적이 있었다. 유테는 오래된 건물 문에서 역사를 읽어내는 데 탁월한 전문가다. 그의 연구에 따르면 비텐베르크의 토론 관행이 당시에는 아주 보편적이었다고 한다. "성당의 문은 대중에게 정보를 알려주는 게시판의 역할을 담당했습니다." 그리고 당시에는 아교나 밀랍을 이용해 벽보를 접착하는 방법이 가장 흔한 방식이었다.

그랬기 때문에 루터는 1517년 10월 31일에 일어난 일을 이야기하지 않았는지도 모른다. 학교의 관리인을 시켜 문마다 다니며 풀칠을 하라고 이야기한 것이 뭐 대단한 일이었겠는가?

글 디트마르 피이퍼

권력의 책략

황제 카알 5세는 제국의 종교개혁을 강력하게 탄압했다. 하지만 합스부르크 가문의 젊은 황제는 비텐베르크에서 시작된 새로운 사상이 정치계에 미칠 파급력을 고려하지 못했다.

 무조건 아헨Aachen이어야 했다. 아직 흑사병이 돌고 있었지만 젊은 통치자는 마음을 정했다. 스페인의 왕이자 부르고뉴의 공작인 카알 5세는 반드시 카알 대제[14]의 옛 궁전이 있는 이 도시에서 신성로마제국의 황제 자리에 오르고 싶었다. 이를 위해 쏟아부은 자금의 양은 어마어마했다. 네덜란드의 국위 향상을 꾀하던 네덜란드 의회는 네덜란드의 총독인 카알을 위해 금화 100만 굴덴을 아낌없이 내놓았다.

1520년 10월 23일이 다가왔다. 제국의 제후들이 20세 황제를

---

[14] 전 유럽 영토를 아우르는 프랑크 왕국을 통일한 인물이며 야만족에게서 교황청을 보호해준 보답으로 교황에게 정통 서로마제국의 황제 직위를 받았다. 카알 대제는 아헨을 수도로 삼고 화려한 아헨대성당을 지었으며 1531년까지 독일 군주들의 대관식이 이 성당에서 거행되었다.

주교좌성당까지 모시기 위해 늘어서 있었다. 양옆에 마인츠와 트리어의 대주교를 동행하고 대성당에 입장한 합스부르크 가문의 예비 황제는 신앙을 지키고 교회를 보호하며 가난하고 비천한 이들과 과부, 고아를 도우며 정의롭게 통치하겠냐는 전통 깊은 질문에 그러겠노라고 답했다. 대관식에 참석한 이들이 충성을 맹세한 뒤에 황제의 목과 가슴, 양손과 머리에는 기름이 발라졌다. 의례에 따라 황제의 홀과 제국의 사과[15]를 들고 관을 쓴 카알은 이제 로마의 왕이자 선출된 황제가 되어 대성당을 나섰다.

그는 마치 육중한 르네상스식 벽걸이 카펫에 수놓인 장면처럼 영원해 보이는 순간을 연출하는 데 항상 성공했다. 하지만 아헨 대성당에 모인 이들은 선대 황제 막시밀리안이 손자를 위해 미리 손을 쓰지 않았다면 이런 날이 오지 않았을 것이라고 생각하고 있었다. 더구나 프랑스와 교황의 공공연한 이해관계도 있어서 1519년 중반에 카알이 선출되기까지 선제후[16]들에게 제공된 '사례비', 쉽게 말해 찔러준 돈은 상상을 초월하는 액수였다.

카알에게 상속된 거대한 영토에 비하면 신성로마제국은 작은 규모에 불과했으나 향후 카알의 계획에 가장 큰 위협이 될 수도

---

15 중세의 그림들을 보면 왕이나 황제가 한 손에 십자가가 달린 동그란 황금 공을 잡고 있는 모습을 볼 수 있다. 북유럽 신화에서 황금 사과는 불로불사를 상징하는데, 고대에는 황금 사과에 승리의 여신 니케가 장식되었지만 중세에는 기독교 통치를 의미하는 십자가가 장식되었다.
16 신성로마제국의 황제를 선출할 수 있는 자격을 가진 7명의 제후를 말한다.

있었다. 젊은 통치자는 황제의 권위와 명성을 되살리고 싶었다. 유럽은 로마 가톨릭의 기반 위에서, 그리고 그의 통치 아래 통일되어야 했다. 종교개혁은 그런 원대한 목표를 방해하는 것은 물론 황제의 권위를 위협할 수 있었다. 그 결과 카알은 루터와 그의 지지자들을 가장 많이 탄압한 군주가 되었다. 카알의 탄압이 없었더라면 종교개혁은 더 성공적으로 진행되었을지 모른다.

새로운 황제에게 이제부터 자신이 통치해야 하는 불완전한 모습의 제국은 낯설었다. 고작 하루 전에 생전 처음 독일 땅을 밟았고, 프랑스어와 스페인어, 라틴어를 구사하지만 독일어는 거의 할 줄 모르는 과묵하고 창백한 군주는 머지않아 보름스에서 열릴 제국의회를 주재해야 했다.

하지만 '데보치오 모데르나'의 경건한 분위기 속에서 성장한 주걱턱의 젊은 황제에게는 벨기에 쉬에브흐Chièvres의 영주 빌헬름 폰 크로이Wilhelm von Croy라는 믿을 만한 조언자가 있었다. 옛 부르고뉴 공국의 귀족인 크로이는 왕자 카알을 9세 때부터 가르치고 지도했으며 그 덕택으로 카알은 무척 높은 신앙적 정치적 기준을 가지게 되었다. 카알이 서방 기독교 세계의 통일을 위한 귀족 단체인 황금양모 기사단을 유난히 편애했던 것도 그의 영향이었다.

아버지와도 같았던 엄격한 제후는 교황의 권력을 넘어선 세계 패권이라는 이상을 심어주었고 카알은 평생 이를 추구하며 살았다. 1516년에 스페인의 왕관을 쟁취한 뒤 집요한 노력 끝에 그는 스페인의 지역 신분제 의회인 코르테스Cortes를 자기편으로 만드는 데 성공했다. 프랑스와의 불편한 관계는 당분간 신경 쓰지 않아도 되는 상황이었다. 카알과 크로이는 우선 독일과 이탈리아 영토에 얽힌 복잡한 문제를 해결하고자 했다.

1521년 초에 열린 보름스 제국의회의 성과는 신성로마제국의 많은 작은 지역에서 거두어들인 모든 소득을 빼곡하게 기록한 문서인 '제국 장부'를 파기한 것이었다. 그해 5월에 반항적인 수도사 마르틴 루터에게 황제의 칙령을 내려 개혁의 움직임을 저지하는 일도 카알에게는 중요하지 않았다. 아버지와도 같았던 조언자 크로이의 죽음이 더 심각한 문제였다.

더 늦기 전에 젊은 황제는 자신의 대담한 좌우명 "이 너머로 나아가라plus ultra"[17]를 실행에 옮기는 모습을 보여야 했다. 그러나 그의 영토가 너무 분산되어 있는 데다 수많은 독립국가로 이루어져 있어 통치만 하는 것도 쉽지 않았다.

영토 확장의 기점으로 카알은 자신에게 익숙한 스페인을 택했다. 북이탈리아의 부유한 도시국가들에 대한 주도권을 놓고 프랑

---

[17] 고대 그리스인들은 지브롤터 해협에 있는 '헤라클레스의 기둥'을 세상의 끝이라 생각하고 "Non plus ultra(이 너머에는 아무것도 없노라)"라는 말을 썼다. 헤라클레스의 기둥은 고대 로마제국의 경계이기도 했으므로 카알은 여기서 'Non'을 지우고 "Plus ultra(이 너머로 나아가라)"를 자신의 좌우명으로 삼았다.

스와 다시 전쟁이 벌어지자 카알은 가까운 측근에게 전쟁을 위임했다. 1522년 초에 교황으로 선출된 하드리안 6세Adrian VI는 황제가 어릴 때 그를 가르친 선생이었다. 합스부르크의 상속분에 해당하는 제국 영토에서는 동생 페르디난트 1세Ferdinand I가 권력을 쥐고 있었다. 반항하는 카스티야의 귀족을 제압하기 위해 카알은 수천 명으로 이루어진 용병대와 당시에는 이례적이게도 74개의 대포를 동원했다.

제국은 금세 혼란에 휩싸였다. 1523년 11월에 카알을 도와주던 교황 하드리안이 죽고 이번에는 황제에게 적대적인 메디치 가문 출신의 클레멘스 7세lemens VII가 교황이 되었다. 독일에선 농민전쟁이 일어났으며 터키가 그리스와 발칸 반도를 공격했다. 파비아Pavia 전투에서 프랑스 군대가 크게 패한 것은 카알에게 행운과도 같았다. 1525년에는 그의 숙적인 프랑스 왕 프랑수아 1세François I가 포로로 붙잡히는 사건까지 발생했다. 황제는 프랑스 왕을 마드리드로 호송시켜 평화 협정에 서명하게 만들었다.

몇 주 뒤 카알은 세비야Sevilla에서 자신의 사촌인 이자벨라 폰 포르투갈Isabella von Portugal과 결혼식을 올렸다. 세계 패권을 위해 놓은 포석이었다. 프랑스 국왕은 두 아들을 인질로 보내고 풀려났다. 이 일이 너무도 굴욕적이었던지 프랑수아 1세는 풀려나자마자 로마와 베네치아의 세력과 동맹을 맺고 다시 전쟁을 벌였다. 카알에게 기쁜 소식은 대서양 너머의 스페인 영토에서 들리는 소식뿐이었다. 무자비한 정복자 에르난 코르테스Hernán Cortés의 통치 아래 멕시코에서, 1531년부터는 페루에서도 금과 향신료가 대량생산되었고 막대한 양이 유럽으로 수출되었다.

반면 유럽은 어디나 위태로운 상황이었다. 종교개혁의 불길이 계속 번지고 있었으며 모하치Mohács에서는 헝가리군이 터키의 오스만군에게 패했다. 게다가 1527년에는 뜻밖에도 이탈리아에서 프랑스에 우호적인 교황에게 불만을 품은 용병들이 로마를 공격했다. 2만 명이 넘는 신성로마제국군이 도시를 약탈하고 살인과 고문을 자행하는 동안 교황은 많은 몸값을 지불하고 간신히 로마를 빠져나왔다.

카알은 심각한 통풍으로 고생하면서도 부지런히 제국의회와 정상회담에 참석했고, 기사단 행사와 군대 야영지를 방문했다. 1530년 볼로냐Bologna에서 교황은 마침내 공식적으로 카알을 신성로마제국의 황제로 대관[18]했고 이로써 전 세계의 통치자가 되겠다는 그의 무척 중세적인 꿈이 이루어졌다. 22세에 '최초의 기독교인 군주'라는 칭호를 얻은 카알은 '기독교와 경건한 신앙의 진정한 수호자이자 보호자'가 되고자 했고, 이제 '로마 가톨릭의

---

18 7명의 선제후의 선거로 선출된 독일 왕은 자동으로 신성로마제국의 황제 지위를 승계했으나 교황의 인정을 받은 황제만이 공식적인 신성로마제국의 황제가 될 수 있었다. 그래서 독일 왕은 전통에 따라 아헨에서 대관식을 올린 후 교황에게 다시 공식 황제라는 인가를 받아야 했다.

대변자이자 어머니 교회가 인정한 맏아들'이라는 명예까지 획득했다.

세계의 질서는 일단 카알의 친족인 합스부르크 왕가가 다스리게 되었지만 국경을 초월하는 법률이 필요했다. 1532년에 공표된 유럽 최초의 일반 형법 '카롤리나 법전Constitutio Criminalis Carolina' 혹은 '형사재판 법전'은 가장 오랫동안 효력을 미친 법전이다. 카알은 기독교 세계의 수호자라는 고귀한 역할을 너무 진지하게 생각한 나머지 십자군을 일으킬 생각까지 했다.

1535년에 카알이 오스만 진영이던 북아프리카의 튀니지를 정복하라고 명령한 것도 기독교를 수호하겠다는 생각에서 나온 것이었다. 하지만 오래 지나지 않아 프랑스군이 튀니지를 점령했다. 거의 10년가량이나 네덜란드부터 남부 프랑스, 그리고 북부 이탈리아에 이르는 지역에서 승리를 주고받으며 전쟁이 계속되었으나 1544년 9월에 맺은 크레피Crépy 평화조약으로 아주 잠시 동안이지만 휴전이 이루어지기도 했다.

카알은 자신이 통치하는 영토의 종교 통일을 이루기 위해 온 힘을 쏟았다. 철저한 실용주의자인 황제가 보기에 1545년 말 트리엔트에서 열린 공의회는 너무 늦은 대처였다. 그는 가톨릭교회가 내부 개혁을 추진하고 확고한 교리적인 입장으로 무장하지 않으면 개신교가 완전히 분리되어 나가는 것을 막을 수 없다고 생각했다. 바로 다음 해에 열린 레겐스부르크Regensburg 제국의회에서 카알은 개신교 지도자들을 추방하라는 칙령을 내렸는데, 그것은 곧 '슈말칼덴 동맹Schmalkaldischer Bund'으로 똘똘 뭉친 루터파 제후들과의 전쟁을 의미했다.

황제는 반역자 개개인을 굴복시키는 데까지는 성공했다. 1547년 4월 말에 엘베 강 근처의 뮐베르크Mühlberg 전투에서 승리를 거두고 슈말칼덴 동맹의 중요한 지도자인 선제후 요한 프리드리히 폰 작센 1세Johann Friedrich I von Sachsen를 포로로 잡았다. 6월 중순에는 백작 필립 폰 헤센 1세Phillipp I von Hessen가 항복했다. 하지만 군사적인 성공과 달리 종교적인 합의는 전혀 진척되지 않았다.

합스부르크 출신의 최고 통치자는 압박과 더불어 이번에는 실용적인 타협안을 사용하기로 했다. 하지만 그가 일시적인 평화를 위해 1548년 6월 말에 아우크스부르크에서 공표한 '잠정안'[19]은 신교와 구교 양쪽 모두의 반발을 불러일으키고 말았다. 엎친 데 덮친 격으로 카알과 전쟁을 벌이던 개신교 진영이 프랑스의 새 국왕 앙리 2세Henry II와 연합하자 오랫동안 극심한 통풍으로 고생하던 황제는 용기를 잃어버렸다.

체력과 정신력을 모두 소진한 카알은 1555년의 아우크스부르크 제국의회(종교회의)에 자신의 동생이자 후임 황제인 페르디난트를 대신 보내 평화조약에 서명하게 했다. 그 자신은 조약의 내

---

19 개신교도에게 대부분 가톨릭의 관례를 따르게 하되 개신교의 평신도가 성만찬의 잔을 받는 것과 성직자의 결혼을 허락하는 것에 관한 내용이 담겨 있었다.

용에 동의할 수 없었겠지만 말이다. 기독교가 결국 쪼개질 것이란 사실에 환멸을 느낀 카알은 자리에서 물러나 황제 직위를 물려주었다. 1557년 초 그는 마드리드에서 서쪽으로 175킬로미터 떨어진 지역에 있는 유스테Yuste 수도원에서 지내다가 1558년 9월 21일에 세상을 떠났다.

황제 카알에 대해 전문가인 영국의 역사학자 에드워드 암스트롱Edward Armstrong은 "그렇게 열심히 살았던 군주는 많지 않다"고 평가했다. 어느 자료은행이 수년간 수집한 데이터에 따르면 카알이 직접 쓴 편지는 약 13만 통가량이라고 한다. 이 역사학자는 또 여러 조약들과 더불어 카알이 1550년에 라인 강을 따라 여행하면서 쓴 회고록 덕분에 의무와 목표를 위해 거의 초인적인 활동을 감행했던 통치자의 특징과 동기, 심경 등을 유추하는 일이 어렵지 않았다고 말했다.

그렇지만 그렇게 많은 문서도 안타까운 결말에는 아무런 도움도 주지 못했다. '이 너머로 나아가라'는 꿈, 강력한 권력이 통치하는 평화로운 세계, '영원히 해가 지지 않는 제국' 건설의 꿈은 결국 좌절되고 말았기 때문이다. 이 모든 결과는 어쩌면 모든 정치적 힘의 상호작용을 잘 몰랐던 젊은 시절에 그가 한 가지 사건, 바로 종교개혁을 우습게 여겼기 때문에 생겨났는지도 모른다. 그리고 그것은 되돌릴 수 없는 실수였다.

글 요하네스 잘츠베델

황제와 제국 앞에서

음모와 비밀 협상, 거짓말. 1521년 보름스 제국의회에 모인 권력자들은 루터 문제를 이용하여 이득을 얻기 위해 모든 수단을 동원했다. 당시의 사건을 재구성했다.

 보름스, 1520년 12월 중순

보름스 시내의 한 건물, 온기가 전혀 없는 추운 방에서 이탈리아 남자 하나가 깃펜을 잡고 자신의 분노를 쏟아내고 있었다. 기롤라모 알레안더Girolamo Aleander는 마르틴 루터의 일로 교황이 카알 5세에게 보낸 두 명의 사절 중 하나였다. 그는 약 2주 전에 황제 일행과 함께 보름스에 도착했다. 카알이 황제가 된 후 처음으로 소집한 제국의회가 이곳에서 열릴 예정이었다. 알레안더가 바라는 상황은 다음과 같았다. 루터가 보름스 의회장에 나오지 않고, 제국 의원단은 이 문제를 깊이 다루지 않는 것이었다. 그 대신 제국 통치나 국가 간 평화, 제국 대법원, 그리고 제국의 치안과 같은 법적인 문제를 중심으로 논의가 진행되어야 했다.

그러나 황제 카알의 조언자들은 루터의 이야기를 들어보기로 결정했고, 알레안더는 이제 제국의회가 비텐베르크의 선동자를 심리하게 되었다는 내용의 편지를 로마에 보내야 했다. 알레안더는 이 모든 상황이 못마땅했다. 교황은 6월 15일에 이미 루터에게 파문을 경고했기 때문이다. 그리고 평신도들이 교황의 판단을 재검토하는 일은 옳지 않았다.

> 이제 황제 측 인사들이 심리를 선행하지 않고는 독일인에게 사형을 선고할 수 없다는 말도 안 되는 핑계를 대며 그를 의회에 소환하여 그의 대답을 듣겠다고 합니다.

알레안더는 원통해하며 글을 썼다. 그러면서 자신은 교황이 원하는 방향으로 일이 성사되게 하기 위해 모든 것을 다하겠노라고 편지를 마무리했다.

로마, 1521년 1월 3일 목요일

바티칸 집무실에서는 새로운 결정이 내려졌다. 교황 레오 10세Leo X는 루터를 파문한다는 교서 「로마 교황의 지당한 명령Decet Romanum Pontificem」을 발급했다. 루터를 파문하며 그를 이단자로 선고한다는 내용이었다. 하지만 루터가 이단자라는 결정이 제국 통치와 관련하여 무슨 의미란 말인가? 이제 갓 20세가 된 젊은 황제는 이를 어떻게 받아들일 것인가?

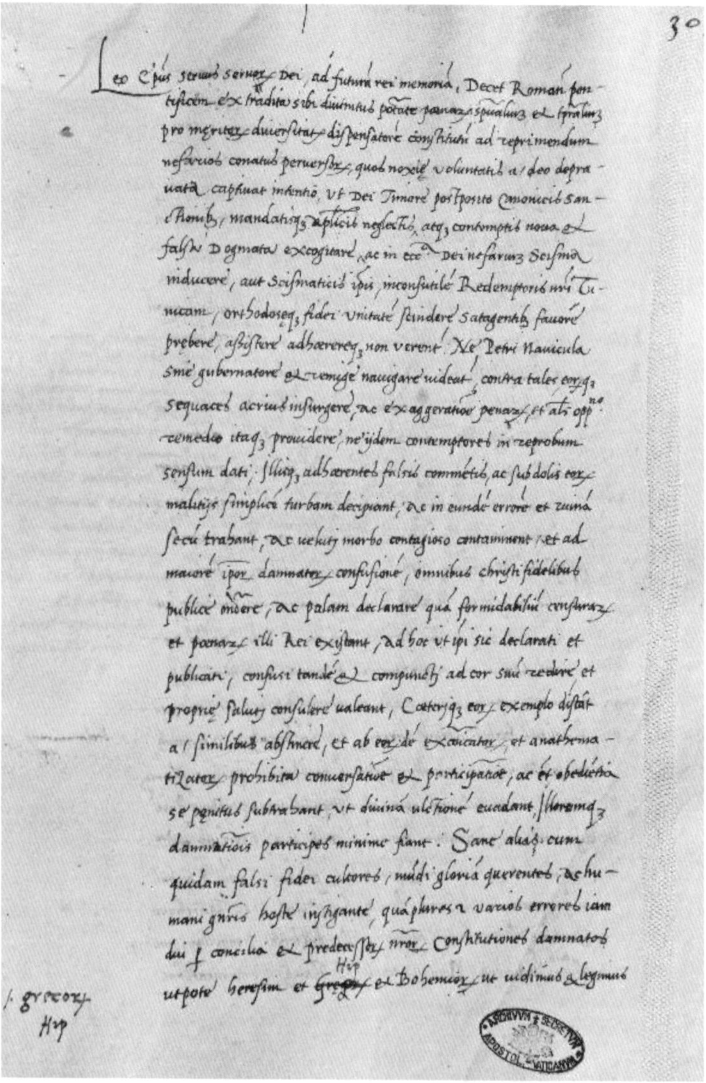

이 교서로 교황 레오 10세는 1521년에 루터를 파문했다. 바티칸 비밀문서실에 보관된 육필 문서다.

카알은 자신의 직속 영지인 네덜란드에서는 이미 루터의 글을 불태우게 했다. 하지만 제국 내에는 루터가 속한 지역 영주인 선제후 현명공 프리드리히 폰 작센 3세Friedrich III von Sachsen를 비롯해 반발이 있었다. 이 선제후는 카알이 황제로 선출되도록 힘써준 인물이었다. 그는 많은 존경을 받았고 영향력이 있었으며 루터의 문제를 교회법이 아니라 제국의 법과 제도에 따라 해결하길 원했다. 황제는 다른 선제후들도 프리드리히의 견해를 높이 산다는 사실을 알고 있었다.

그래서 실제로 프리드리히에게 그 신학 박사를 심문하기 위해 보름스 의회에 데려와달라는 부탁을 하기도 했다. 하지만 프리드리히는 황제의 지시로 제국의 여러 도시에서 루터의 글을 불태웠다는 사실을 알고 있었으므로 제국의회에서는 루터와 거리를 두기로 했다. 황제는 알레안더의 끈질긴 설득으로 인해 루터에게 보내려던 초청을 철회했다. 그것이 카알의 최종 결정이었을까? 알레안더는 자신이 원하던 바를 이뤘을까?

보름스, 1월 5일 토요일

프리드리히가 보름스에 입성했다. 보름스에선 이미 많은 일이 벌어지고 있었다. 1만 명이 넘는 손님이 1월 초부터 제국의회를 위해 모였기 때문이었다. 80명의 제후와 130명의 귀족, 그리고 외국의 왕과 군주가 보낸 사절단이 평의원, 성직자, 기사, 신하, 음악가, 하인, 광대 등 많은 일행을 이끌고 보름스에 왔다. 7000명 가량의 주민이 살고 있던 도시는 갑자기 엄청난 부담을 떠안게 되었다. 벌써 몇 달 전부터 숙소 담당 장교들은 제공할 숙소를 찾지 못해 발을 동동 굴렀으며 의회와 총회가 열릴 장소와 사무국, 의회 법원이 들어갈 공간도 마련하기 어렵긴 마찬가지였다.

홀로 방문하는 방문객은 일반 여인숙에 묵어야 했는데 여러 명이 좁은 공간을 나눠 써야 하는 경우도 생겼다. 교황의 사절인 알레안더도 좋은 숙소를 얻는 데 실패하고 벽난로가 없는 좁은 방에서 독일의 추운 겨울을 애처롭게 보내야 했다. 지위가 높은 방문객의 경우는 그래도 괜찮았다. 황제는 대성당 북쪽에 붙어 있는 주교의 궁에 머물렀고, 프리드리히는 도미니크회 수도원에 인접한 궁전을 제공받았다. 그는 자신과 수행원들이 보름스에 머무는 동안 들어가는 체류비가 너무 많다고 불평했다.

비텐베르크, 1월 25일 금요일

루터는 자신의 선제후에게서 편지를 받았다. 황제가 루터의 일을 결정하게 될 것이라고 프리드리히는 썼다. 루터는 선제후에게 답장을 쓰면서 황제에게 안전통행증을 받아달라는 부탁과 함께 자신을 심문할 담당자로 "경건하며 교양이 있고 상식적이며 정직한 기독교인으로서 성경에 정통하며 학식이 뛰어나고 경청할 줄 아는 사람을 추천해달라"고 부탁했다.

보름스, 1월 27일 일요일

제후와 성직자 그리고 제국 도시들의 대표들은 대성당에 모여 미사를 드렸고, 이어서 카알이 시청에서 제국의회의 개회를 선포했다. 잘츠부르크의 추기경이 황제의 안건과 제국의회 일정을 낭독했고, 그때까지도 루터에 관해서는 아무 언급도 없었다.

하지만 민중들 사이에선 비텐베르크의 신학 교수가 가장 큰 관심거리였다. 교황의 사절 알레안더는 로마에 보내는 보고에서 무척 격앙된 말투로 사람들이 루터를 얼마나 존경하는지, 그리고 루터의 저서가 보름스에서 얼마나 인기가 많은지 썼다.

> 매일 루터의 글이 독일어와 라틴어로 쏟아집니다. 이제까지 인쇄업자가 없었던 이곳에서 지금은 인쇄소가 운영되고 있습니다. 루터의 글 외의 다른 것은 팔리지 않습니다. 심지어 황제의 왕궁에서도 그렇습니다. 놀라울 정도로 많은 사람이 관심을 보이고 그게 다 돈이 되기 때문입니다.

보름스, 1월 28일 월요일

프리드리히와 황제, 그리고 나머지 의원들에게는 모여서 회의하는 일상이 시작되었다. 의회와 총회는 시급한 의제들을 하나씩 다루었다. 일정은 무척 빡빡해서 대부분의 회의가 아침 6시부터 시작했다. 하지만 안건에 따라 출석해야 하는 인물들만 모습을 드러냈다. 제국의회 기간에는 즐거운 오락거리도 많았기 때문이다. 주요 광장에서 벌어지는 무술 시합과 승부, 연주되는 음악이 즐길 거리를 제공했으며, 심지어 황제와 작센의 선제후는 궁정 악단을 전부 데리고 왔던 것이다. 프리드리히는 "아침마다 늦잠을 잘 수 있다. 황제가 매일 10시나 11시에 미사를 드린다"라고 기록했다.

보름스, 2월 11일 월요일

이때까지도 루터에 관한 공식적인 언급은 전혀 없었다. 하지만 무대 뒤에서 사절들은 며칠 전부터 파문당한 수도사를 어떻게 다뤄야 할지 골머리를 앓고 있었다. 제후들의 고민은 루터에게 연민을 느껴서 생긴 것이 아니었다. 이들은 대부분 민중의 노여움을 살까 봐 두려워했다. 그리고 모두가 발언권을 원했다. 단순히 로마의 결정을 수용하거나 황제의 판단을 따르는 것은 원치 않았다.

　알레안더가 가장 바라는 결말은 황제가 교황의 결정을 그냥 인정하고 추가적인 절차 없이 루터를 국외로 추방하는 판결을 내리는 것이었다. 황제의 신하들이 이미 그러한 칙령의 초안을 만들어두었고 카알이 서명하여 공표하기만 하면 모든 일이 해결될 터였다. 하지만 황제의 사절은 어찌된 일인지 먼저 칙령을 의회의 표결에 넘겨야겠다고 전했다. 알레안더는 이번에도 실패했다.

보름스, 2월 13일 수요일

재의 수요일[20]인 오늘 알레안더는 의회 앞에서 로마의 입장을 전달할 기회를 얻었다. 그는 연설을 통해 의회가 황제의 칙령에 찬성하게 하고 루터를 보름스에 오지 못하게 만들어야 했다. 그런 이유로 카알이 몸소 회의장에 등장했고, 마침 프리드리히는 병이 나서 숙소에 머물렀으며 나중에야 알레안더의 연설 내용을 전해 들었다.

라틴어로 거의 세 시간가량 계속된 연설은 루터가 교황에게 '대단한 반역'을 저질렀으며 이런 인물을 그냥 둔다면 앞으로 모든 정치적 권위가 도전받고 추락할 것이라는 내용이었다. 그리고 그는 재차 루터의 청문회에 반대한다는 입장을 강조했다. 황제는 교회의 수호자로서 교황의 파문 교서를 발표한 뒤 루터의 책들을 불태우고 루터를 처벌해야 했다. 세속 의회의 인준은 필요하지 않았다.

"둘 이상의 사절이 제게 말하길 저의 연설이 매우 타당하고 논리적이며 설득력이 있다고 평가받았다고 합니다"라고 알레안더는 다음 날 로마에 띄운 편지에 썼다. 하지만 겸손을 덧붙이는 일을 잊지 않았다.

---

20 부활절까지 40일간 금식하는 기간을 사순절이라 부르는데, 사순절의 첫째 날을 '재의 수요일'이라고 한다. 천주교 성당에서는 사제가 예배자의 이마에 재를 바르는 예식을 진행한다.

저 스스로는 하고 싶은 이야기를 전부 할 수 없었기에 평범했고 그럭저럭 간신히 만족할 만한 수준이었다고 생각합니다.

보름스, 2월 18일 월요일

프리드리히는 알레안더의 제안에 따르려는 황제의 칙령 초안을 놓고 다른 의회 위원들과 협의했다. 분위기가 달궈지면서 격렬한 논쟁이 벌어졌다. 추기경과 주교들은 루터의 처벌을 원했고 황제가 당장 칙령을 발표해야 한다고 주장했다. 이에 대다수의 세속 제후들은 청문회 없이 루터를 처벌할 수는 없다고 맞섰다.

공방이 얼마나 치열했던지 루터를 반대하던 브란덴부르크의 선제후 요아힘Joachim과 프리드리히가 서로 멱살을 잡는 일까지 생겼다. 문제는 루터를 보름스에 초청해야 하느냐는 것이었다. 프리드리히는 청문회를 원했고 브란덴부르크의 선제후는 이에 반대했다. 평소 조용한 성격인 팔츠Pfalz의 선제후 루드비히마저 황소처럼 큰소리를 쳤고 항의하는 의미로 프리드리히와 함께 회의장을 떠났다.

다음 날 의회는 황제에게 답변을 전했다. 민중의 반발이 염려되기 때문에 황제의 칙령을 당분간은 발표할 수 없다는 내용이었다. 그 대신 루터를 심문하되 토론은 하지 않는 방안을 제안했다. 루터에게 이단적인 주장을 철회할 것인지 여부만 묻겠다는 것이었다. 그가 자신의 주장을 일부 취소한다면 다른 문제에 관한 대답을 더 들어볼 수 있었다. 그의 교회 비판은 많은 지역에서 정치적으로도 이용되었기 때문이다. 하지만 루터가 자신의 입장을 고수한다면 의회는 황제의 칙령을 반포하고 루터의 법적 권리를 박탈하는 데 동의하기로 했다.

보름스, 3월 2일 토요일

황제와 그의 사절은 루터를 보름스에 소환하는 문제에 제후들 사이의 권력 다툼이 걸려 있다는 사실을 잘 알고 있었다. 이전까지 교회의 파문은 자동으로 제국에서의 추방을 의미했다. 하지만 이제 제국의회는 협의를 요구하고 있었다. 누가 누구에게 종속되느냐 하는 문제가 중요해졌다. 카알 자신도 이 결정에서 자유롭지 못했다. 황제는 제국의회의 회원국에서 나오는 세금에 크게 의존할 수밖에 없었고, 이번 제국의회는 새 황제에게 돌아갈 세금을 새로 승인하게 되어 있었다.

그렇기에 그는 의회의 제안을 수용하여 루터에게 안전통행증과 함께 초청장을 보냈다. 카알의 의도는 교황의 결정을 재심사하려던 것이 아니었다. 그는 단지 제국의회의 의견을 자신이 적극적으로 수용한다는 인상을 심어주고 싶었다.

보름스, 3월 10일 일요일

카알이 의회의 요구를 받아들일 생각이 거의 없었다는 사실은 금방 드러났다. 제국 전역에 루터의 책을 몰수하라는 명령을 내렸기 때문이다. 루터의 글을 모두 압수하고 새로운 인쇄물을 찍어내는 것을 금지했다. 앞으로는 누구도 루터의 주장에 접근할 수 없도록 하는 조치였다. 황제는 보름스에서 청문회를 열기도 전에 교황이 루터에게 내린 판결을 지지한 셈이었다. 그러나 모두가 보름스에서 벌어질 일에 주목하고 있었기 때문에 황제의 몰수령에 관심을 주는 이는 드물었다.

보름스, 3월 11일 월요일

황제의 초청장은 3월 6일로 되어 있었지만 이날 발송되었다. 루터는 이제 정말 보름스로 출두해야 했다. 3월 15일에 황제의 전

루터를 보름스까지 안전하게 보호하겠다고 약속하는 카알의 안전통행증으로, 1521년 3월에 발행된 원본이다.

령 카스파르 슈투름Kaspar Sturm이 루터에게 초청장을 직접 전달
했다.

비텐베르크, 3월 29일 금요일

루터는 보름스로 오라는 초청을 받아들였다. 정작 보름스에서는
루터가 진짜 오면 어떡해야 할지 고민하고 있었지만 루터는 제국
의 대중 앞에서 자신의 주장을 펼칠 기회를 놓치고 싶지 않았다.
그는 지체 없이 여행 준비를 시작했다.

비텐베르크, 4월 2일 화요일

비텐베르크 시는 루터를 위해 금세공 장인이 만든 마차를 제공
했고 추위와 비바람을 막기 위한 지붕을 달아주었다. 비텐베르크
대학은 여행비로 20굴덴을 지원했다. 동료 수도사와 교수, 그리
고 친구들이 루터와 동행했다. 보름스로 가는 도중에 그는 황제
의 몰수령이 내려졌다는 소식을 듣고 분개했지만 가던 길을 멈추
지는 않았다.

에르푸르트, 4월 6일 토요일

라이프치히와 나움부르크Naumburg, 바이마르Weimar를 지나 루터
일행은 에르푸르트에 도착했다. 도시 앞에는 에르푸르트 대학 총
장이 40명의 기사들과 함께 비텐베르크의 교수를 기다리고 있었

고 격식을 차린 행렬이 루터를 도시로 안내했다. 다음 날 루터는 엄청난 인파가 모인 아우구스티누스 대성당에서 설교를 했다. 몰려든 사람들의 무게를 견디지 못하고 발코니가 무너지려고 하는 바람에 청중이 창문을 깨고 대피하는 소동까지 벌어졌다. 에르푸르트에서는 법학자이자 신학자인 유스투스 요나스Justus Jonas가 루터 일행에 합류했고, 이들은 고타Gotha와 아이제나흐를 지나 프랑크푸르트로 이동했다.

종교개혁가 일행은 거의 모든 도시에서 큰 환영을 받았으나 루터는 심하게 아팠다. 그는 격렬한 복통을 호소하고 변비에 시달렸으며 거의 잠을 자지 못했다.

보름스, 4월 16일 화요일

보름스 사람들은 사흘 전에야 비로소 루터가 정말로 오고 있다는 소식을 들었다. 오전 10시 무렵 대성당의 나팔수가 루터의 도착을 알렸다. 2000명에 가까운 사람들이 몰려나와 일행이 시내로 들어오는 모습을 구경했다. 황제의 전령인 슈투름과 그의 하인이 선두에 있었고, 루터의 마차가 뒤따랐으며, 말을 탄 요나스가 행렬의 맨 뒤에 있었다. 루터는 요한 기사단 건물을 숙소로 받았고 방 하나를 2명의 작센 관료들과 함께 써야 했다. 헤센의 백작이나 공작 빌헬름 폰 브라운슈바이크Wilhelm von Braunschweig와 같은 몇몇 귀족은 물론 학자와 평의원들이 방문 의사를 표시했다. 교회 개혁의 주창자를 직접 만나보고 싶었을 것이다.

보름스, 4월 17일 수요일

오전에 루터는 황제와 제국의회 앞에서 심문을 받기 위해 오후 4시까지 출두하라는 전갈을 받았다. 황제의 전령과 총사령관이 루터를 데리러 왔다. 그들은 군중을 피해 주교의 궁까지 이어지는 비밀도로를 이용했다. 자신이 속한 수도회의 수도복을 입고 정수리를 말끔하게 깎은 차림으로 작고 초라한 방에 들어서면서 루터는 다시금 용기를 다졌다. 카알이 자리에 앉아 있었다. 제국 통치자와 교회의 반항아가 처음으로 마주하는 순간이었다. 적어도 황제의 입장에서는 그 만남이 달갑지 않았다. 카알은 알레안 더에게 큰 소리로 말했다.

저자가 나를 이단으로 만드는 일은 없을 걸세.

루터는 논쟁, 즉 자신의 조항에 관한 토론을 기대했다. 그러나 청문회가 시작되고 트리어 대주교의 신하인 요한 폰 데어 에켄Johann von der Ecken이 딱딱한 심문을 시작하자 무척 당황했다. 에켄은 목소리에 감정을 싣지 않기 위해 애를 썼다. 그는 루터에게 탁자를 가리키며 루터가 쓴 책들이 맞는지, 그리고 책에 쓴 내용을 철회할 것인지 처음에는 라틴어로 다음으로는 독일어로 질문했다. 스무 권가량의 루터의 책들이 탁자 위에 쌓여 있었다. 루터의 법적 변호인인 작센의 평의원 히에로니무스 슈르프Hieronymus Schurf는 책들의 제목을 하나하나 읽어달라고 요청했다. 그런 뒤에 루터가 대답할 차례가 되었다. 루터는 처음에는 독일어로, 다음으로는 라틴어로 자신이 그 책들을 썼다고 인정했다. 두 번째 질문에 관한 대답은 하지 않았다. 그 대신 생각할 시간을 달라고 부탁했다.

의회의 첫 번째 질문에 워낙 들릴락 말락 한 목소리로 대답했기 때문에 그의 목소리를 제대로 듣지 못한 사람도 있었다. 루터는 불안해 보였다. 확고하고 대담한 대답을 기대했던 많은 사람은 실망했다. 황제와 의회가 잠시 동안 상의를 했고 드디어 요한 폰 데어 에켄이 하루의 여유를 주겠다고 발표했다. 그러나 서면이 아니라 구두로 답해야 한다고 경고했다. 루터는 자신의 숙소에 돌아가 다음 날 대답할 내용을 생각했다.

보름스, 4월 18일 목요일

오후 4시에 루터는 두 번째 심문을 위해 의회장에 나왔다. 황제와 제후들이 이야기를 나누고 있었으므로 루터는 심문장을 가득메운 인파 앞에서 기다려야 했다. 두 시간 정도 후에 루터가 안내된 방은 그 전날 심문 받은 공간보다 훨씬 컸으나 역시 구경꾼으로 가득 차 있었다. 홀의 공기는 더웠고 횃불이 방을 비추고 있었다. 루터는 땀을 흘리고 있었지만 그 전날보다 확신에 찬 듯 보였다.

에켄이 한번 더 루터에게 그의 책들을 수정하거나 철회할 것인지 물었다. 루터는 독일어로 약 10분간 자신의 대답을 펼쳤다. 그는 자신의 책들이 세 종류라고 하면서 신앙의 기본이 되는 설교, 그리고 성경 해석, 마지막으로 교황에 반박하는 글이자 그리스도의 가르침에 관한 논쟁이라고 설명했다. 루터는 처음 두 가지 종류의 책 내용은 철회가 불가능하지만 세 번째 책의 경우는 성경의 내용을 근거로 하여 잘못이 드러난다면 그가 직접 책들을 흔쾌히 불에 던지겠노라고 말했다.

황제의 요청으로 루터는 동일한 내용을 다시 라틴어로 이야기했다. 제후들과 의원들은 서로 속삭였다. 대체 무슨 소리인가? 철회하겠다는 이야기인가, 아닌가? 그들은 에켄에게 좀 더 분명한 대답을 루터에게 받아내라고 지시했다.

마르틴, 당신은 확실하고 분명한 신앙으로 믿어야 할 것에 관해 토론하려는 헛된 기대를 품고 있소.

그는 루터에게 주의를 준 뒤에 다시 한번 주장을 취소할 것인지, 아닌지 물었다. 루터는 모든 사람이 잘 들을 수 있는 분명한 음성으로 답했다.

저의 양심이 하느님의 말씀에 사로잡혀 있는 한, 저는 아무것도 취소할 수 없고 하지도 않겠습니다. 왜냐하면 양심에 거스르는 행동은 안전하지 않으며 옳지도 않기 때문입니다. 하느님, 저를 도우소서. 아멘.

청중들 사이에 당혹감이 퍼졌다. 이제 어떻게 될 것인가? 통역자의 도움으로 심문 내용을 듣던 황제는 청문회를 중단하라는 명령을 내렸고 루터는 수많은 청중을 뒤로하고 의회장을 빠져나갔다. 문 앞에 있던 사람들은 이미 정보를 접한 것 같았다. 그들이 루터를 향해 환호하며 소리쳤다.

숙소에 도착한 루터는 승리한 사람처럼 두 팔을 번쩍 들었다. 그는 안심하며 소리쳤다.

내가 통과했다, 내가 통과했다!

이를 통해 루터는 황제에게 강한 인상을 남기게 되었다. 비록 황제가 마음을 돌이킬 만큼의 인상을 준 것은 아니었지만 말이다.

비텐베르크 수도사의 흔들림 없는 확신은 오히려 제국의 통치자로 하여금 자신의 신앙고백을 쓰게 만들었다. 그날 저녁 황제는 책상에 앉아 프랑스어로 생각을 써 내려갔다.

보름스, 4월 19일 금요일

교황의 사절인 알레안더는 두 차례의 청문회 자리에 있을 수 없었다. 하지만 황제가 제국의회 의원들을 소집한 이날 아침에는 그도 참석하라는 지시를 받았다. 선제후와 제후들은 최종 결정을 내릴 수 있도록 더 시간을 달라고 요구했다. 황제는 먼저 자신의 의견을 전하겠다고 말했다. 그는 통역을 시켜 자신의 말을 독일어로 발표하게 했다. 많은 제후들에게 이 연설은 마치 "죽음처럼 창백했다"라고 알레안더는 로마에 보고했다.

그것은 루터의 주장에 강하게 반대하는 결연하고도 확신에 찬 연설이었다. 황제는 자신이 언제나 기독교 신앙과 법을 수호해온 숭고한 가문의 자손이라 소개하며 조상들의 길을 계속 걷겠노라고 강조했다.

단 한 명의 수도사가 1000년에 걸쳐 이어져왔으며 지금도 존중되는 기독교에 대해 지금까지의 모든 기독교인이 착각을 한 것이며, 지금도 그렇다고 말하는 주장은 잘못된 것임에 틀림없습니다.

카알은 의회에 참석한 제후들의 명예에 호소하고 책임을 상기시켰다.

황제인 저와 고귀하고 위대한 독일 제후 여러분이 지금 이단은 물론, 이단으로 생각되거나 기독교를 변질되게 만드는 사상이 민족의 정신에 스며드는 일을 막지 못한다면 심각한 불명예일 것이며 우리와 우리 후손에게 영원히 오명으로 남을 것입니다.

그는 루터의 추가적인 심문을 거부하며 자신의 글을 마쳤다.

앞서 말씀드렸듯이 저는 그를 배척하고 그를 악명 높은 이단으로 고소하기로 결심했습니다. 그러니 여러분도 이 문제에 있어서 스스로 바른 기독교인인 것을 보여주시고 나에게 약속했듯이 신중한 결정을 내려주기 바랍니다.

알레안더는 로마로 보내는 보고서에 카알의 연설은 제후들에게 당장 그날 황제의 의지에 따라 루터를 처벌하도록 동의해야 할 것만 같은 압박을 주었다고 썼다. 물론 잘 미화한 내용이었다. 실제로 제후들은 황제에게 몇 명의 심문자를 더 붙여서 루터를 한번 더 심문하고 철회를 유도해도 좋다는 허락을 받아냈다. 곧장 루터를 추방하는 일은 아무래도 위험이 컸던 모양이다.

보름스, 4월 20일 토요일

제국의회 의원들은 불안에 휩싸였다. 밤사이에 알 수 없는 무리가 시청과 주교좌성당, 그리고 시내의 여러 문에 농민 반란을 암시하는 벽보를 붙였기 때문이다. "분트슈Bundschuh, 분트슈, 분트슈"라고 쓰인 벽보는 농민 봉기를 상징하는 노골적인 위협이었다. 400명의 기사와 8000명의 민중이 루터를 위해 싸울 태세였다. 황제의 침실에서도 협박 편지가 발견되었다. 편지에는 "꼬마가 왕인 나라에는 고통뿐이다"라고 쓰여 있었다. 정말 루터로 인해 내란이 일어날 것인가?

루터를 반대했던 마인츠의 대주교, 선제후이자 제국 최고의 영주인 알브레히트는 잔뜩 겁을 먹고 그의 형제인 브란덴부르크의 선제후 요아힘을 황제에게 보내 황제로 하여금 루터의 청문회를 다시 열도록 제안했다. 황제는 그럴 뜻이 없었지만 강한 권력을 지닌 대주교의 제안을 무시할 수는 없었다. 그래서 그들에게 사흘간 더 심문해도 좋다는 허락을 해주었다. 물론 자신과 자신의 신하들은 참석하지 않겠다고 덧붙였다. 알레안더는 프리드리히가 '영향력'과 '교활함'으로 새로운 국면을 만들어낸 것이라 의심했지만 이를 증명할 증거가 없었다.

보름스, 4월 24일 수요일

자체적으로 조직된 심리 위원회의 구성원들은 아침 6시부터 루터의 청문회를 열었다. 청문회 장소는 트리어의 선제후이자 대주교인 리하르트 폰 그라이펜클라우Richard von Greiffenklau가 거처하던 숙소의 식당이었다. 그는 프리드리히의 친구였고 중재 능력으로 유명했다. 그가 루터의 심리를 주재했다. 루터는 자신을 지원해줄 요나스와 작센의 의원들을 동반하여 참석했다. 청문회 분위기는 심문이라기보다 좌담에 가까웠다. 루터는 훗날 기사들에게 "그렇게 부드럽고 정중하게 토론하는 분위기는 처음 경험했다"라고 이야기했다. 하지만 루터가 자신의 입장을 고수했기 때문에 심문은 아무런 소득을 거두지 못했다.

이어서 대주교의 방에서 면담이 계속되었다. 강한 가톨릭 신봉자인 에켄과 요한 코클레우스Johann Cochläus 두 사람이 루터와 열띤 토론을 벌였다. 양측의 감정이 얼마나 격해졌던지 중간에 대주교가 끼어들어 논쟁을 중단시켜야 했다. 오후에는 코클레우스가 요한 기사단 건물에 있는 루터의 숙소에 찾아가 대화를 나누었고 오전과 달리 평화로운 대화가 이루어졌음에도 루터의 입장은 조금도 변하지 않았다. 코클레우스가 떠나자 트리어의 선제후는 입장을 바꿀 수 있는 기한이 이틀 더 늘어났다고 루터에게 이야기하면서 다음 날도 이른 아침부터 심문이 진행될 것이라는 사실을 알려주었다.

보름스, 4월 25일 목요일

이날도 아침 6시부터 심문이 시작되었다. 루터에게 그의 책들을 황제와 제국에 넘기고 판결에 따르도록 설득할 인물은 아우크스부르크의 시 서기관이며 인문주의자이자 에라스무스 폰 로테르담의 친구인 콘라트 포이팅거Konrad Peutinger였다. 세 시간 동안 친근한 말투로 대화를 나눈 뒤 루터는 오후까지 생각할 시간을 달라고 요청했다. 오후 1시에 포이팅거가 루터를 다시 찾아갔을 때는 실제로 타협이 이루어지는 듯했다. 서로 조금씩 양보하여 다음번 의회에서 논란이 되는 루터의 문장 몇 개만 취소할 수 있을 것 같았다.

트리어의 대주교는 과연 성공했을까? 그는 루터에게 간절히 부탁했고 다시 애정 어린 대화가 이루어졌다. 알레안더의 보고에 따르면 대주교가 몇 가지 타협안을 제시했고 그중에는 루터가 몇 개의 주장만 철회하면 나머지 주장들은 눈감아주겠다는 제의도 있었다. 그러나 루터는 타협안도 받아들이지 않았다. 성공할 가망이 없어 보이자 위원회는 심문을 중지했다.

저녁 5시와 6시 사이에 황제의 관리와 에켄이 루터의 숙소를 방문하여 황제가 안전을 보증하는 21일 내에 집으로 돌아가라는 명령을 전했다. 루터는 제국의회에서 공식적으로 풀려났다. 밤늦게 루터는 친구인 화가 루카스 크라나흐 1세에게 실망한 내용의 편지를 썼다.

이곳에선 그렇게 많은 일이 벌어지지 않았네. 이 책이 너의 책인가? 그렇습니다. 이 책들의 내용을 취소하겠는가? 아닙니다. 알겠다, 물러가라! 아 독일인은 얼마나 눈이 먼 민족인가, 어리석게 행동하면서 저 로마인들(교황과 교황의 지지자들)이 비겁하게 우리를 조롱하고 기만하도록 놔두고 있다니!

보름스, 4월 26일 금요일

오전 9시와 10시 사이에 루터 일행은 길을 나섰다. 황제의 안전통행증 외에도 헤센의 필립이 준 통행증이 있었고, 프리드리히는 여행비로 40굴덴을 챙겨주었다. 오펜하임Oppenheim에 이르러 황제의 전령이 루터 일행과 합류했고, 그 외에도 20명의 기사가 일행을 호위했다. 사람들은 루터의 추종자인 프란츠 폰 지킹엔Franz von Sickingen이 기사들을 보낸 것이라며 수군거렸다. 황제의 안전통행증은 루터가 돌아가는 길에 사람들을 모으고 설교하지 않는다는 전제하에 효력이 있었다. 알레안더는 루터가 보헤미아나 덴마크로 도망갈 것이라 예상했다.

헤르스펠트, 5월 2일 목요일

전날 저녁 성대한 환영을 받으며 헤르스펠트Hersfeld에 도착한 루터는 새벽 5시에 헤르스펠트 수도원에서 설교를 했다. 이로써 황제의 안전통행증은 효력이 없어졌다. 루터에게는 신학적인 근거가 있었다. 하느님의 말씀은 누구도 속박할 수 없다는 이유였다. 다음 날 그는 아이제나흐에서도 설교를 했다. 황제의 지시에 따르지 않겠다는 의사를 분명히 표시한 셈이었다.

이날 처음으로 루터가 황제에게 받은 심문 내용이 담긴 인쇄물이 등장했고 곧 무슨 일이 일어났는지에 대한 열 가지 이상의 서로 다른 인쇄물이 지역마다 뿌려졌다.

루터의 심문이 끝나고 얼마 지나지 않아 사람들은 유포된 인쇄물을 통해 심문 내용을 읽을 수 있었다. 그림은 1521년 인쇄물의 표지다.

튀링엔 숲, 5월 4일 토요일

루터 일행은 인원이 줄어들었다. 황제의 전령은 돌려보냈고 작센의 의원들도 집으로 돌아갔다. 마르틴 루터는 무슨 일이 벌어질지 분명히 알고 있었고 크라나흐에게 보내는 편지에도 그런 내용을 썼다.

> 나는 몸을 숨기고 은둔할 것일세. 하지만 어디로 갈지는 나도 모른다네.

튀링엔Thüringen 숲의 알텐슈타인 성 근처 계곡을 지나던 도중 무장한 기사들이 루터의 마차를 덮쳤다. 루터는 신약성경과 히브리어 성경만 손에 쥔 채 마차에서 끌어내려졌고 마차가 안 보일 때까지 묶인 상태로 걸어가야 했다. 이리저리 수차례 길을 돌아서 밤 11시쯤 되어서야 루터는 바르트부르크 성에 도착했다. 그는 이곳에서 '융커 외르크Junker Jörg'라는 가명을 쓰고 몸을 숨겨야 했다. 보름스에는 5월 11일에 루터가 자취를 감추었다는 소식이 전해졌다. 아무도 그가 어디에 있는지 알지 못했다.

보름스, 5월 12일 일요일

제국의회는 계속해서 루터 문제에 관한 대응을 미루고 있었다. 의회 대의원들은 여전히 자잘한 법과 규칙을 두고 심의를 진행해야 했고, 주요 제후들은 하나씩 집으로 돌아가며 그들의 사절과 평의원들에게 최종 결정을 위임했다.

알레안더는 황제의 지시로 이미 오래전에 칙령의 초안을 완성했다. 루터의 법적 권리를 박탈하고 그가 쓴 책의 유포를 금지하는 내용이었다. 하지만 의회에서 칙령을 검토할 이유가 있었을까? 서명을 앞두고 황제는 칙령을 의회에 보이지 않으면 안 되겠다고 이야기했다. 황제 곁을 지키던 알레안더는 간신히 평정을 유지할 수 있었다.

로마에 보내는 편지에서 그는 "그게 얼마나 나쁜 처사였는지 하느님은 아실 겁니다. 의회가 칙령을 거부하거나 황제가 제시한 처벌을 감할 수도 있으니까요"라고 썼다. 그러나 황제의 자문단은 의회에는 단순한 통보의 의미로 서명이 완료된 칙령을 보여주는 것이 좋겠다는 의견을 내놓았다. 알레안더는 일이 자신의 뜻대로 이루어질 것 같아 보이자 기뻐했다.

만세! 기쁨의 노래를 시작하자, 사냥꾼 동지여. 우리가 찾던 멧돼지가 드디어 덫에 걸렸으니.

보름스, 5월 23일 목요일

프리드리히는 떠날 채비를 했다. 루터가 황제와 대화할 기회는 얻어냈지만 보름스에서 이루려 했던 목적은 달성하지 못했다. 하지만 실패자의 심정으로 길을 나서지는 않았다. 루터가 그의 영지인 바르트부르크에 안전하게 있다는 사실을 알고 있었기 때문이다. 또한 그는 황제와 비밀리에 협정을 맺었다. 존경받는 프리드리히는 앞으로 루터의 일에 관여하지 않겠다고 약속했고 카알은 그 대가로 작센 지역에는 칙령을 반포하지 않는다는 데 동의했다. 루터를 처벌하는 칙령은 제국 전역에서 시행되었으나 작센에서만큼은 효력이 없었다.

보름스, 5월 25일 토요일

황제와 의회 의원들이 제국의회의 폐회를 위해 시청에 모였다. 의회는 빠른 폐회를 위해 마지막 의제를 처리하느라 성령강림절에도 회의를 열었고 이제야 모두 무거운 짐을 내려놓은 듯했다. 의회는 황제에게 충분한 예산을 승인했고, 제국의 행정과 법 집행을 맡을 담당자가 새로 뽑혔고, 영토 간 분쟁이 해결되었다. 이날은 루터에 관한 이야기도 나오지 않았다. 비텐베르크의 수도사는 더 이상 제국의회의 공식적인 문제가 아니었다.

보름스, 5월 26일 일요일

제국의회가 끝나고 나서야 루터 문제가 완전히 마무리되었다. 카알이 5월 8일 날짜가 적힌 황제의 칙령에 드디어 서명을 했고 루터는 신성로마제국에서 추방되었다. 어떤 이도 그를 숨겨주거나 지원하면 안 되며 누구든 그를 만나면 체포하여 황제에게 호송해야 했다. 루터의 지지자 역시 추방 대상이었으며 루터의 저서는 불태워져야 했다.

루터 저서의 출판을 금지하는 황제의 명령은 독일어로 인쇄되어 제국 전역에 전달되었다. 칙령에 쓰인 것처럼 제국의회의 '만장일치'로 칙령이 채택되었다는 설명은 명백한 거짓이었다. 칙령의 최종본을 받아본 의회 의원은 손에 꼽을 정도였고 내용 대부분은 알레안더가 혼자 작성한 것이었다. 더욱 정확하게 말하면 황제의 칙령은 의회의 승인을 받을 필요가 없었다.

보름스, 5월 31일 금요일

이제 황제와 황제의 수행원들도 보름스를 떠났다. 카알은 루터의 사안이 보름스 칙령 하나로 종결될 것이라 생각했을까? 아마도 그는 일이 그렇게 쉽지 않을 것이라고 판단했을 것이다. 이틀 전 보름스에서는 루터의 책을 불태우라는 황제의 명령에 민중들이 격렬하게 항의했다. 충돌은 이제 막 시작되었다.

글 에바-마리아 슈누어

탁월한 전략가

하느님의 은혜를 바라며 현명공 프리드리히 폰 작센은 마르틴 루터의 보호자가 되기로 결심했다.

현명공 프리드리히 폰 작센은 신앙심이 깊은 사람이었다. 1463년에 태어난 작센의 선제후는 중세 말엽까지 대단하고 귀중한 성유물을 무척 많이 수집했다. 그중에는 예수의 가시면류관에 있었던 가시 하나와 성모 마리아의 모친인 '성녀 안나의 엄지손가락 뼈'도 있었다. 선제후는 1만 9000개가 넘는 기독교 보물들을 모았고, 이는 당시의 신념에 따르면 10만 년 이상 연옥의 형벌을 감해줄 만큼 충분한 양이었다.

프리드리히는 여행 중에라도 하루도 빠짐없이 미사를 드렸다. 사순절 기간에는 기꺼이 수도원에 들어갔고, 꾸준히 성유물을 찾아 다녔으며, 한번은 순수하게 순례자가 되어 성지를 방문하기도 했다. 그는 교회 음악을 사랑했고 성당과 수도원을 짓는 일에 자금을 지원했다. 그랬음에도 신앙의 목마름을 느낀 프리드리히는 종교적인 겉치레에 머무르지 않고 진정으로 하느님의 마음에 들고자 애썼다. 종교 서적을 열심히 읽고 신학자이자 인문주의자였던 에라스무스나 역사학자 요하네스 아벤티스Johannes Aventinus와 같은 당대의 유명한 지식인들과 편지로 교류했으며, 이 두 사람을 통해 마르틴 루터와도 인연이 닿게 되었다.

무엇보다 종교적인 고민에 관한 순수한 관심으로 인해 프리드리히는 역사적으로 중요한 역할을 수행하게 되었다. 기독교의 분열에 앞장선 종교개혁의 주창자 루터의 보호자가 되었던 것이다. 1486년부터 그가 사망한 1525년까지 프리드리히는 선제후로서 독일제국에서 가장 중요한 군주였다. 수십 년에 걸친 정치 참여로 그는 강력한 영향력을 갖게 되었다. 30회 이상의 제국의회에 참여했으며 한동안은 독일 왕이자 선출된 황제였던 막시밀리안의 조언자 역할을 했다. 제국의 업무 때문에 여러 지역을 다니느라 정작 그의 통치 지역인 작센에는 수년 동안 머물지 못하기도 했다.

게다가 프리드리히는 복잡한 위치에 있었다. 지역 군주로서의 의무를 다해야 하면서도 제국의 이익을 위해 일해야 했다. 물론 그는 자신의 영토인 작센에 유리하도록 행동했다.

탁월한 결단과 행동으로 그는 신뢰할 만한 중재자라는 명성을 쌓았다. 정치권력이 난무하는 시대에 그는 결코 어느 한쪽의 입장에 편들지 않았다. 예컨대 제국 개혁을 위한 논쟁에서 작센만 불분명한 입장을 내놓은 일은 유명하다. 제국의 헌법을 현대화하는 과정에서 통치권을 의회에 넘길 것인지, 황제가 가질 것인지 하는 것이 문제였다. 1500년에 새 황제가 제국의회의 협력이 필요한 통치를 시작했을 때도 프리드리히는 황제와 의회 사이에서 절충안을 찾기 위해 노력했다. 그 때문에 막시밀리안 황제는 그를 황실의 총독으로 임명했다.

프리드리히에게 "정직" "절제" "공공의 안정"이 가장 중요했다고 인문주의자 필립 멜란히톤은 1551년에 회고록에 썼다. 그렇지만 평화주의자였던 탓에 정작 프리드리히 자신의 영토는 넓히지 못했다. 오히려 1513년에는 주교좌성당이 있는 막데부르크와 할버슈타트를 잃고, 1514년에는 헤센의 후견인 지위마저 상실했다.

하지만 1502년에 비텐베르크 대학을 세우고 마르틴 루터라는 학자의 등장을 위한 초석을 놓았다. 1512년에 사제였던 수도사가 그 대학에서 '신학 박사' 학위를 받고 '성서학 교수'직을 물려받은 뒤에 그의 인생 전부를 성경 해석이라는 전문 분야에 바치게 되었기 때문이다. 오로지 프리드리히가 수년간 정치적 영향력을 쌓아두고 존경을 받았던 덕택에 루터는 1518년에 로마교황청으로부터 악명 높은 이단 취급을 받고 수배당한 때에도 안전하게 지낼 수 있었다.

1518년 6월에 교황청이 루터를 로마로 소환했을 때 프리드리히는 이 반항적인 신학자를 로마로 보내는 대신 아우크스부르크 제국의회에서 교황이 보낸 사절과 면담하도록 상황을 이끌었다. 그리고 루터가 자신의 논제를 취소하지 않자 그를 인도해달라는 요구에 거절하는 결정을 내렸다.

1521년 1월에 루터는 파문되었다. 그럼에도 선제후는 끈질긴 협상을 통해 그해 4월에 열리는 보름스 제국의회에서 루터가 자신의 신학적인 입장을 다시 한번 주장하고 변호할 수 있는 기회를 만들어냈다. 물론 비텐베르크의 신학 교수는 자신의 주장을 철회하지 않았고 결국 그의 법적인 권리를 박탈하는 보름스 칙령이 발부되었다. 루터의 신변을 걱정한 프리드리히는 사전에 이미 황제 카알로부터 안전통행증을 받아냈다. 또한 보름스에서 돌아가는 길에 작센의 용병들을 시켜 루터를 납치하게 하고 아이제나흐 부근의 바르트부르크에서 융커 외르크라는 가명으로 몸을 숨길 수 있게 했다. 루터는 신약성경을 독일어로 번역한 뒤 1522년 3월에 다시 비텐베르크로 돌아왔다.

프리드리히는 루터와 개인적으로 만난 적이 없었고 보름스 제국의회에서 제후의 자리에 앉아 루터가 말하는 것을 보고 들었을 뿐이었다. 하지만 두 사람은 게오르크 부르크하르트 슈팔라틴Georg Burkhardt Spalatin이라는 중간자를 통해 끊임없이 연락했다. 신학자이자 루터의 친구인 슈팔라틴은 프리드리히의 보좌신부이자 비서였으며 가장 신뢰하는 신하였다. 루터가 슈팔라틴에게 쓴 303통의 편지도 잘 알려져 있지만 이 종교개혁가는 프리드리히에게도 직접 편지를 썼다. 그러면 선제후는 슈팔라틴을 통해 답장을 보냈다. 프리드리히가 루터에게 직접 보낸 것으로 알려진 4통의 편지를 보면 대학의 교수 임명 문제와 같은 무척 사무적인 이야기밖에 없다.

슈팔라틴이 훗날 기록한 것처럼 프리드리히는 루터를 "분명 너그럽게 사랑하고 아꼈으나" 종교개혁의 정신적 지도자는 항상 선제후를 괴롭혔다. 루터의 책 한 권을 가리켜 프리드리히는 1522년에 "마음에 드는 내용이 하나도 없는 저 책을 위해 말이지"라는 말을 한 적도 있었다. 독일의 신학자이며 역사학자인 잉게트라우트 루돌피Ingetraut Ludolphy는 프리드리히의 일생을 다룬 책에 이렇게 썼다.

하지만 프리드리히는 자신의 권력을 사용하여 심각한 결과를 교묘하게 막을 수 있는 한 루터를 비난하지 않고 의지대로 행동하게 함으로써 종교개혁의 길을 넓히는 데 기여했다.

1525년 종려주일에 프리드리히는 토르가우 인근의 자신의 성에서 처음으로 루터의 방식으로 예배를 드렸다. 2주 후에는 성찬식에서 처음으로 양형 영성체를 모두 받았다. 프리드리히의 보좌신부인 슈팔라틴이 그에게 빵과 포도주를 건네주었다. 이는 그가 루터의 교의를 완전히 받아들였음을 나타낸다. 로마가 1415년에

평신도에게 잔을 주는 것을 금지한 뒤로 축성된 포도주를 마시는 것은 사제의 특권이었기 때문이다.[21]

프리드리히는 그 후 얼마 지나지 않아 세상을 떠났다. 그렇게 그는 마지막 순간까지 전통을 존중하는 경건함과 개혁주의 신앙 사이에서 참된 신앙을 지키려고 노력했다.

글 요아힘 모어

---

21 그리스도의 죽음을 기념하는 성찬 예식에서 축성된 빵(성체)과 포도주(성혈)를 함께 받는 것을 가리킨다. 초기 교회에서는 모두 양형 영성체를 받았지만 중세에는 빵과 포도주가 실제로 예수 그리스도의 살과 피로 바뀐다는 설이 제기되었고, 부주의한 평신도가 포도주(거룩한 피)를 흘릴 수 있다는 이유로 이후에는 빵만 받게 되었다.

"극심한 공포에서 건져주다"

비텐베르크에서 시작된 소식은 당시 사람들에게 왜 그렇게 매력적이었을까? 오늘날에는 어떨까? 독일 개신교 협의회 의장을 지낸 신학자 마르고트 카스만, 종교개혁 연구의 권위 있는 역사학자 하인츠 쉴링과 함께 우리 사회에 종교개혁이 어떤 흔적을 남겼는지 토론해보았다.

 슈피겔 카스만 박사님, 쉴링 교수님, 마르틴 루터의 어떤 부분이 그렇게 매력적인가요?

쉴링 저는 그가 살았던 시대가 무척 재미있어요. 전 세계가 새로운 시작과 변화로 몸살을 앓았지요. 그 세계에서 가장 핵심적인 역할을 했던 것이 루터였습니다. 물론 황제 카알 5세도 보기 드문 인물이고 교황 레오 10세도 대단한 공적을 많이 남겼어요. 또 종교개혁은 필립 멜란히톤이나 게오르크 슈팔라틴과 같은 동료들이 중요한 역할을 해주어서 공동으로 이루어낸 성과지요. 역사학은 수백 년 동안 루터에만 집중했고 루터의 조력자와 반대자에게는 거의 관심을 주지 않았습니다. 이들의 역할을 재조명하더라도 루터의 중요성이 줄어드는 대신 루터의 용기가 더 특별한 의미를 갖게 될 겁니다.

카스만 루터의 용기는 생각할 때마다 제게 감동을 줍니다. 그의 유명한 발언은 잘 알고 있어요.

저는 제 주장을 고수할 것입니다. 다르게는 못 합니다. 하느님, 저를 도우소서! 아멘.

역사적으로 증명된 발언은 아니지만 루터의 태도를 잘 보여주는 말이라고 생각합니다. 목사로서 저는 루터의 연설 능력에 매력을 느낍니다. 그의 신학적인 생각을 얼마나 잘 전달했으면 듣는 사람마다 그 내용이 자신에 관한 이야기라고 느꼈을까요?

슈피겔 1517년의 루터는 신학적인 논제를 라틴어로 공개한 무명의 아우구스티누스회 수도사였습니다. 1521년이 되어서야 유명한 인물이 되었지요. 그가 유명해진 이유가 뛰어난 언변 때문이었나요?

카스만 16세기 전반에 독일어로 인쇄된 책의 3분의 1가량은 루터가 쓴 글이었습니다. 글을 쓰자마자 사람들이 낚아채갔다고 표현해도 될 겁니다. 분명 그의 표현력이 그가 유명해지는 데 기여를 했다고 생각합니다. 최근에 루터 번역 성경의 개정판이 나오고 있습니다. 많은 전문가가 옛 독일어로 된 원문을 기초로 가장 읽기 좋은 번역문을 만들기 위해 애쓰고 있어요. 그런데 놀랍게도 1984년에 나온 직전 개정판의 많은 부분을 다시 1545년판 루터 성경의 원문대로 고쳤다고 합니다.

슈피겔 가령 어떤 부분이 고쳐졌나요?

카스만 루터는 시편의 한 구절을 '사슴이 시냇물을 찾아 헤맨다'고 번역했습니다. 개정판에서는 그 구절을 '사슴이 시냇물을 찾기에 갈급하다'고 바꾸었지요. 그런데 요즘 사람들은 '갈급하다'는 단어를 잘 모르기 때문에 사슴은 다시 물을 찾아 헤매게 되었지요.

슈피겔 그렇지만 루터의 말을 그렇게 경청하게 만든 원인이 표현력만은 아니었을 것 같은데요.

쉴링 물론 루터의 언어에 담긴 내용도 중요했습니다. 루터의 메시지가 강력했던 이유는 그가 단지 교황을 비판해서가 아니라 사람들에게 아주 본질적이고 개인적인 문제에 관해 설득력 있는 내용을 담고 있었기 때문입니다. 지금의 우리는 당시 사람들이 그들의 영혼 구원을 위해 얼마나 염려했는지, 연옥불과 영원한 지옥의 공포에 얼마나 시달렸는지 상상하기 어렵습니다. 루터 역시 세상이 곧 멸망한다고 굳게 믿고 있었습니다.

슈피겔 그럼 루터는 무엇보다 자기 자신을 위해 해답을 구했던 것인가요?

쉴링 그게 바로 시작이었습니다. 이런 모든 두려움에 스스로 시달렸기에 루터는 그렇게 설득력 있는 메시지를 전할 수 있었습니다. 그가 찾은 해답은 수긍이 가는 내용이었고 이해하기 쉬웠습니다. 그는 선행이나 돈으로 구입한 면벌부가 아니라 오직 하느님의 은총으로 구원을 받는다고, 그 내용이 성경에 있다고 말했습니다. 이런 '칭의[22]의 교리'에 감명받은 것은 평민만이 아니었습니다. 일류 화가이자 지식인이었던 알브레히트 뒤러가 네덜란드에서 쓴 일기에는 루터가 자신을 "극심한 공포에서 건져주었다"라는 기록이 있습니다.

카스만 당시에 독신이 아니거나 수도원에 들어가지 않은 모든 사

---

[22] 하느님의 은총으로 '의롭다(죄가 없다)'는 선언을 받는 것으로, 루터는 인간의 선행이 아닌 오직 믿음으로 은총을 얻을 수 있다고 했다.

람은 성욕이 있다고 죄인 취급을 했기 때문에 많은 사람들이 괴로움을 당하고 있었어요. 그런데 루터가 그와 반대로 결혼과 임신은 하느님이 준 좋은 선물이므로 이는 죄가 아니라고 이야기를 한 것입니다. 루터는 일상의 좋은 삶이 신이 보기에도 좋은 삶이라고 생각했습니다. 이것이 많은 이들을 자유롭게 하는 효과를 주었지요. 그 외에도 기존 가톨릭교회가 미루는 바람에 산적해 있던 개혁의 요구와 압박이 또한 대단했습니다.

슈피겔 그러면 루터와 관련해서 기존 교회의 분열이 분명해진 시점은 언제부터인가요?

쉴링 루터의 95개조 논제가 도미노의 시작이었어요. 그때부터 줄줄이 하나씩 무너져내린 겁니다. 가톨릭교회의 무감각함도 중요한 역할을 했습니다. 로마는 루터의 메시지가 엄청난 폭발력을 지니고 있다고 여기지 않았어요. 만약 교황청이 루터의 주장에 귀를 기울였다면 적당히 마무리되었을지도 모릅니다. 하지만 교황은 그저 루터를 파문하고 그의 입만 막으면 된다고 생각했지요. 어느 순간부터 루터는 면벌부 판매만 비판하는 것이 아니라 가톨릭교회 전체를 공격했습니다. 그는 꽤 일찍부터 비텐베르크에서 교황이 그리스도의 적이라고 말하기 시작했습니다. 분열이 시작된 것이죠.

카스만 루터도 처음에는 옛 가톨릭교회와 함께하는 방향으로 노력했어요. 그의 동료들도 그걸 권유했지요. 루터의 책 『그리스도인의 자유Von der Freiheit eines Christenmenschen』의 서문에서 그는 교회의 부정부패에 관해 설명합니다. "존경하는 교황께서 이 모든 일을 알게 되신다면 저를 이해하시고 제 의견에 동의하실 것입니다. 교황께는 모르게 행해지고 있는 일들일 겁니다"라는 말을 붙여서요. 하지만 파문 교서를 받은 루터가 1520년에 항의의 표시로 교서를 불태우면서 완전히 갈라서게 되었습니다.

쉴링 흥미로운 점은 종교개혁이 왜 하필 독일에서 일어났느냐 하는 점입니다. 중세 연구가들은 다른 나라들에 비해 독일이 로마에 보낸 금화가 훨씬 적었다고 합니다. 금액으로 보면 스페인이나 프랑스의 신자들이 면벌부 때문에 더 많은 시달림을 받았을 것 같거든요. 하지만 비판의 목소리는 독일에서 더 분명하게 터져 나왔던 것 같습니다. 또 독일인들은 구원의 문제를 아주 중요하게 여겼습니다. 정작 이탈리아는 구원에 관심이 없었지만요. 이탈리아와 스페인의 경우는 아주 오래전에 개혁의 조짐이 있었어요. 성직자들과 수도회부터 시작하여 교회가 자발적으로 변화를 받아들인 적이 있었습니다. 완고한 독일의 고위 성직 계급이 루터가 제공한 개혁의 기회를 알아차리지 못했기 때문에 결국 체제를 무너뜨리는 종교개혁이 일어나게 된 것입니다.

슈피겔 당시에는 많은 사람들이 글을 읽지 못했잖아요. 전통 가톨릭과 루터의 생각이 다르다는 사실을 어떻게 알 수 있었을까요?

쉴링 누가 어느 쪽인지 분명히 알려주는 현상이 금세 나타났어요. 종교개혁 이전까지 많은 성직자가 비공식적으로 아내를 데리고 살면서 아이를 낳았지만 아무도 그 부분에 이의를 제기하지 않았습니다. 하지만 루터가 등장한 후에 가톨릭 사제에게는 가정을 이루는 것이 금지되었지만 개신교 목사는 결혼을 해야 했습니다. 성경에 대한 관점도 달랐어요.

슈피겔 당시 가톨릭교회에도 독일어로 번역된 성경이 있었다고 들었어요.

쉴링 맞아요. 루터가 등장하기 전에도 독일어 성경과 성경 신학은 있었습니다. 하지만 루터가 등장한 뒤 성경에 관해 토론하는 사람은 무조건 개신교도로 여겨졌어요. 오랜 전통을 가진 가톨릭 성경 번역과 성경의 신학적 연구는 중단되고 말았지요. 한 가지 사례가 더 있습니다. 중세 시대에 신비주의는 무척 기독교적이고 경건한 것이라 여겨졌기 때문에 누구도 감히 이단이라 부르지 못했습니다. 그런데 카알이 1558년에 죽으면서 자신의 침대에 십자가만 두게 하고 홀로 그리스도 안에서 죽겠다고 하니까 측근들 사이에서는 루터교의 방식이 아니냐는 논란이 일었다고 합니다. 그만큼 신교와 구교 사이의 틈이 크게 벌어진 것이죠.

카스만　오늘날 많은 이가 알고 있는 양형 영성체, 그러니까 빵과 포도주를 함께 받는 성만찬은 개신교 방식입니다. 가톨릭 성당에서는 성직자만 두 가지를 모두 받을 수 있었고 평신도는 성찬용 빵만 받을 수 있었습니다. 그러나 가장 큰 차이는 노래를 부르는 것이었어요. 회중이 모두 함께 개신교 찬송을 부른다면 루터파 교회인 줄 대번에 알 수 있었으니까요.

쉴링　이런 사례도 있었습니다. 독일의 백작령 리페Lippe에는 렘고Lemgo라는 한자동맹에 속한 도시가 있습니다. 1520년대 중반에 렘고 성당에서 한 사제가 전통적인 미사 기도문을 빠르게 읊고 있었어요. 신도들은 즉흥적으로 더 이상 이런 미사 방식을 참을 수 없다고 생각했고 함께 개신교 찬송을 부르기 시작했습니다. 또 이른바 민주 절차를 통해 개혁 교리를 도입한 도시도 있었습니다. 전통 가톨릭 지지자들과 루터 지지자들이 모여 신학적인 내용을 가지고 공개 토론을 벌였다고 해요.

카스만　격렬한 토론 끝에 시민들은 투표를 해서 충분한 표가 나오면 개신교를 받아들이기로 했습니다.

쉴링 지금이야 공동체가 그들의 신앙적 방향을 스스로 결정하는 일이 당연하지만 당시로서는 이례적인 일이었습니다. 수많은 곳에서 민중들이 영주의 압제에 저항했고 신앙을 바꾸지 않으면 추방하겠다는 협박을 받아야 했습니다.

슈피겔 특히 도시들에서는 일찌감치 루터를 지지하게 되었는데, 루터의 메시지가 그들을 사로잡은 이유가 무엇일까요?

쉴링 이는 당시에 그리스인 공동체가 곧 도시 공동체였다는 사실과 긴밀하게 관련되어 있습니다. 루터는 초기에 공동체의 저변으로부터 메시지를 퍼트리는 데 주력했습니다.

슈피겔 종교개혁이 단지 종교계의 변화가 아니라 정치적인 움직임이었다고 해석하는 것은 무리일까요?

쉴링 사실 영주가 통치하는 영토에서 시민 활동이 활발해진 것 자체가 정치적으로는 대단한 충격이었을 겁니다. 도시 당국에 시민들이 종교를 바꾸자고 제안한다면 정치적인 요구가 되는 셈이니까요. 루터는 대중의 참여할 권리를 지지했습니다. 현대적인 의미의 민주주의는 아니었지만 비슷한 방향이었어요. 하지만 이런 이야기는 오랫동안 알려지지 않았습니다. 제 동료 교수가 쓴 책을 보아도 종교개혁의 정치적인 효과가 칼뱅주의의 등장 이후부터 본격적으로 나타났다고 되어 있어요. 최근에 독일의 개신교 교회가 제작한 종교개혁 500주년 기념 책자에도 그렇게 나와 있어서 몹시 안타까웠습니다.

카스만 저 역시 종교개혁을 신학적으로만 해석하는 것에 반대합니다. 종교개혁의 정치적인 측면은 언제나 흥미로우니까요. 루터가 1520년에 이미 자신의 책『독일 기독교 귀족에게 고함An den christlichen Adel deutscher Nation』에서 제후들을 향해 복음을 실행에 옮기고 그들의 신학적 분별력을 바탕으로 정치적인 결과를 이끌어내라고 강조한 부분은 정말 인상적입니다.

쉴링 종교개혁에 가장 큰 공을 세운 주인공은 독일의 제후들이었습니다. 처음에 루터는 대중에게 종교개혁을 퍼뜨려야겠다고 생각했지만 곧 제후들만이 로마 가톨릭의 권력에 대항할 수 있다는 사실을 깨달았습니다. 그 때문에 과거에 동독은 토마스 뮌처Tomas Münzer의 표현을 빌려 마르틴 루터가 "귀족의 노예"라며 비방하기도 했지요. 그러나 그건 너무 매정한 비판입니다. 루터는 바르트부르크를 떠나지 못하게 금지하는 선제후의 명령을 당당하게 거절한 사람입니다. 속달 편지로 "그렇게는 못 하겠습니다, 전하"라고 적어 보냈지요.

카스만   하지만 루터는 자신의 군주를 굉장히 신뢰했습니다. 심지어 선제후의 지역에는 아무 감독도 세우지 않았지요.

쉴링   사제가 없는 개혁교회에서 제후는 신자들의 신앙 관리를 위해 일시적인 감독 역할까지 해야 했습니다. 그런 비상 감독 체제가 루터가 살아 있는 동안은 잘 굴러갔습니다. 하지만 루터가 죽고 난 뒤에는 큰 변화가 생겨났어요. 영방 군주와 도시의 관권이 교회를 통제하려는 시도를 시작한 것입니다. 이들은 교회를 마음대로 좌지우지하기 위해 성직자들을 쫓아내기도 했습니다.

슈피겔   루터는 생전에 개혁파 교회들이 재세례파, 츠빙글리파, 급진개혁파로 나눠지는 것을 목격했는데, 그럼에도 성공했다고 볼 수 있나요?

쉴링   루터보다 앞섰던 얀 후스나 존 위클리프와 비교하면 무척 성공했다고 볼 수 있습니다. 기독교에 관한 루터의 생각이 많은 사람들의 신앙을 근본적으로 바꾸었기 때문에 충분한 정치적·사회적 지지를 받았다고 할 수 있기 때문입니다. 하지만 한편으로는 그가 추구한 가장 큰 목표를 놓쳤다는 점에서는 실패했어요. 기독교 전체의 개혁을 바랐으나 개혁교회만 설립하는 데 그쳤으니까요. 1535년에 이것이 분명해지자 루터는 자포자기했습니다. 유대인을 비방하는 책을 왜 썼는가 하는 이유도 그의 절망감을 감안할 때 이해할 수 있습니다. 처음에는 유대인들을 개혁에 동참시키려 했지만 정작 개혁이 위험에 빠지고 그 자신도 적으로 둘러싸이게 되자 자제력을 잃어버린 것입니다.

카스만 통일된 세계의 꿈은 이 시기에 완전히 끝납니다. 물론 꿈을 이루는 데 실패한 사람이 루터 혼자는 아니었어요. 카알은 제국을 통일하지 못했고, 교황도 교회를 통일하지 못했습니다. 개혁의 폭발력이 그만큼 강했지요. 루터는 자신이 그렇게 오랫동안 영향을 끼칠 것이라고는 생각하지 못했을 겁니다. 어떤 교회에도 자신의 이름을 붙이면 안 된다고 말한 적도 있다고 해요.

쉴링 루터에게 개혁교회는 잠시 후퇴하는 방편이었습니다. 개혁교회로부터 빵 반죽이 부풀어 오르듯 복음주의 개혁 운동이 전체 기독교로 퍼져나가길 원했던 거죠. 그게 500년간 이어져서 지금도 계속될 줄은 결코 몰랐을 겁니다. 그래도 전체 기독교 통합이란 관점에서 그 전 450년보다 최근 50년 동안 더 많은 진전이 있었습니다. 그렇기에 우리는 지금도 교회가 하나로 수렴될 날을 긍정적으로 기다려볼 수가 있는 것이죠.

슈피겔 지금 당시 상황을 되돌아보면 폭발하는 개혁 에너지가 개신교 교회 내부에서도 문제가 되었던 것 같습니다. 점점 새로운 자유교회가 생기고 개혁교회와 공통점이 없는 급진적인 개혁 운동도 일어났잖아요.

카스만 제가 로마 가톨릭교회에 정말 감탄하는 것이 무엇이냐 하면 아무리 내부에 분란이 생겨도 전 세계적으로 통일된 교회를 유지하는 것이에요. 그와 반대로 개신교는 분란이 생기면 곧잘 이렇게 말합니다. 저는 제 주장을 고수할 것입니다. 다르게는 못 합니다. 그리고 자신들의 교회를 세우지요. 북미에서 이런 일이 유난히 많습니다. 하지만 유럽이나 미국이나 분명히 긍정적인 움직임은 존재합니다. 1973년에 개혁교회와 독일연합교회, 그리고 루터교회는 서로를 인정했어요.[23] 그 덕분에 1529년부터 그리스도가 어떤 모습으로 존재하는지에 관해 서로 다른 입장을 주장해왔음에도 함께 성만찬을 즐길 수 있게 되었습니다.

슈피겔 그런 방식으로 가톨릭과 개신교도 통합될 수 있을까요?

카스만 제가 전에 한번 발터 카스퍼 Walter Kasper 추기경과 대화를

---

23 1973년 로이엔베르크 합의(Leuenberg Agreement). 성찬 논쟁으로 수백 년간 다툰 개혁교회와 루터교회, 그리고 이 두 교회에서 태어난 독일연합교회가 신학적 합의를 선언한 합의문서다.

나누다가 그런 제안을 한 적이 있었어요. 하지만 가톨릭교회에는 조건들이 있어서 그런 방식으로는 근본적인 차이를 없앨 수 없겠더라고요. 다만 저는 20세기 독일에는 굉장한 진전이 있었다고 생각합니다. 제2차 세계대전 이후에 지역 기반 신앙이 뒤섞이게 되었고, 사람들이 주거지를 자주 옮기며 서로 이해하고 더불어 사는 사회가 되었기 때문입니다. 또 1999년에 루터교회는 가톨릭교회와 함께 칭의 교리에 관한 공동 선언을 채택하고 이 문제에 관해 16세기에 있었던 것 같은 반목을 두 번 다시 되풀이하지 않기로 약속했어요.

슈피겔 그런데 종교개혁을 기념하고 1517년의 교회 분열을 이렇게 성대하게 축하한다면 교회를 통합하려는 노력이 무의미해지는 것 아닌가요?

카스만 제 생각에는 독일 개신교가 목소리를 내고 루터를 기념하는 일에 대한 우려는 이미 해결이 된 것 같습니다. 루터보다 100년 일찍 등장한 얀 후스의 나라 체코와 츠빙글리와 칼뱅의 근거지 스위스가 기념행사에 참여할 예정이고요. 저희가 초청한 바티칸 역시 행사에 동참할 예정입니다.

슈피겔 종교개혁에 미친 루터의 영향은 사람들이 영혼을 구원받지 못할까 봐 두려워했던 당시 상황에 미루어서만 이해할 수 있 잖아요. 오늘날 루터의 메시지는 현실적인가요?

카스만 저는 여전히 현실적이라고 생각해요. 루터의 만인사제설[24]은 계급 위주인 지금 교회에 여전히 대단한 도전입니다. 게다가 오직 믿음으로만 구원을 얻는다는 생각은 정말이지 현실적입니다. 많은 사람이 아주 많은 일을 하고 많은 돈을 벌고 또 특별히 멋진 외모를 유지하면 인생의 의미를 찾고 인정받을 수 있다고 생각하는데, 저는 오히려 인생의 다른 이해가 필요하다고 봅니다. 신이 나의 인생에 의미를 부여했기 때문에 인생이 중요하다는 사실을 알고 사는 것 말이죠. 저는 또 성경을 바탕으로 굳게 다져진 신앙이 정말 중요하다고 생각해요. 스스로 고민하고 해답을 찾아보고 질문하고 더 나아가서 양심을 바르게 세우라는 루터의 메시지는 지금도 현실적입니다.

쉴링 루터는 변혁의 시기에 종교와 정치를 깊이 생각했던 사람입니다. 지금도 본받을 점이 있다고 봅니다. 그렇지만 루터가 그 시대의 특별한 상황과 문제를 두고 한 이야기와 행동을 계속 묻는 방식이면 안 되겠지요.

---

24 중세의 로마 가톨릭에서는 사제가 인간과 하느님을 중재하는 역할을 했다. 만인사제설은 그리스도를 통해 누구나 중재자 없이 하느님에게 직접 나아갈 수 있다는 내용이다.

카스만   저는 루터가 석유 시추에 관해 뭐라고 말했냐는 질문을 받은 적도 있어요.

쉴링   500년 전에 살았던 인물을 무조건 따라 하는 것은 루터도 원하지 않을 겁니다. 루터에게 배울 점이 있다면 그가 두꺼운 벽을 뚫은 방식이라고 저는 생각합니다. 과격주의자들의 편에 서서 벽을 부수거나 하루아침에 모든 것을 바꾸려고 하는 대신, 루터는 사람들을 설득시키고 그들과 함께 행동하려 했습니다. 인상적인 것은 그가 법을 중요하게 여긴 점입니다. 그는 세속의 법과 신의 영적인 통치를 구분했어요. 신·구교 양측이 베스트팔렌 평화조약으로 국가의 중립적인 권리를 인정하고 서로 싸우고 헐뜯는 행위를 멈출 수 있었던 근거도 여기에 있었습니다.

슈피겔   북아일랜드의 신교와 구교 사이의 갈등은 지금도 완전히 해결되지 않았잖아요.

쉴링   재발하는 병도 있는 법이니까요. 하지만 30년 전쟁이 끝난 뒤부터 국제사회에서 기독교 근본주의[25]는 더 이상 용인되는 일이 아닙니다. 루터와 종교개혁은 종교와 법을 구분함으로써 우리

25 근본주의 혹은 원리주의는 종교의 교리에 충실하려는 운동이다. 엄격한 보수적 성향이 있기 때문에 극단적인 신앙 충돌을 벌이기도 한다.

가 오늘날 유럽에서 평화롭게 더불어 살 수 있게 되는 토대를 깐 것이지요.

슈피겔 카스만 박사님, 쉴링 교수님, 토론에 응해주셔서 고맙습니다.

인터뷰어 디트마르 피이퍼, 에바-마리아 슈누어

마르고트 카스만 Margot Käßmann

1958년생으로 2017년 종교개혁 500주년 행사를 위한 독일 개신교 EKD 측 홍보대사다. 신학자이자 목사로 2010년까지 하노버 주의 교회 감독이자 독일 개신교 협의회 의장을 지냈으며 많은 책을 썼다.

하인츠 쉴링 Heinz Schilling

1942년생으로 역사학자이며 종교개혁 시대 연구의 권위자다. 베를린 훔볼트 대학의 근대 초기 유럽사 교수였으며 은퇴 후에도 명예 교수로 활동하고 있다. 2012년에는 마르틴 루터의 전기를 썼다.

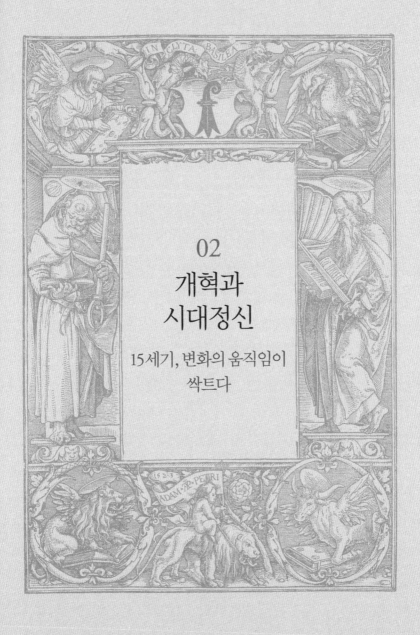

02
개혁과
시대정신

15세기, 변화의 움직임이
싹트다

루터가 밝힌 빛

중요한 상업 중심지였던 뉘른베르크는 제국 도시 중 처음으로 개신교를 수호하는 든든한 성이 되었다. 어떻게 그런 일이 일어났을까?

 언덕 위에서 수염이 짧고 여행자 복장을 한 남자가 뉘른베르크 대성당이자 1522년부터 루터교회가 된 장크트 제발트Sankt Sebald 교회를 내려다보고 있다. 뉘른베르크의 이 거대한 뒤러 동상의 얼굴 스케치는 알브레히트 뒤러가 직접 그려서 건네주었다고 한다. 그는 유럽 최초로 정면을 바라보는 자화상을 그린 화가다. 고대 철학자의 명언 "너 자신을 알라"를 그대로 반영하는 듯한 그림이다.

1500년에 뒤러는 그때까지 듣지도 보지도 못한 자화상을 그려냈다. 인물 주변에는 가구도 자연 풍경도 없고 알 수 없는 어두운 바탕이 가득하며 어둠 속에서 밝은 빛이 주인공의 얼굴과 가느다란 손만 비추고 있다. 주인공의 두 눈동자는 관찰자를 또렷하게 응시한다. 젊은 남자는 보는 이를 당황하게 만드는, 꿰뚫어 보는 눈빛으로 그 시대의 사람들에게 자극을 주었다. 인본주의의 관점에서 뒤러는 사람과 이성이 세계의 중심에 놓이는 새 시대가 열렸음을 알린 셈이다.

그 당시 28세의 젊은 화가는 가까운 미래에 그의 신앙도 완전히 바뀔 것이라는 사실을 모르고 있었다. 정확히 20년 후 종교개혁이 혜성처럼 그의 고향에 떨어졌다. 뉘른베르크에서는 마르틴 루터의 가르침이 빠르게 퍼졌다. 프랑켄[26] 제국 도시의 외교관이었던 카스파르 뉘첼Kaspar Nützel이 라틴어로 된 1517년의 95개조 논제를 독일어로 번역했고, 그제야 라틴어를 배우지 않은 '일반 사람'들도 전례가 없는 이 면벌부 비판을 읽을 수 있게 되었다. 평범한 금세공사의 아들 뒤러도 마찬가지였다. 루터에 대한 관심은 뒤러의 자화상에도 큰 영향을 준 인본주의의 분위기를 타고 점차 커졌다. 루터의 메시지를 통해 교회의 권위에 구애받지 않고 현실을 비판적인 시각으로 바라볼 수 있는 정신적 태도가 등장한 것이다.

뉘른베르크의 많은 귀족들은 교역을 위해 이탈리아를 방문하면서 르네상스의 인본주의와 예술적 기교에 감명을 받았으나 돌아오면 도시의 무거운 분위기가 이들을 짓눌렀다. 뉘른베르크는 황제에게 속한 제국 도시들 중 하나였지만 황제가 실제로 머물렀

---

26 독일 바이에른 북부의 뉘른베르크, 밤베르크, 에어랑엔 지역 일대를 가리킨다.

으며 이후에는 제국 행정부가 아예 자리를 잡았다. 이곳에서 황제의 명령은 절대적이었다. 하지만 동시에 비교적 자유로운 교역 도시이기도 했다. 시 의회가 법을 만들고 재판하고 처벌했으며 도시 방위군이 있었다. 1000굴덴 이상의 재산을 소유한 귀족들은 도시의 '명예시민'으로서 의회에 발언할 수 있었다. 매년 부활절에는 42명의 의원이 새로 선출되었다.

약 4만 명의 인구가 살던 뉘른베르크는 쾰른Köln, 아우크스부르크와 더불어 16세기에 독일에서 가장 큰 도시 중 하나였다. 지금도 남아 있는 웅장한 원형 성벽 안에는 교회와 광장, 분수와 골목들이 있고 성 외곽에는 큰 촌락이 6개, 그리고 수많은 작은 마을들이 있었다. 뉘른베르크는 오늘날의 함부르크 크기의 두 배에 이르는 거대한 도시국가였다. 유럽 한가운데 위치하여 모든 12개의 교역로가 이곳에서 교차하며 북쪽의 한자동맹 국가들, 남쪽의 베네치아, 그리고 동방으로 가는 무역 항구들을 연결했다. 끊임없이 무겁게 짐을 실은 마차와 수레가 덜거덕거리며 커다란 문을 통과했고 중앙 광장에 있는 저울에서 물건을 달고 가격을 기입하고 관세를 매겼다.

상인들은 면과 실크, 향신료를 거래했으며 가치로 따지면 금이나 다름없던 사프란만 해도 매년 1500킬로그램이 수입되었다. 가장 잘 팔리는 수출품은 금속 제품이었다. 뉘른베르크의 세공업자들은 단단한 연장을 만들고 날카로운 무기를 다듬었으며 최상

급 용품들을 제작했다. 1471년에 수학자이자 천문학자, 그리고
인문주의자였던 레기오몬타누스Regiomontanus는 이 도시를 이렇게
칭찬했다.

내가 평생 머무를 도시로 뉘른베르크를 선택한 이유는 천문학 장
비와 같은 고급 기구를 주문 제작할 수 있을 뿐 아니라 다른 많은
지역에서 온 지식인들과 생각을 교류할 수 있는 좋은 기회가 널
려 있기 때문이다.

왜냐하면 이 자발적인 뉘른베르크 시민에 따르면 이 도시는
'유럽의 중심지나 마찬가지'였기 때문이다.

이 도시에 곧 일어날 변혁에는 그즈음 뉘른베르크의 번영에 기
여한 주력 산업이 큰 역할을 담당했다. 막 시작된 인쇄업이었다.
인쇄술이 없었다면 종교개혁은 실패했을지도 모른다. 뒤러의 대
부 안톤 코버거Anton Koberger는 1500년경 100명의 기능공과 24개
의 인쇄기를 보유한 유럽 최고의 인쇄업자였다. 당시 문맹률은
무척 낮아져서 뉘른베르크 시민 둘 중 한 사람은 읽고 쓸 줄 알았
다. 마르틴 루터는 그의 목적 달성에 있어서 이 교역 도시의 중요
성을 잘 알았다. 그는 뉘른베르크를 두고 "독일의 눈과 귀"라고
했으며 이 도시가 "태양이 달과 별 사이에서 빛나듯" 빛난다는
찬사를 더했다.

뉘른베르크의 중요성과 더불어 루터는 특별한 한 사람의 이름을 언급했다.

라자루스 슈펭글러 박사는 홀로 뉘른베르크에 복음을 전했고, 전한 복음을 지금까지 불변토록 유지한 것도 그밖에 없다.

다소 과장이 섞인 평가였다. 라자루스 슈펭글러Lazarus Spengler는 뉘른베르크에 종교개혁을 도입하지도, 직접 개혁에 나서지도 않았기 때문이다. 그러나 시 서기관이었던 이 사람은 탁월한 능력으로 중요한 역할을 수행했다. 의회와 황제, 민중 사이의 전달자였던 루터 지지자는 개혁을 위해 필수적인 절차를 하나씩 노련하게 처리했다. 또한 슈펭글러는 뒤러의 친구였다. 그가 인생 후반기를 맞은 예술가 친구에게 새 시대와 새로운 신앙에 관한 영향력 있는 그림을 그리도록 격려했을 가능성이 크다.

세 번째 뉘른베르크 시민은 중독성 있는 8행시를 지어 뉘른베르크 성 너머까지 루터의 이름을 알린 시 짓는 구두 수선공, 한스 작스Hans Sachs였다. 이 수공예 장인은 필력을 갖춘 대담한 시인으로 정치를 관찰하다가 직설적인 비판을 서슴없이 하고 검열관에게 저항한 적도 있었다.

의회가 유포되는 모든 글을 항상 검열하면서 문제가 있을 경우 작품을 몰수하고 원작자를 처벌했기 때문이다. 하지만 의회 역시 교황과 황제가 임명한 검열관의 감시를 받아야 했다. 의회의 검열관은 시 서기관에게 많은 질문을 던졌다. 뒤러가 그린 초상화에서 코가 뾰족하고 턱이 살짝 들어간 얼굴로 묘사된 슈펭글러는 논지를 흐리고 빠져나가는 데 대가였다. 그는 자신의 외교적 수완을 한껏 발휘하여 눈에 띄지 않게 교회의 변화를 이루면서도 결코 가톨릭교회와 제국 총독의 의심을 산 적이 없었고 동시에 고위 권력을 비난하며 민중을 선동하지도 않았다.

　마르틴 루터의 소식은 일찍부터 뉘른베르크 주민들 사이에 퍼졌다. 1516년 강림절[27]부터 루터의 옛 고해 신부였던 요하네스 폰 슈타우피츠Johannes von Staupitz가 뉘른베르크에 있는 아우구스티누스회 수도원에서 설교했다. 거대한 고딕 양식의 수도원이 있던 자리에는 현재 주차장 건물이 들어섰지만 도로만은 아직도 수도회의 이름으로 불리고 있다. 아우구스티누스회 수도사였던 슈타우피츠는 신도들에게 하느님의 성품에 관한 아주 새로운 설교를 했다. 하느님은 죄인의 영혼을 구원하기 위해 경건과 면벌부를 요구하지 않는다. 하느님은 오히려 불완전한 인간을 있는 그대로 사랑하며 죄인을 구원하기 위해 아들을 보내준 자비로운 창조주다.

　이와 같은 슈타우피츠의 설교는 뒤러나 슈펭글러와 같은 사람들에게 자유를 가져다주었다. 곧 슈타우피츠를 중심으로 친목 모

---

27 성탄절 4주 전부터 예수 그리스도의 탄생을 준비하는 기간을 가리킨다.

임이 결성되었고 이들은 이 모임을 지극히 인문주의적인 이름인 '슈타우피츠의 고전연구회Sodalitas Staupitziana'라고 불렀다. 이 모임에는 뉘른베르크의 엘리트와 재력가가 많이 있었으며 도시의 종교개혁이 바로 이곳에서 시작되었다. 슈타우피츠는 엄밀하게는 인문주의자가 아니었지만 스콜라 신학[28]의 권위를 부정하고 성경을 가장 중심에 두었다. 또한 그는 그를 따르는 사회 지도층에게 권력을 사용할 때는 화평과 공정성, 그리고 하느님을 향한 사랑을 바탕으로 임해야 한다는 새로운 '귀족 윤리'를 전했다.

가톨릭 사제를 향한 혐오는 정치적인 긴장을 불러왔다. 더 이상 재력가들은 수도사와 사제들에게 권력을 나누어 주려 하지 않았다. 뉘른베르크를 관할하는 최고 성직자인 밤베르크Bamberg의 주교는 가톨릭교회에 대한 의회의 처분에 불만을 품었다. 그는 의회가 "종교 문제를 다루면서도 주교와 상의하지 않는다"라고 항의했다. 의회는 그때마다 뉘른베르크에서 걷히는 어마어마한 면벌부 판매 대금을 지적하며 교회와 시 의회 중 어느 쪽이 더 공익에 기여하는지 논쟁을 벌이곤 했다. 1496년 의회는 라틴어학

---

[28] 현대의 인문주의는 무신론적이고 인간의 존엄성을 중요하게 생각하지만 16세기 인문주의는 기독교 신앙을 바탕으로 고전 원문을 연구하고 웅변술을 탐구하는 흐름이었다. 따라서 이들은 이성으로 신앙을 탐구하겠다는 스콜라 신학을 거부했다. 스콜라 신학자들은 천사에 관한 구체적인 사실을 증명하기 위해 수백 년간 토론했다고 알려져 있다. 인문주의자들은 무의미한 논쟁에서 벗어나 성경 원문과 고전 원문을 연구하고 올바르게 번역하는 데 집중했다.

교를 설립하는 문제로 도미니크회와 치열한 싸움을 벌이다가 인문주의 정신을 반영한 시인학교를 설립했으나 오래 유지하지는 못했다. 또한 설교자를 임명할 수 있는 권리를 따내기 위해 시 재정을 쏟아붓기도 했다. 1474년부터 1571년까지 의회는 두 대성당의 임명권을 위해 8만 굴덴을 지출했다.

1518년에 슈타우피츠 친목 모임은 귀빈을 맞게 되었다. 아우크스부르크 제국의회에 출두하는 루터가 오고 가는 길에 들르기로 했던 것이다. 슈펭글러는 루터를 만나 깊은 인상을 받았다. 그는 17세의 나이에 라이프치히 대학의 학업을 취소하고 시 의회 사무실에 취직해야 했다. 역시 시 서기관이었던 그의 아버지가 급작스럽게 세상을 떠났기 때문이다. 그동안 슈펭글러는 39세가 되었고 상원 의회의 구성원이 되었다. 정치적으로 유력한 지위는 아니었지만 사회에서 존경받는 자리였다.

이 성실한 남자는 또한 책벌레이기도 했다. 루터를 만났을 당시 슈펭글러는 루터의 모든 글을 다 읽은 뒤였다. 그는 "루터 박사가 모든 위협에도 하느님이 그의 종들을 인도하고 보호하실 것을 신뢰한다고 말하는 것을 직접 보고 들었다"라고 그때의 만남을 회고했다.

이 내용은 슈펭글러가 1519년에 쓴 『하느님의 진리를 진지하게 사랑하는 자를 위한 변호와 기독교적 답변Schutzrede und christliche Antwort eines ehrbaren Liebhabers der göttlichen Wahrheit』에 나오는 내용이다.

평신도가 루터를 공개적으로 변호한 최초의 글인 이 소책자는 순식간에 높은 발행 부수를 기록하며 뉘른베르크 바깥으로 퍼졌다. 슈펭글러의 해박한 지식과 열정이 담겨 있었기 때문이다. 그는 단 여섯 단계의 논리로 루터가 옳다는 것과 "인간에 불과한" 성직자들은 루터의 논리를 비난하지 말아야 함을 주장했다. 또한 "동화와 우화 설교자들"이 온갖 성례로 신앙을 짓누른다고 했다.

매일매일 묵주알을 굴리며 하늘에 기도하고, 최대한 많은 성물을 참배하며 금식하고, 거대한 성당에 많은 촛불을 밝히고, 불쌍한 영혼들을 축성된 많은 성수로 위로한다.

신학적인 내용으로는 루터에게 한마디도 내밀지 못하면서 말이다. 슈펭글러는 루터를 "신 맥주"라 비꼬는 이들은 성경을 "뚫린 구멍 사이로" 읽은 것이 틀림없다고 풍자했다.

루터를 비난한 사람들 중 한 명은 이 풍자를 개인적인 공격으로 받아들였다. 신학 교수이자 뛰어난 웅변가였고 루터를 가장 크게 반박한 요하네스 에크Johannes Eck였다. 슈펭글러의 글이 발표되고 오래지 않아 가명의 저자가 라틴어로 논박하는 글인 「짜증 나는 에크Eccius Dedolatus」가 유포되자 에크는 루터의 파문 교서에 뉘른베르크 시민 두 명의 이름도 넣어달라고 교황청에 간청했다. 두 인물은 슈펭글러와 빌리발트 피르크하이머Willibald Pirckheimer였다. 후자는 글을 썼다고 의심되는 인물이었다(완전히 부당한 오해는 아니었다).

뉘른베르크 의회는 혼란에 빠졌다. 슈펭글러는 의회의 상원의원이었고 피르크하이머는 존경받는 귀족이며 매우 부유한 학자였다. 인문주의자들은 유럽의 지식인들과 친밀한 서신 교류를 나누었으며 그중에는 에라스무스 폰 로테르담도 있었다. 피르크하이머는 뒤러의 가장 친한 친구였다. 사실 두 사람은 전혀 어울리지 않았다. 피르크하이머는 자신감이 넘치고 목소리가 컸으며 다혈질이라 시합을 하다가도 상대에게 주먹질을 하곤 했지만 뒤러는 예민하고 온화한 성품에 이성적이었다. 파문 협박이 있은 후 '신사들의 술집'에서는 대단한 술판이 벌어졌다. 하루 일과를 마친 상원과 하원 의원들이 종종 모이는 장소였는데 당시 뒤러도 상원 의원이었다. 모두가 술에 흠뻑 취한 친밀한 분위기는 훗날 판화 작품 〈목욕하는 남자들The Men's Bath〉에 영감을 주었다.

슈펭글러와 피르크하이머에 대한 협박은 뉘른베르크 사람들이 계속해서 종교개혁의 편에 서게 만들었다. 뒤러는 작센의 보좌신부에게 '제발' 마르틴 루터의 초상화를 그릴 수 있게 해달라는 간절한 편지를 보냈다. 자신을 "극심한 공포에서 건져준 기독교인을 오래토록 기념하고 싶다"는 이유였다. 이는 예술사에서 굉장히 아쉬운 사례에 해당된다. 뒤러의 소원이 이루어지지 않았기 때문이다. 1521년에 뒤러는 루터가 어딘가에서 살해당했다는 소문을 들었다. 뒤러가 조문을 보내 애도했다고 전해지지만 사실인지 확실치는 않다. 뒤러는 무척 격앙된 일기를 남겼다. 루터가 정말로 살해되었다면 "우리(그의 결실)가 흘린 피와 땀이 수치스럽게도 게으른 족속(성직자를 의미함)에게 그대로 건네졌기 때문일 것이다."

파문 교서로 위협당한 슈펭글러는 1521년 봄에 흑사병이 돌기 시작한 뉘른베르크를 떠나 제국의회가 열릴 보름스로 가게 되었다. 이 시기 이후에 그는 개혁 인물이라는 의심을 지우게 되었다. 보름스에 간 슈펭글러는 루터에게는 물론 진지한 젊은 황제 카알에게도 새로운 인상을 남겼다.

역사학자 게르하르트 파이퍼Gerhard Pfeiffer는 "이때부터 뉘른베르크의 이중적인 정책이 시작되었다"라고 썼다. 루터의 방식대로 '하느님의 말씀에 순종'하고 동시에 '세속 군주인 황제에게 순종'했던 것이다. 슈펭글러는 이러한 이중적인 충성을 죽을 때까지 유지했지만 매번 뉘른베르크의 교회 정책이 독실한 가톨릭 신자인 황제의 눈에 거슬렸기 때문에 인내심의 시련을 견뎌야 했다.

뉘른베르크는 황제의 보름스 칙령에 무조건 따르며 루터의 모든 글을 금지해야 했는데, 이들은 시간을 끄는 방법을 택했다. 민중의 폭동을 일으킬 수 있다는 이유로 칙령은 거의 반년간 발표조차 되지 않았다. 의회는 시내에 돌아다니는 소책자들을 적당히 눈감아주었고 두 차례 정도 황제를 폄하하는 조롱의 글만 짧은 시간 동안 압수했다.

한 해 뒤인 1522년에 시 의회는 황제가 생각하는 것과 아주 다른 교회 정책을 내놓았다. 공석이 된 장크트 제발트 교회와 장크트 로렌츠 교회의 사제직에 루터의 추종자로 알려진 사람들을 임명한 것이었다. 1523년의 성목요일에는 아우구스티누스회 수도원에서 처음으로 빵과 포도주를 모두 먹는 양형 성찬식이 이루어졌다. 같은 해에 뒤러는 최후의 만찬을 목판화로 제작했다. 뒤러의 전기 작가인 요한 콘라트 에벌라인Johann Konrad Eberlein은 이 작품을 "종교개혁을 알리는 작품"이라고 평가했다. 성만찬 그림에 전형적으로 들어가는 양이 빠져 있기 때문이다. 루터는 성만찬을 희생이 아니라 순수한 성사, 즉 예배라고 보았다.

깨어라, 아침이 밝아온다! 숲속에서 노랫소리가 들린다. 아름다운 나이팅게일!

1523년 7월 8일에 울린 소리다. 훗날 리하르트 바그너Richard Wagner의 오페라 〈뉘른베르크의 명가수The Master-Singers of Nuremberg〉로 영원히 남은 이 구절은 구두 수선공 한스 작스가 쓴 시다. 그의 운문 시에 등장하는 아름다운 나이팅게일은 마르틴 루터다. 저자는 그렇게 '교회 통치자의 많은 잘못과 권한 남용에 저항하여 하느님의 말씀인 귀한 복음을 빛 아래 선명하게 제시한' 인물을 소개했다. 작스는 하느님의 은총을 우겨 넣는 수많은 성례에 대한 분노를 빠른 운율로 소개했다.

자지 않고 먹지 않고 기도하고, 회초리로 때리고 십자로 엎드리고, 무릎 꿇고 엎드리고 웅크리고 구부리고, 향을 피우고 종을 치고 물을 뿌리고, 촛불을 켜고 은총을 팔고, 성당과 밀랍과 소금과 물을 바치네.

이 시는 처음 발표된 해에만도 7판까지 인쇄되었으며 뉘른베르크 바깥으로 작가의 이름을 널리 알렸다.

작스는 3년 동안 자신이 사는 도시에서 일어나는 일에 관해 침묵했는데, 이는 다작가인 그로서는 무척 긴 시간이었다. 그동안 부모에게 많은 재산을 물려받은 27세의 청년은 로렌츠 구 시가지의 하얀 탑 부근에 집을 구입했고 그의 어린 아내가 딸 둘을 낳았다. 작스의 전기 작가 에크하르트 베른슈타인Eckhard Bernstein은 이 학식 있는 구두 수선공이 자신의 신념을 굳히기 위해 루터의 저작들에 집중하느라 그렇게 오랜 시간 동안 침묵했다고 이야기한다.

그는 강렬한 언어를 지녔어도 성급한 사람이 아니었다. 슈펭글러처럼 작스도 평화와 질서를 결코 가볍게 희생할 수 없는 최고의 선으로 여겼다. 그 후 수년간 작스는 구교와 신교 사이, 그리고 권력층과 민중 사이의 줄다리기를 문학에 녹여내야 했다. 가난에 시달리는 농민들에게 많은 연민을 보이면서도 그는 억압받는 이들에게 불평하지 말고 '고난의 십자가를 짊어지고 끝까지 참으라'고 격려했다.

도시 전체가 부글부글 끓고 있었다. 작스의 시 외에도 새로운 설교가 많은 영향을 끼쳤다. 특히 카리스마 있는 설교가 안드레아스 오시안더Andreas Osiander를 보기 위해 많은 민중이 도시 안팎에서 그가 있는 장크트 로렌츠 교회로 몰려왔다. 어떤 관찰자는 심지어 "골목의 아이들"까지도 신학적인 논쟁에 빠져 있다고 말했다.

사육제 기간 동안 젊은 귀족들은 수도사를 태운 운명의 수레바퀴가 지옥으로 달려가는 모습을 풍자하며 가톨릭 성직자들을 비웃었다. 도미니크회 수도원 문에는 욕설이 가득한 벽보가 붙었고, 프란체스코회 수도원에는 미사가 진행되는 동안 창문에 돌이 날아왔다. 교회사학자 베른트 함Berndt Hamm은 뉘른베르크에서 일어난 종교개혁이 "개혁파 지도자들이 끊임없이 기존 교회를 향한 폭력에 반대했음에도 다른 어느 곳보다 더 폭력적이었다"라고 말했다. 그리고 지도자층 역시 가만히 있었던 것이 아니라 '추잡한 비방'을 통해 개혁을 지지했다고 한다.

황제와 교황의 사절들은 점점 더 의회를 압박하다가 마침내 단호하게 보름스 칙령을 시행하라고 명령했으나 의회는 책임을 회

피하며 반항하는 시민들 때문에 아무 조치도 취할 수 없다고 주장했다.

종교적 다툼은 농민들이 참가하면서부터 위험한 사태로 번졌다. 1524년 6월 2일에는 퓌르트Fürth에서 온 11명의 농민 대표단의 청문회가 시청에서 열렸다. 이들은 가톨릭 사제들에게 내야 하는 '십일조'에 대해 불평했다. 최근에 농민들은 곡물뿐만 아니라 수확하는 모든 열매에 대한 십일조를 내야 했다. 그래서 가난한 사람들은 장크트 로렌츠 교회의 설교자에게 몰리고 있었다. 그는 성경에 십일조를 내야만 구원받을 수 있는 것이 아니라고 설교했기 때문이다.

심문이 진행되는 동안 시청 밖이 시끄러워졌다. 직공과 도제, 하인들, 수많은 남녀가 의회 의원들을 향해 농민들을 당장 풀어 달라고 소리를 질렀다. 또한 세금과 공과금을 낮춰야 한다고 외치는 소리도 들렸다. 칼과 망치를 든 무리가 시청 앞에 서서 요구를 들어주지 않으면 시청 문을 부수고 들어가 의원들을 죽이겠다고 협박했다.

의회는 그날 농부들을 풀어주었으나 이후 몇 달간 당근과 채찍으로 대응했다. 2명의 주동자를 사형에 처하고, 반항하는 젊은 화가 3명을 도시에서 추방했으며 치안을 위한 군대를 보강하는 동시에 시민들의 공과금 부담을 낮추고 이어서 외곽 주민들의 부담까지 낮추었다. 이렇게 함으로써 뉘른베르크는 농민전쟁을 피했다.

교회 정치에 관해서도 의회는 본심을 드러냈다. 예배의 성찬식을 개신교 방식으로 통일해야만 평화를 되찾을 수 있었다. 개혁교회에는 점점 더 많은 사람이 몰려들었다. 그런데 이들은 술집과 광장에서 잡다한, 그리고 대부분 사회 비판적인 새로운 신앙고백을 접하고 모이는 사람들이었다. 그런 제멋대로인 신앙과 옛 신앙은 이제 끝내야 했다.

1524년 12월 12일에 뉘른베르크와 다른 개신교 제국 도시들, 가령 울름과 스트라스부르는 황제에게 편지를 보냈다. 루터가 의도한 바대로 슈펭글러가 초안을 작성한 편지의 내용은 세속의 일에 관한 한 "우리의 생명과 재산이 허락하는 대로" 황제에게 복종하겠으나 "우리의 영혼 구원"에 관한 일은 시 정부의 양심에 따르겠다는 선언이었다.

이어서 개신교 설교가와 수도사, 가톨릭 사제 등 모든 종교인이 시청에 모여서 나눈 종교 담화는 단지 보여주기 위한 행사였다. 이 '뉘른베르크 종교회의'의 취지는 처음부터 명확했다. 종교 개혁을 공식적으로 도입하겠다는 것이었다. 시청사 밖에는 많은 사람이 모여서 "우리가 그들과 논쟁하겠다"며 사제들을 창밖으로 던지라고 외쳤다.

하지만 그런 극단적인 사건은 일어나지 않았다. 뉘른베르크에 자리한 수도원들의 해체는 비교적 평화롭게 이루어졌다. 기존 수녀들은 평생 수녀원에 머물 수 있었으나 새 수녀를 받는 일은 금지되었다. 시 정부가 수도원이 받은 성직록을 압수하고 철저하게 관리했다. 실직한 성직자를 지원하고 또 가톨릭교회가 맡아서 하던 자선사업의 비용을 여기서 조달했다.

베네딕투스회 수도원이었던 성벽에는 인문주의자들의 오랜 꿈이 이루어졌다. 1526년에 최초의 시립 김나지움[29]이 이곳에 문을 열었다. 루터의 동료 필립 멜란히톤이 개교 축하 연설을 했다. 젊은이의 학문과 교양을 찬양하는 이야기였다. 하지만 현실은 냉정했다. 뉘른베르크 최초의 김나지움에 관해 한 선생은 "다들 사프란과 후추만 꿈꾸고 있다"고 불평했다고 한다.

뒤러는 열병이 재발하여 심하게 앓았다. 그는 죽기 전인 1528년에 '자신을 기념하기 위한' 2미터 높이의 거대한 두폭화Diptychon 〈네 사도Die vier Apostel〉를 뉘른베르크에 기증했다. 사도의 발아래 새겨진 문구는 세속 통치자에게 '이단'을 조심하라고 경고하는 내용이다. 뒤러가 가톨릭 교리에 대해 경고하는 것인지 과도한 열정을 품은 새로운 신학까지 경고하는 것인지에 관해서는 해석이 분분하다. 뒤러의 친구 피르크하이머는 나중에 종교개혁가들을 떠났다. 클라라 수도원의 원장이었던 그의 여동생 카리타스Caritas Pirckheimer가 간신히 수도원의 폐쇄를 막았기 때문이었다. 뒤러가 죽은 뒤 얼마 지나지 않아 피르크하이머는 "이제 고

---

29 독일의 인문계 중·고등학교이며 일반적으로 9년제다.

백하건대 나는 고인이 된 알브레히트가 그랬던 것처럼 처음에는 루터의 편이었다"라고 썼다.

우리는 로마의 악행이 개선되길 바랐다. 그러나 계속 지켜보다 보니 상황이 더 나빠졌다. 개신교의 불량배들이 이제는 로마의 불량배를 더 경건해 보이게 만들었기 때문이다.

슈펭글러는 종교개혁이 지나간 뒤의 혼란 속에서 달갑지 않은 과제를 건네받았다. 1530년 4월에 그는 루터가 뉘른베르크에 망명할 수 있게 해달라는 요청을 거절하기 위해 편지를 써야 했다. 루터의 보호자인 선제후 프리드리히 폰 작센이 아우크스부르크 제국의회에 참석하게 되면서 추방자 루터를 홀로 작센에 경비대도 없이 남겨두지 않기 위해 직접 요청한 것이었다. 이 요청을 받은 시 의회는 무척 당황했다. 루터의 가르침은 무척 인기가 있었기 때문에 이 법외 추방자를 받아준다면 황제가 무력을 사용할 구실이 될 수 있었고, 따라서 의회는 이런 일이 생기는 것을 두려워하고 있었다. 그래서 슈펭글러는 거절 편지의 마지막에 뉘른베르크는 어쩌면 루터를 황제에게 호송시켜야 할지도 모른다는 내용을 첨가했다. 작은 제국 도시 바이센부르크Weißenburg가 더 겁이 없었고 루터의 망명을 받아들였다.
선제후 프리드리히가 노발대발한 반면 루터는 슈펭글러의 결정에 아무런 원망도 없었다. 슈펭글러가 죽고 8년 후인 1542년에 루터는 식사를 하던 중 그를 무척 칭찬했다.

어떤 일을 잘 달성시키려면 도시에 훌륭한 서기관이 있어야 한다. 라자루스 슈펭글러가 없었다면 뉘른베르크에는 복음이 그렇게 빠르게 꽃을 피우지 못했을 것이다.

1576년에 작스가 81세의 나이로 세상을 떠나자 시 의회는 재빨리 검열관을 보냈다. 시인이었던 구두 수선공의 집에서 도시에 논란을 일으킬 만한 자료를 찾아내기 위해서였다. 그중에는 1546년에 검열을 통과하지 못했을 것이 뻔한 인쇄되지 않은 대화체 산문이 있었다. 개신교 편에 선 선제후들을 상대로 전쟁을 일으킨 황제를 강하게 응징하는 내용이었다. 여기서 작스는 어느 곳도 피할 곳을 찾지 못하고 도망치는 그리스도를 묘사했다. 제국 도시들이 "쾌락과 자신이 얻을 이득"에 깊이 빠져 정작 구세주에게 피난처를 제공하지 않았다고 말이다. 신앙심 깊은 이 시인은 그의 인생 마지막에 이르러 "나이팅게일"의 노래가 도시 사람들을 거의 변화키지 못했음을 단념하듯 인정했다.

하지만 의회 의원들이 했던 타협에는 장점도 많았다. 뉘른베르크의 개신교 대성당 두 곳에는 아름다운 성모상이 서 있으며 천사와 성자들의 조각이 벽을 채우고 있다. 다른 지역과 같은 성상

파괴가 이 도시에서는 한 번도 일어나지 않았다. 명망 있는 뉘른 베르크 시민들은 그런 사태를 막아냈다. 1525년에 뒤러는 자신의 생각을 이렇게 적었다.

경건한 그리스도인은 그림이나 성상은 물론이고 미신에 흔들리지 않는다. 선한 사람이 단지 무기를 들고 있다고 해서 살인할 생각을 하지 않는 것처럼 말이다.

글 아네트 브룬스

상징이 된 남자

인쇄술이 없었다면 루터의 메시지는 그토록 빠르게 전파되지 못했을 것이다. 신학적 논쟁은 인쇄업자들에게 굉장한 수익을 올려주었고 종교개혁을 매체 전쟁으로 만들었다.

태초에 말씀이 있었다. 하지만 1517년에 면벌부와 속 죄 행위에 관한 논제를 학계에 제시할 당시 마르틴 루 터는 그것으로 자신의 소임이 끝났다고 생각하지 않았다. 물론 설교를 통해 자신의 생각을 주장하며 표현하고는 있었다. 그가 라틴어로 논제를 작성하고 비텐베르크 대학에 게시했던 그해 10월만 해도 거리에는 필사본과 인쇄본 형태가 함께 유포되고 있었다.

마르틴 루터는 자신의 교회 비판을 널리 알리기 위해 꽤 전략적인 방법을 생각했고 자신이 직접 여기저기에 보내기도 했다. 그는 편지와 함께 95개조 논제를 동봉하여 학계, 정치계, 종교계 인사들에게 발송했으며, 가령 막데부르크와 마인츠의 대주교였던 알브레히트 폰 브란덴부르크는 편지를 받은 독일 성직자 중 가장 높은 위치에 있던 사람이다. 게다가 논제의 최초 인쇄물인 벽보가 비텐베르크의 인쇄소에서 제작된 사실로 미루어 이 신학 교수가 직접 인쇄소를 찾아가 맡겼을 가능성이 크다. 그 인쇄소는 아우구스티누스회 수도원 건물 일층에 있었다고 한다. 알려진 바에 따르면 대면 토론은 벌어지지 않았으며, 글을 출판하는 데 집중한 루터의 논쟁 방식을 생각하면 대면 토론은 필요도 없었던 것으로 보인다.

처음에는 편지 몇 통과 라틴어 벽보로 사소하게 시작했지만 몇 년 후 유럽에서 가장 많이 읽히고 논란을 일으킨 작가가 되었을 뿐 아니라 16세기 전체를 통틀어 가장 부지런한 출판가가 되었기 때문이다. 작센의 신학 교수가 사용한 전략적인 소통 방법으로 인해 공개 의사 표현이 순식간에 중요한 의미를 가지기 시작했다.

1517년부터 1555년까지 복합적인 의사소통 동력이 발전했으며 그 덕분에 신학이라는 전문적인 주제도 거대한 파장을 불러일으킬 수 있게 되었다. 종교개혁 운동은 결정적으로 루터가 유명해지면서 성공하게 되었다. 1517년 10월까지 루터는 무명의 수도사였다. 약 2000명의 주민이 살던 비텐베르크에서 그의 목소리는 수도원 강단과 1502년에 처음 문을 연 대학교 강의실에서만 들을 수 있었다. 독일 전역에서 루터를 아는 이는 거의 없었다. 그리고 처음에 루터는 아주 작은 변화만 기대하며 발언한 것이었다. 역사학자 베른드 묄러Bernd Moeller는 루터의 유명세가 신성로마제국의 독일 영토 중에서도 아주 작은 마을에서 시작되었다고 기록했다.

하지만 루터의 출판물은 아주 적절한 시기에, 특히 성직자를 향한 비판을 주시하고 있던 시대정신과 만나게 된 것이었다. 로마의 재정적인 착취는 독일제국의 신자들뿐만 아니라 10여 년 전부터 서로 편지로 연락하던 지식인 계층, 이른바 '글 읽는 대중res publica litteraria'인 인문주의자와 학자들이 계속해서 이야기하던 주제였다.

학술로 무장하고 면벌부의 폐단을 지적한 루터의 논제는 새로운 방향을 설정하고 개혁을 추진하고자 했던 르네상스의 시대정신에 잘 부합했으며 끊임없이 교류하던 학자들에게 커다란 공감을 이끌어냈다. 논제를 처음 읽은 사람들은 루터의 사상을 널리 알리는 역할을 했다.

이들이 새로운 화제 '마르틴 루터'를 자신들의 소통망에 뿌리자마자 사람들은 친구와 친척들에게 루터의 논제를 알리고 읽은 것을 다시 자신들의 글로 재생산해서 전달했다. 당시에는 전형적이었던 지식인들의 대응, 즉 동료 간 서신 토론은 곧 독일어와 라틴어로 된 95논제를 바젤과 뉘른베르크, 라이프치히 등지의 인쇄소에서 찍어내게 만들었다. 논제를 처음 게시하고 몇 주 만에 비텐베르크의 신학 교수는 우선은 글을 아는 엘리트 집단 안에 제한되었지만 유명 인사가 되었다. 그와 함께 루터의 종교개혁 사상도 주목받기 시작했다.

논제의 초판 인쇄본을 찾는 문의가 쏟아졌다. 현대 학자들은 1518년 말까지 16판 이상의 개정판이 인쇄된 사실을 감안할 때 '독일 전체가', 그리고 얼마 후 '기독교 세계 전체가' 비텐베르크 수도사와 면벌부 판매를 반대하는 그의 입장에 관한 소식을 접했을 것으로 보고 있다.

하지만 중요한 것은 얼마나 많이 인쇄되었는지보다 서로 밀접하게 연관된 다음 세 가지 측면이었다.

① 다른 의견은 허용하지 않고 교리를 강요하던 로마 가톨릭교회

② 굶주려 있던 인쇄업

③ 재빠르게 공개 논쟁을 벌인 수많은 저자들

종교와 정치계의 대응이 특히 많은 관심을 불러일으켰다. 로마는 지방의 불순한 수도사를 상대로 종교재판을 열었으며 그것도 심지어 1518년 아우크스부르크 제국의회 기간 동안 진행하게 했다. 이 '루터 사건Causa Lutheri'에서 교황의 파문 경고는 다른 어떤 사건보다 지켜보고 전달할 만한 새로운 뉴스였다. 신학적인 진실 공방도 있었다. '보통 사람들'에게 루터의 지명도는 교회 강단에서 이단이라는 비난이 나올 때마다 점점 높아졌다.

이 상황에 인쇄술이 추가되었다. 1450년경 구텐베르크가 인쇄 기술을 개선한 뒤부터 수많은 인쇄소가 생겨났으며, 이들은 기술적으로도 많은 양의 인쇄물을 찍어낼 준비가 되어 있었다. 하지만 1500년 무렵에는 대량으로 인쇄하는 대중매체를 제작하는 이가 거의 없었다. 쉽게 말해 충분히 많은 소비자가 관심을 가질 만한 주제가 전무했던 것이다. 그때 위기에 빠져 있던 인쇄업계는 '로마에 저항하는 수도사'라는 아주 잘 팔릴 가능성이 있는 주제를 감지했던 것이다.

루터가 독일어로 된 글을 출판하기 시작한 1518년부터는 그를 지지하는 목소리 외에도 비난하는 목소리가 빠르게 늘어났다. 루터 사건에 대한 수많은 다양한 평가들은 이제 새로운 출판 흐름인 논쟁 시장을 만들어냈다. 지면을 통한 논쟁과 반박 글에서 저자들은 해석의 우위와 공감하는 여론을 얻기 위해 노력했다.

특히 48쪽을 넘지 않는 저렴하고 얇은 소책자와 그림이 실린 한 장짜리 전단이 메시지를 전하는 데 가장 효과적이었다. 이 글들은 대부분 독일어로 이해하기 쉽게 쓰였으며 다량을 빠르게 인쇄할 수 있었으므로 비교적 저렴한 가격에 판매되었다. 그리고 당시에는 많은 사람 앞에서 이런 글들을 크게 낭독하고 듣는, 이른바 낭독회가 일상적이었다. 독일어권에서 글을 읽을 줄 아는 사람은 5~10%에 불과했지만 이런 방식으로 많은 이들이 교회와 싸우는 루터 이야기를 접했다. 낭독과 소문, 그리고 설교와 더불어 이해하기 쉬운 그림 전단이 유포되었기 때문에 글을 읽지 못하는 사람도 비텐베르크 수도사에게 일어난 일을 모두 알 수 있었다.

루터 본인은 책 시장에 계속해서 새 책을 공급함으로써 자신의 역할을 다하고 있었다. 그는 1518년부터 1519년 사이에만도 1600쪽에 달하는 45권의 소책자를 펴낸 다작가였다. 그의 모든 책자는 평균적으로 6쇄까지 인쇄되었다. 루터가 출판 활동을 시작하고 첫 두 해 동안 총 263판으로 인쇄된 소책자가 대략 25만~30만 부 판매되었다.

그의 쉽고 강력한 문장과 다양한 독자를 정확히 겨냥한 접근 방식이 어찌나 인기를 끌었던지 그의 글을 불법으로 증쇄하는 일도 빈번하게 일어났다. 당시 제국 인쇄업의 중심이었던 라이프치히, 에르푸르트, 뉘른베르크, 아우크스부르크, 스트라스부르, 바젤은 물론 인쇄업이 덜 발달한 브레슬라우Breslau나 뮌헨, 마인츠 같은 작은 도시들도 상황은 똑같았다.

다른 종교개혁가들, 가령 안드레아스 보덴슈타인 폰 카를슈타트Andreas Bodenstein von Karlstadt, 필립 멜란히톤, 요하네스 외코람파드Johannes Oekolampad, 라자루스 슈펭글러는 처음부터 서신 논쟁을 벌였으며 소책자에는 소책자로 대응했다. 반면 루터는 다른 목소리들을 거의 다 무시했다. 1518년 3월에 펴낸 루터의 첫 소책자이자 26쇄까지 인쇄한 베스트셀러『면벌부와 은총에 관한 설교『Sermon vom Ablass und Gnade』에도 썼듯이 루터가 보기에 다른 생각을 가진 사람들은 모두 끊임없이 웅성거리는 것에 불과했다. 루터는 여론의 말다툼에 신경 쓸 겨를도 없었다. 로마 가톨릭의 '정통파'를 공격하는 데 모든 힘을 다 쏟아부어야 했기 때문이다.

1520년에 교황이 파문 교서를 내리고 최종 심문을 위해 루터를 보름스 제국의회에 소환했을 시점에는 루터의 책을 찾는 이가 너무 많아서 인쇄소들 사이에 원고를 받기 위한 치열한 경쟁이 벌어졌다. 보름스 제국의회 도중에는 루터의 심문 장면을 묘사한 그림들이 따끈따끈한 빵처럼 나오자마자 불티나게 팔렸다. 루터의 다음 신작 『독일 기독교 귀족에게 고함』은 일주일 만에 여러 쇄를 거듭했고 루터의 저작 중에서 가장 많이 인쇄된 책이 되었다.

어떤 글이든 마르틴 루터의 이니셜 'M. L.'이나 'M. L. A.(마르틴 루터 아우구스티누스회 수도사)'가 찍히면 인쇄가 끝나기 무섭게 재인쇄를 시작해야 했다. 도서역사학자 앤드류 페티그리Andrew Pettegree는 루터가 이미 고유한 브랜드 정체성brand identity이 되었다고 이야기한다. 그의 브랜드 제품은 잘 구성된 가치 있는 책이라는 높은 인지도를 받았다.

게다가 그의 책에는 비텐베르크에 있는 루카스 크라나흐의 화실에서 제작된 최고 수준의 삽화까지 실려 있었다. 크라나흐의 그림은 본문과 어울리는 은근한 암시를 전달했고 독자들에게 루터의 메시지를 더 강하게 각인시켰다. 그는 루터를 예언자 엘리야Elijah로 창조적인 행동가로 그렸으며 심지어 구원을 가져다주는 예수 그리스도처럼 그려냈다.

1521년에 루터가 파문당한 무렵 종교개혁의 출판업은 그 이상 성공할 수 없을 것 같아 보였다. 하지만 다음 해에도 출판량은 계속 최고치를 경신했다. 루터 지지자들과 정통 가톨릭 신자들 사이의 지면 논쟁에 더해 개신교 내에서도 근본적인 질문과 세부적인 내용에 관한 다툼이 벌어졌기 때문이다. 칼뱅파, 츠빙글리파, 멜란히톤파, 신비주의, 재세례파를 비롯한 여러 개신교 종파들이 해석에 관한 논쟁을 벌이며 엄청난 수의 글을 쏟아내며 저마다 자신들이 믿는 내용의 정당성을 주장하거나 설명하기 위해 논박하는 서신과 설교문, 토론이나 대화 내용을 출판했다.

1520년부터 1526년까지 약 1만 1000개의 소책자가 1100만 부가량 인쇄되었으며 1524년에만 약 2400개의 소책자가 240만 부 출판되었다는 집계가 있다. 하지만 종교개혁 초기에 가장 큰 파장을 일으킨 출판물은 루터가 1522년(신약성경), 1523년과 1534년(구약성경)에 내놓은 독일어 번역 성경이었다. 루터 성경은 당시에도 베스트셀러였으나 이후 수십 년간 계속해서 많은 부수가 재인쇄되었다.

번역 성경은 높은 판매 부수 이상의 의미를 지닌다. 루터의 신학과 신앙고백이 지닌 영향력은 번역된 성경을 통해 비로소 말로

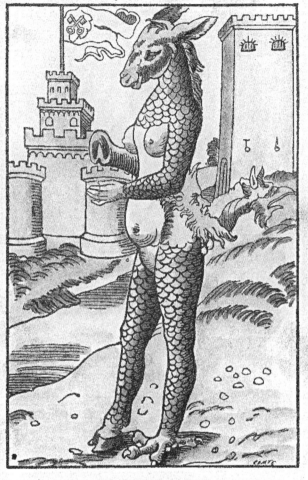

1523년에 크라나흐가 제작한 소책자 『교황나귀(Papstesel)』의 유명한 표지 그림으로, 매우 풍자적인 본문은 루터와 멜란히톤이 작성했다.

수많은 전단 작가들이 자극적인 그림과 쉽고 재미있는 글로 가톨릭교회를 놀림거리로 만들었다. 그림은 요하네스 테첼의 면벌부 판매를 비판하는 전단지다.

표현되기 시작했다. 계속 수가 늘어나던 개신교 설교자들이 참고 문헌이자 주석, 표준 본문으로 번역 성경 구절을 인용하고 또 여기서 영감을 얻었기 때문이다. 당시 개신교의 독일어 찬송가는 신도들에게 처음으로 능동적인 예배 참여 기회를 제공했는데 노래 가사에 번역된 성경 구절이 들어가면서 입에서 입으로 전파되는 일상 문화 속으로 강력한 메아리처럼 퍼져나갔다. 1530년과 1555년 사이에 수백만 명의 사람들이 종교개혁의 메시지를 들었다.

처음에 종교개혁은 루터의 글을 전하는 편지 몇 통으로 시작했지만 입소문과 육필 서신, 그리고 인쇄 매체가 맞물리면서 점차 완전히 새로운 방식을 띠게 되었다. 이러한 매체의 연합이 개인의 메시지를 강력하게, 그리고 멀리 전달하여 무시하기 어려울 정도로 어마어마한 정보량을 만들어냈다. 도서역사학자 페티 그리는 '루터'라는 브랜드가 수많은 브랜드 제품, 즉 루터의 글을 통해, 그리고 메아리처럼 퍼지는 다른 매체를 통해 전해졌기 때문에 그 당시 이를 모른 척할 수 있는 사람은 없었을 것이라고 지적한다. 그렇게 비텐베르크 신학 교수를 둘러싼 논쟁은 근대 유럽의 대중매체가 최초로 다룬 이슈가 되었다.

글 다니엘 벨린그라트

복음을 위한 싸움

마르틴 루터의 초기 지지자 중에는 약탈을 일삼던 기사도 있었다. 공포심을 불러일으켰던 기사 프란츠 폰 지킹엔은 기사 계급의 몰락을 막기 위해 종교개혁의 선봉에서 싸웠다.

 악명 높은 노상강도가 동상으로 세워지고 교회의 스테인드글라스에 영원히 새겨지는 일이 가능할까? 심복들을 동원해 마을을 불태우고 보호한다는 명목으로 돈을 갈취한 사람이 어떻게 지금까지 로빈 후드 같은 의적으로 여겨지게 된 것일까? 1481년부터 1523년의 일생에서 프란츠 폰 지킹엔에게 주어지는 관대함은 이 인물에 얽힌 다른 이야기 때문이다. 권위를 혐오한 비극적인 영웅. 그의 운명은 종교개혁의 중요한 조연이 되는 것이었다. 한때 명예로운 귀족이던 기사 계급을 대변하는 지킹엔은 종교개혁 초기부터 루터를 지지했다. 이 기사는 루터의 메시지를 성직자를 향한 전쟁 선포로 받아들였다. 물론 아주 개인적인 해석이었지만 말이다.

지킹엔은 무엇보다 기사들의 몰락을 막기 위해 싸웠다. 기사 계급은 사실상 내리막을 걷고 있었다. 영방 제후들의 힘이 막강해지면서 기사들이 수호해야 하는 황제는 제국 영토에서 영향력을 잃었다. 같은 시기에 도시국가들이 번영하기 시작했고 하급 귀족들은 점점 더 나설 곳이 없었다. 게다가 용병군과 포병대가 중심이 되어 싸우는 근대식 전투에서 칼을 찬 기사는 필요 없었다. 지킹엔은 평생 동안 자신의 존재 의미가 상실되는 것을 보상하기 위해 애를 썼던 것 같다. 역사학자 레오폴드 폰 랑케Leopold von Ranke는 1839년에 종교개혁의 전야를 이렇게 정의했다.

제후가 기사를 이기고 대포가 성벽을 뚫으며 근대가 중세를 이기고 있었다.

일찍부터 많은 기사들이 루터를 지지한 이유는 아마도 이런 절망감 때문이었을 것이다. 루터의 책『독일 기독교 귀족에게 고함』을 읽고 많은 이가 현실을 직시했는데, 그중에서도 종교의 고위 성직자들이 세속 권력을 쥐고 있는 점은 기사들에게 무척 거슬리는 일이었다.

지킹엔은 이미 1495년에 기사 계급의 몰락을 체험한 적이 있었다. 14세가 되던 그해에 지킹엔은 자신의 아버지와 함께 팔츠 선제후의 일행으로 보름스 제국의회에 참가했다가 참기 힘든 모욕을 경험하고 말았다. 기사 계급은 더 이상 의회장에 들어갈 수 없었던 것이다. 오랫동안 모든 가능한 분쟁의 정당한 해결 수단이었던 기사들의 결투 전통은 평화조약이 체결되면서부터 영원히 금지되었다. 앞으로 모든 문제는 법의 원칙에 따라 제국 법정에서 해결해야 했다.

지킹엔 가문은 처음에는 이런 상황을 대수롭지 않게 받아들였다. 영지와 광산에서 충분한 수입이 나왔으므로 경제적으로 아무 문제가 없었기 때문이다. 그러나 1514년 가을에 팔츠 지역에 금속 공급과잉 사태가 벌어지자 위기가 찾아왔다. 라인그라펜슈타인Rheingrafenstein 광산은 적자를 내기 시작했고 지킹엔 가문은 1514년 11월에 3200굴덴을 받고 광산을 팔았다.

지킹엔은 더 수익을 내는 일을 시작했다. 싸우는 일이었다. 1515년부터 그는 여러 분쟁 지역을 찾아가 권리를 보호해주는 대가로 돈을 받았다. 팔츠 출신의 젊은 기사는 수년 만에 독일 전역에서 가장 유명한 분쟁 해결사가 되었다. 이 분야에서 그처럼 자신만만하고 성공한 기사는 없었다. 문학 작품에서 그는 '최후의 기사'로 등장하기도 했는데 이는 그를 과도하게 미화시킨 것이다. 실제로는 보호자로 위장한 날강도에 가까웠기 때문이다. 그는 상인들을 인질로 삼고, 마을에 불을 지르는가 하면 도시를 약탈했다. 1518년 한 해에만 그렇게 해서 번 돈이 8만 굴덴이었다.

하지만 지킹엔이 남용하던 결투를 통한 분쟁 해결은 보름스 제국의회 이후부터 금지된 행위였다. 결국 1515년 4월에 황제 막시밀리안 1세는 지킹엔에게 추방령을 내렸다. 하지만 처벌은 오래 지속되지 않았다. 지킹엔이 장악하고 있던 라인-마인-넥타Rhein-Main-Neckar 강 지역은 독일 황제와 프랑스 왕이 민감한 권력 다툼을 벌이고 있던 지역이었다. 황제는 추방령을 취소하고 나중에는 지킹엔과 협정을 맺으려고까지 했다.

그랬기 때문에 지킹엔은 박해받는 종교개혁가들에게 빙엔Bingen 남쪽에 있는 자신의 요새 에베른부르크Ebernburg를 은신처로 제공할 수 있었다. 루터는 그의 초청을 거절했지만 다른 이들, 곧 나중에 스트라스부르의 위대한 종교개혁가가 되는 마르틴 부처Martin Bucer, 그리고 군목으로서 지킹엔의 전투마다 동행했던 카스파르 아퀼라Caspar Aquila가 지킹엔을 찾아왔다.

에베른부르크는 '정의의 피난처'로 여겨졌다. 비텐베르크와 뉘른베르크 다음으로 옛 제국 도시 중에서는 이곳이 세 번째 개신교 도시가 되었다. 1521년에 지킹엔은 매일 드리는 미사를 폐지하고 일요일에 회중이 모두 모여 드리는 예배를 도입했다. 이 예배에 참석했던 가장 유명한 인사는 급진적인 교회 비판가 울리히 폰 후텐이었다. 에베른부르크 성 밑에서는 지금도 칼을 찬 남자와 깃펜을 든 남자가 함께 서 있는 동상을 볼 수 있다. 후텐도 기사 가문의 자손이었으나 이 시기에는 제국 최고의 시인으로 여겨지고 있었다. 그의 시는 로마에 저항하는 선언문이었고 후텐은 교황을 "폭군"이라 부르며 존칭을 쓰지 않았다. 그는 용감무쌍하게도 "로마의 금 먹는 괴물"의 면벌부 판매가 도둑질이며 수도사들은 교황의 "앞잡이"라고 썼다.

로마는 날카롭게 대응했다. 루터에게 내리는 교황의 파문 교서에는 후텐의 이름도 언급되었다. "죽거나 산 채로" 그를 로마로 압송하라는 내용이었다. 그래서 1520년 9월에 후텐은 지킹엔의 보호 아래 몸을 숨겼다. 하지만 로마의 위협은 한계에 부딪혔다. 교황의 사절은 1521년 초에 독일인의 열 명 중 아홉은 루터의 이름을 외친다고 썼다. 후텐은 더 이상 로마를 두려워하지 않았고 지킹엔은 신경도 쓰지 않았다. 1522년에 지킹엔은 트리어의 대주교 리하르트 폰 그라이펜클라우를 공격했다.

두 명의 트리어 시민에게 납세를 요구했다는 이유에서였다. 지킹엔 자신도 폭넓은 지지를 얻기에는 명분이 너무 미미하다고 생각했는지 공격을 정당화하려는 목적에서 성직자의 재산을 몰수하고 "복음의 문을 열겠다"고 공표했다. 그러나 그의 7000명의 보병과 수백 명의 기마병이 이번엔 약탈에 성공하지 못했다. 그라이펜클라우 측이 전례 없는 반격을 했던 것이다. 대주교는 수많은 제후들의 지원뿐만 아니라 제국군의 지원을 받았고 지킹엔을 란트슈틀Landstuhl 부근의 난슈타인Nanstein 성에 몰아넣고 집중적으로 공격했다.

하루 동안 이 성에 떨어진 포탄은 600개가 넘었다. 부상을 입었지만 지킹엔은 크게 동요하지 않았다.

170

돌 몇 개가 나를 때리긴 했지만 아무런 상처도 내지 못했다.

이후 8일간 공격이 계속된 끝에 지킹엔의 기사들은 항복했다. 지킹엔은 부상을 회복하지 못하고 1523년 5월 7일에 숨졌다. 그의 죽음과 동시에 기사들이 품었던 마지막 희망도 사라졌던 것이다. 통치자를 향한 그들의 저항은 헛되이 끝났으며 이후 제국에서 기사 계급은 아무 역할도 할 수 없었다.

지킹엔의 사후 명성인 '최후의 기사'는 현재까지 이어지고 있다. 훗날 나치당을 세운 국가사회주의자들은 지킹엔을 로마에 종속되지 않는 강한 독일을 만들기 위해 싸운 영웅으로 여겼다. DDR(구동독)의 역사책은 때 이른 혁명을 주도한 선구자로 지킹엔을 소개했다. 개신교가 지배적인 지역에는 그의 이름을 딴 학교도 있다. 그리고 팔츠의 란다우Landau에 있는 신발상가 전면에는 그의 초상화가 걸려 있다.

글 닐스 클라비터

신앙의 새로운 이미지

마르틴 루터에게는 홍보 담당자가 있었다. 화가 루카스 크라나흐는 그림으로 종교 개혁을 전하며 교황을 비판했다.

 루카스 크라나흐가 세상을 떠나고 몇 년 후인 1556년 에 그의 전기 저자가 쓴 표현이다.

마르틴 루터 박사와 친밀한 우정을 나누며 서로의 자녀에게 대부 가 되었던, 그리고 루터가 평생 아끼고 사랑했던 동료라고 알려 진 화가

이 화가와 종교개혁가 사이의 절친한 관계에 관해서는 많은 자 료가 남아 있다. 이들은 심지어 서로의 자녀가 세례를 받을 때 대 부를 자청했다. 루터의 편지와 그의 『식탁담화』의 기록에서도 수 십 년에 걸친 시간 동안 이들이 깊은 우정을 나눴다는 사실을 알 수 있다. 이 예술가가 조수에게 화를 냈다 하면 루터도 그 사실을

알고 있었고, 루터는 크라나흐 아들의 결혼식에서 벌어진 일과 그 아들이 훗날 바람을 피운 사실도 알고 있었다.

두 사람의 우정이 역사에서 가지는 중요성을 알아보려면 특별히 루터의 발언을 눈여겨보면 된다. 비텐베르크의 종교개혁가는 세상을 떠나기 전인 1546년에 자신이 일으킨 교회 분열에 관해 이런 고백을 했다.

나는 일부러 악의적인 그림들을 내보내서 교황을 화나게 했다.

그 악의적인 그림들이란 당연히 크라나흐가 그린 것이었다. 크라나흐가 없었다면, 그의 그림과 판화가 없었다면 종교개혁은 다르게 진행되었을지도 모른다. 지금도 많은 예술사가가 종교전쟁에 불을 일으킨 진짜 범인은 크라나흐 특유의 '그림 폭력'이었다고 이야기한다. 그림 자체가 드물었던 시대에 크라나흐의 인상적인 회화는 놀라운 파급력을 발휘했다.

당시엔 '화가 루카스' 혹은 '거장 루카스', 아니면 아주 고상한 그리스식 표현인 '루카스 크로누스'로 불렸으며 예술사에서는 '루카스 크라나흐 1세'로 기록된 화가는 그의 그림과 판화 작품으로 루터를 홍보하고 대변하는 역할을 담당했다. 종교개혁으로 시작된 종교적·정치적·사회적 변혁기에 그가 기여한 부분은 우리가 흔히 생각하는 것보다 훨씬 더 많을 것이다.

하지만 두 남자가 함께 일했던 방식은 오히려 궁금증을 불러일으킨다. 새로운 종파를 따르는 많은 이가 성당에 걸린 그림 장식을 비난했고 크라나흐가 그린 것들과 같은 제단화도 비판했다. 이들에게는 이것이 '우상숭배'였기 때문이다. 루터는 성경의 내용을 그대로 그린 그림들은 괜찮다고 말했지만 신도들이 기도를 올리게 만드는 그림은 전부 신랄하게 비판했다. 그럼에도 크라나흐는 연달아 초상화를 그렸고 그중에는 루터가 주인공인 그림도 있었다.

두 사람은 모두 굉장히 강한 자의식을 지니고 있었으며, 특히 예술가 크라나흐는 개혁가의 역할을 잘 수행하기 위해 최선을 다했던 것 같다. 프랑켄 출신인 그는 1505년에 작센의 궁정화가가 되었을 때부터 변혁을 일으키기로 작정했다. 크라나흐는 회화계에 혁명을 일으키고 싶었다. 더 세속적이고, 더 르네상스에 가깝고, 더 현대적인 작품을 만들고 싶었다. 경건한 작센의 심장부에서 그는 고대의 여신과 님프들의 그림을 그렸다.

그는 이렇게 '벌거벗은 여체'들을 그리면서 뜻밖에도 종교개혁의 그림을 그리는 데 아주 유용하게 쓰일 경험을 쌓게 되었다. 어떻게 하면 새로운 테마를 구상하고, 감정을 풍부하게 싣고, 중부 유럽의 취향과 수준에 맞는 그림을 그릴 수 있는지 이때 배웠던 것이다. 그는 또한 그림의 시장성을 높이는 방법도 생각해냈다. 그전까지는 아무도 이런 생각을 하지 못했다. 크라나흐는 종교개혁이 일어나기 전부터 많은 인기를 얻고 있었다. 처음에는 선제후의 궁에서만 그림을 그렸으나 곧 다른 고객들의 의뢰도 받기 시작했기 때문이다. 그가 명성을 얻게 된 장소는 작지만 떠오르는 작센의 수도, 그리고 대학 도시였던 비텐베르크였다. 그리고 바로 이 도시에서 새로운 종교적 흐름이 시작되었다. 모든 일이 현명공이라 불렸던 요한 프리드리히 폰 작센의 지원이 없었다면 불가능했을 것이다. 그는 또한 크라나흐의 고용주였다.

크라나흐는 모든 사건의 한가운데에 있었고 곧 단순한 관찰자의 위치에서 벗어났다. 물론 큰 위험이 존재했다. 갑자기 통치자의 초상화나 성화, 여신의 그림이 아닌 그림을 그려야 했고, 갑자기 그가 살던 시대의 가장 거대한 논쟁에 휘말렸기 때문이다.

언제 그가 루터를 처음 만났는지에 관해서는 알려진 바가 없다. 이 성공한 화가가 종교개혁의 주동자인 신학 교수의 초상화를 동판화로 제작한 때는 1520년이었으나 훨씬 전부터 서로 알고 있었을 가능성이 크다. 루터는 1521년 4월에 황제를 피해 바르트부르크에 은신하기 직전에 크라나흐에게 편지로 이렇게 고백했다.

나는 몸을 숨기고 은둔할 것일세. 하지만 어디로 갈지는 나도 모른다네.

루터가 로마와 완전히 관계를 끊은 이 해에 크라나흐는 교황을 비난하는 일련의 목판화를 제작했다. 위장을 하고 바르트부르크에 숨어 있던 루터는 1521년 12월에 몰래 비텐베르크를 방문했으며 크라나흐와도 만났다. 1522년에 루터가 번역한 신약성경인 이른바 9월 성경을 작업장에서 인쇄하고 삽화를 넣은 사람도 그였다. 그의 삽화 중에는 짐승이 교황의 관을 쓰고 있는 것도 있었다. 한 해 뒤에는 루터가 훗날 결혼하게 되는 카타리나 폰 보라Katharina von Bora가 크라나흐의 집으로 피신했다. 그녀는 수녀원에서 탈출한 전직 수녀였다. 크라나흐는 1525년에 열린 작고 비밀스러운, 그러나 엄청난 결혼식에 증인으로 참석했으며 나중에는 루터의 장남 요하네스의 대부가 되었다.

이 설교가와 화가는 서로를 깊이 신뢰했다. 당시 시간이 지나면서 등장한 루터의 그림들은 대개 그를 조롱하는 것이었으며 그럴 수밖에 없었다. 초상화는 존경받는 인물이나 통치자, 학자나 부유한 상인들이 그리는 것이었다. 루터는 아우구스티누스회 수도사였고 설교가이자 신학 박사였으며, 대학교수였지만 다른 무엇보다 선동가였고 교황의 적이었기 때문에 화가가 그릴 만한 인물은 결코 아니었다.

크라나흐는 루터의 개혁 과정을 묘사했는데, 어쩌면 그러면서 앞장서서 개혁을 이끌었는지도 모른다. 루터의 영향력은 목판화와 동판화, 삽화를 통해 더 커졌다. 처음에 크라나흐는 이 교회 비판가를 아주 경건한 수도사로 표현했다. 그다음에는 신중하지만 결단력 있게 칼을 휘두르는 전사로 묘사했고 마지막으로는 성숙하고 신중하며 부드러운 남자로, 진지하고 인간적인 사람으로 그려냈다. 지금도 강한 호소력을 지닌 놀라운 그림들이다. 마치 인원을 보강해주려는 듯 화가는 세계적인 학자 필립 멜란히톤과 교구 목사 요하네스 부겐하겐Johannes Bugenhagen 등 루터의 협력자들도 초상화로 남겼다. 또한 루터의 부인은 물론 그의 부모의 초상화까지 그렸다. 크라나흐가 표현한 루터 부모의 얼굴에는 권위와 고집이 보인다.

이런 그림들 하나하나가 교회 개혁의 관점에서는 하나의 메시지였다. 크라나흐의 루터는 인간적이기도 하지만 동시에 목표를 위해 애쓰는 모습에서 초인적인 면도 보인다. 교회에 겸손하고 배려 깊은 얼굴, 새롭고 더 나은 신앙의 얼굴을 제시한 것이다. 또한 루터는 각각의 그림을 통해 아무리 거대한 종교 폭풍도 견디는 인간적인 반석으로, 그리고 가야 할 길을 아는 안내자로 그려졌다. 루터의 아내와 부모, 그의 동료들의 그림은 이런 인상을 더 깊이 각인시키는 역할을 했다. 이런 연출 중 어느 하나도 우연히 이루어진 것 같지는 않다.

크라나흐의 초상화 예술이 신앙과 교회를 둘러싼 논쟁에서 특별히 중요한 역할을 수행했기 때문이다. 현명공 프리드리히의 조카 요한 프리드리히가 1532년에 작센의 통치자로 선출되었을 때 크라나흐가 그린 단체 초상화에는 분명한 정치적인 계산이 숨어 있었다. 새 통치자를 어린 시절부터 지켜보며 금발의 꼬마아이를 초상화로 그려냈던 궁정 화가는 종교개혁가들 사이의 중요한 위치에 그를 그려 넣어 요한 프리드리히 폰 작센도 루터의 지지자임을 분명히 한 것이다.

크라나흐가 새로운 신앙을 전하기 위한 삽화를 계속 그리면서 그의 화실에서는 특별한 화풍이 모습을 갖춰가기 시작했다. 루터에게 하느님은 예술 작품에 들어가면 안 되는 존재였다.

나의 주님은 하늘에 계시기 때문이다.

크라나흐는 또한 종교개혁을 위해 올바른 신앙이 아닌 것을 금세 알아차릴 수 있는 이미지를 만들었다. 이런 이미지는 숭배의 대상이 되지 않고 보는 이들을 이해시켜야 했다. 그리고 말씀과 그림이 일치해야 했다. 예술사가들은 아마도 그 때문에 크라나흐의 그림이 더 간단하고 상징적이게, 더 개신교답게 변한 것이라고 생각한다.

특별히 크라나흐는 두 가지 주제를 반복해서 그렸다. 그림 〈그리스도와 간음한 여인Christus und der Ehebrecherin〉에서 작가가 이미지를 통해 의도한 내용은 죄의 비난보다 오히려 용서와 은총이다. 그래서 그리스도는 심지어 죄를 지은 여인의 손을 꼭 잡고 있다. 〈아이들이 내게 오는 것을 금하지 말라Kindersegnung〉에서 젖먹이들은 아무리 무지해도 진지하게 대해야 하는 모든 신도를 상징한다. 하지만 전단지나 소책자에 유포되는 매체에 삽입한 삽화에서 크라나흐는 공격자로 변했다. 그는 교황을 '로마의 교황 나귀'로 만들고 여인들이 성직자들을 두들겨 패는 그림을 그렸다.

루터와 그의 개혁을 지지했어도 전 유럽이 찾는 화가이자 부지런한 사업가였던 크라나흐는 아무런 문제없이 추기경 알브레히트 폰 브란덴부르크와 다른 가톨릭 고위 성직자를 위해 일할 수 있었다. 그는 종교개혁 이후에도 수없이 많은 '정통 가톨릭'의 그림들, 가령 제단화, 성자들의 일생, 그리고 돈을 기부한 사람들의 초상화 등을 그렸다. 더 나아가 거장 크라나흐와 그의 제자들은 그 어느 때보다 더 세속적인 누드화도 많이 그렸다.

비텐베르크에서 크라나흐는 존경받는 인사들 중 하나였다. 그는 시 의원이었다가 나중에는 시장으로 재임하며 자신의 영향력을 발휘했다. 크라나흐는 이 지위를 중요하게 여기고 특별한 의미를 부여했지만 나이가 들고 건강이 나빠지자 사임했다. 1550년에 거의 80세의 나이로 크라나흐는 요한 프리드리히를 따라 아우크스부르크로 망명했다. 나중에 이 전직 선제후가 거처를 바이마르로 옮겨 남은 영토를 통치하게 되었을 때도 크라나흐는 동행했고, 1553년에 바이마르에서 숨을 거두었다. 그러면 크라나흐가 마지막까지 가장 큰 책임감을 느낀 대상은 제후 가문이었을까?

크라나흐를 움직이게 한 것이 무엇이었는지, 그가 친구의 종교개혁 활동에 얼마나 확신을 가지고 동참했는지, 어떤 목표를 추구했는지 지금은 단지 추측만 해볼 수 있다. 예술사학계는 아직까지 명확한 답을 찾지 못했지만 크라나흐가 자신의 그림이 지닌 영향력을 이용하여 세상을 변화시키려던 루터를 도왔다고 확신한다.

그가 온통 유명한 작품들을 만들어낸 화실은 계속 맥을 이어갔다. 크라나흐의 차남 루카스 크라나흐 2세가 아버지의 비텐베르크 사업을 물려받았고 아버지 크라나흐의 화풍으로 그림을 그렸다. 원래는 크라나흐의 장남 한스가 크라나흐를 계승할 예정이었으나 1537년에 젊은 나이로 죽고 말았다. 아파하는 친한 친구 크라나흐에게 말을 건넨 것은 루터였다. 루터의 말은 냉정하지만 깊은 동정에서 우러나왔기 때문에 어쩌면 크라나흐에게 위로가 되었을지도 모른다.

하느님은 한 사람을 얻기 위해 그의 가장 아픈 곳을 건드린다네.

글 울리케 크뇌펠

자유를 갈망하다

'농민전쟁'에서 권리를 찾으려 싸운 것은 농민들만이 아니었다. 제후들은 반란을 일으킨 무리를 무자비하게 진압했다.

 모든 일은 물고기를 잡다가 시작되었다. 1525년 4월 23일 튀링엔 주의 오를라Orla 강 근처 소도시 노이슈타트Neustadt에서 성난 주민들이 인접한 귀족의 영지에 몰려가 연못의 물고기를 남김없이 잡으려 했다. 깜짝 놀란 영지 주인은 주민들을 말리지 못하고, 자신의 말도 놔둔 채 걸어서 도망쳐야 했다. 주민들은 잡은 생선을 막대에 매달고 시내로 이동했고 행렬의 맨 앞에서 도시의 악대가 피리와 북을 연주했다. 행렬은 물이 뚝뚝 떨어지는 전리품을 든 채 도심을 한 바퀴 돈 다음 시청 앞 광장에 모였고 어느 시 의원의 집에 들어가 생선을 먹었다.

우리가 오늘날 이 사건의 전말을 알아내려 하고 깊이 연구하는 이유는 어디서나 당연하게 벌어지는 어업과는 다르게 이 물고기 사건으로 전혀 다른 일이 벌어졌기 때문이다. 여전히 많은 부분이 수수께끼로 남은 이 역사적 사건을 두고 역사학자 레오폴드 폰 랑케는 "독일에서 벌어진 가장 엄청난 자연현상"이라 평가했다.

이 사건은 독일 농민전쟁으로 알려졌지만, 주민들이 독일인도 아니었거니와 농민에 관한 일도 아니었고 또 전쟁이라고 할 만한 사건이 없었다. 그럼에도 독일 농민전쟁은 역사에 기록되었고 역사 교과서에도 당당히 이름을 올렸다. 역사학자 페터 블리클레Peter Blickle는 1524년 여름부터 1525년 초여름까지 있었던 짧지만 다양한 측면을 가진 사건들에 관해 꽤 그럴싸한 설명을 제시했다. 농민전쟁이 "보통 사람들"의 혁명이었다는 것이다. 왜냐하면 노이슈타트에서처럼 실제로 많은 수공업자가, 그러니까 도시 안에 살던 주민들이 이 소란에 참여했기 때문이다. 개신교 편에 선 귀족들도 있었다. 플로리안 가이어Florian Geyer와 그의 흑기사단 또는 괴츠 폰 베를리힝엔Götz von Berlichingen이 대표적이다. 이렇게 주인공이 누구였느냐 하는 문제는 지금도 당시 사건을 해석하는 데 장해물이 되고 있다.

이 짧은 저항의 에피소드에서 발견되는 모든 내용은 독일 역사에 남겨진 진실의 파편들이다. 그래서 이런 기록을 연구하는 일은 만화경을 들여다보는 것과 비슷하다. 들여다보는 사람이 만화경을 어떻게 돌리느냐에 따라 계속 다른 이미지가 보이기 때문이다. 에른스트 블로흐Ernst Bloch 같은 역사철학자는 이 이야기에서 이미 시민들의 봉기, 더 나아가 훗날 일어날 사회적인 혁명의 전조를 보았다. 하지만 당시 사람들이 제멋대로 벌인 행동을 20세기 독일 정치에 관한 최근 토론 주제에까지 확대 해석하는 것은 너무하지 않은가?

왜냐하면 많은 사건이 어느 한 귀족의 지시에 대한 항의 표시로 생선을 먹는 것과 같은 아주 대수롭지 않은 행동에서 시작되기 때문이다. 문화적인 맥락에서 이 사건을 정확히 이해하기 위해서는 거대한 그림의 한 부분을 더 자세히 관찰하는 편이 좋다. 역사학자 파울 부르가르드Paul Burgard는 노이슈타트 사건에 대한 그의 꽤 괜찮은 논문 「어느 반란자의 일기Tagebuch einer Revolte」에서 바로 이 방법을 시도했다. 이 논문에서 그는 혁명을 일으키는 돌발 상황과 사회적·문화적 실재가 긴밀하게 연관되어 있다고 강조한다. 가까운 귀족을 향해 항의를 드러내는 행동과 생선을 메고 도시를 도는 것 같은 자축 행진은 그 당시 중세 사회에서 그렇게 보기 드문 일은 아니었다.

그런 행위가 파렴치하고 불법적이었다 해도 혁명을 일으키려던 의도는 아니었을 것이다. 모든 사람이 경건하고 올바른 것처럼 행동하는 규범에 짓눌린 일상과 법이 없는 것처럼 취하고 떠드는 축제의 공존은 분명히 모순이었지만 중세 사람들에게는 삶의 기본 원리였다. 하지만 이날만큼은 평범한 행동이 모든 것을 빠르게, 그리고 완전히 바꾸어놓았다.

생선 잡는 일에 동참했던 한 사람이 혼자 집에 돌아가다가 체포되어 감옥에 갇혔다. 다음 날인 4월 27일은 주말 장이 서는 날이었다. 농민들이 시내로 몰려들었고, 정의가 심각하게 훼손되었다는 이야기가 들렸으며 깃발이 펄럭거렸다. 시민들은 완전히 다른 성질의 민중 저항을 시작했다. 불법 체포에 항의하기 위해 북을 울리고 주민들을 불러냈다. 사람들을 하나로 모은 외침은 이것이었다.

진리와 복음의 편에 서고 싶은 사람은 성당으로 모여라!

그러니까 이 저항은 이미 성경 말씀을 근거로 정당화되었던 것이다. 군중이 빠르게 몰려들었다. 시장도 항의하는 무리를 저지하려 하지 않고 시에서 관리하는 무기와 대포, 말과 용병을 제공했다. 몰린 인파와 군중의 에너지로 인해 역동적인 힘이 생겨났다. 감옥에 갇혔던 사람이 죽었다는 소식이 군중에게 퍼졌다. 사람들은 아이히흐트Eichicht 지역 영주의 영지를 향해 이동했다. 이번에는 단지 생선만 잡는 게 아니라 죽은 사람의 원수를 갚고 재산을 빼앗기 위해서였다.

많은 궁전과 성이 약탈당하고 불에 타고 파괴되었다. 1524년 여름 이후에는 더 많은 지역에서 반란이 일어났다. 처음에는 독일 남부에 국한되었으나 조금 뒤에는 오스트리아와 독일 북부에서도 폭동이 벌어졌다.

의식 있는 영방 농민들과 도시의 시민들은 특히 귀족이나 교회 성직자들이 점점 더 많은 수확물과 수익을 요구하는 행태와 더불어 농민과 시민들이 전통적으로 가지고 있었던 권리가 자꾸 줄어드는 현실을 강하게 비판했다.

노이슈타트의 경우는 성을 홀로 지키던 영주의 아내가 온건한 시 정치인의 도움을 빌려 재빨리 반란군을 부엌과 창고로 안내했기 때문에 별 탈 없이 마무리되었다. 농민들의 반란은 대부분 "창고를 터는 것을 즐기는 정도였다"라고 부르가르드는 이야기한다.

하지만 이런 유흥의 끝은 가혹한 처벌이었다. 잘 알려진 복음의 개념들은 이제 억압받던 정치와 법적 현실을 새롭게 변화시키기 위한 도구가 되었다. 물론 누구나 성경을 스스로 읽을 수 있게되었지만 성경에서 말하는 하느님과 피조물 사이의 분명한 관계를 현실 세계에서는 어디에도 적용하기 힘들었다. 왜냐하면 일상에서 내야 하는 세금이나 노동의 의무, 벌금과 처벌 등 법적이고 정치적인 모든 규칙에 관해서는 성경이 명확한 내용을 알려주지 않았기 때문이다.

반란의 목적은 기존 체제를 완전히 파괴하는 것이 아니었다. 독일 전역과 그 변방에서 일어난 반란은 오히려 당시의 모든 사정을 철저하게 정리하고 해명하기 위한 움직임이었다. 저항하는 군중과 종교개혁으로 훈련된 웅변술의 만남은 예상치 못한 시너지를 발휘했고 그렇게 생겨난 움직임은 강력해지고 위험해졌다. 사람들을 선동한 것은 토마스 뮌처 같은 신학자였다(종교개혁의 주요 인물들 편의 '급진개혁파'를 참조하라). 당시 사람들은 도무지 따라갈 수 없을 정도로 전개가 빨랐던 이 몇 달을 '격변기'라고 불렀다.

독일어로 번역된 성경은 문화와 세계관 변화를 촉진하는 촉매제가 되었고 정당성을 얻은 민중 폭동은 엄청난 에너지를 지니며 빠르게 전파되었다. 역사적으로 중요한 사건이 독일 남쪽에 있는 북슈바벤Oberschwaben과 보덴호수Bodensee 인근에서 일어났다. 1525년 2월과 3월에 세 장소에 많은 사람이 모였다. 불만을 가지고 반발하는 농부와 시민들이었다. 그중에는 성직자와 귀족도 있었다. 울름 근처에 약 1만 2000명의 발트링엔Baltringen 무리, 린다우Lindau 근처에 역시 비슷한 수의 보덴호수 무리가 모였으며 세 번째 무리는 존트호펜Sonthofen에 집결했다.

이들 세 집단은 무력으로 정치적인 목표를 이루려고 모인 것이 아니라 기존 질서의 틀 안에서 자신들의 이익을 적절히 주장할 만한 해결책을 찾고 있었다. 하지만 이들이 이미 집결해서 요구 사항을 제시하는 상황 자체가 전통적인 질서를 깨는 일이었다.

이 사람들의 고민과 소원은 특별히 3월에 메밍엔Memmingen에서 이들이 작성한 요구 목록을 통해 알 수 있다. 이 제국의 자유도시로 파견된 저항자 대표 50명은 역사에 길이 남을 『12개 조

『12개 조항』의 표지, 1525년 인쇄본이다.

항Zwölf Artikel』이란 문서를 작성했다.

　제1조는 각 자치 단체가 자유롭게 목사를 선출할 권리를 요구했다. 선출된 목사는 인간적인 말을 덧붙이지 않고 복음만 '순수

하고 명확하게' 전해야 했다. 제2조는 소십일조[30]의 폐지, 제3조는 기독교 정신과 위배되는 농노 제도의 폐지, 제4조는 사냥과 어업의 자유를 요구했다. 제5조는 귀족은 원래 마을 공동체 소유였던 숲을 반환할 것, 제6조는 과도한 강제 노역을 줄일 것, 제7조는 노역을 임의로 늘리지 않을 것, 제8조는 임대료를 공정하고 객관적으로 매길 것, 제9조는 처벌 기준과 형량을 공식적으로 명시할 것, 제10조는 지역사회의 목초지와 토지를 반환할 것, 제11조는 사망세를 폐지할 것을 요구하며, 마지막 조항은 이런 요구 조항이 성경에 적힌 하느님의 말씀에 위배된다면 확증을 통해 철회할 수 있도록 알려달라는 요구였다.

이 조항은 인쇄되자마자 독일 전역에 빠르게 뿌려졌고, 이는 유례가 없는 정치적인 사건이었다. 왜냐하면 이들의 요구가 결코 지역 이기주의나 개인의 권리 추구가 아니라, 오랫동안 유지된 좋은 관례와 보수 사상은 유지하되 종교개혁이 강조하는 하느님 앞에서 평등한 신도로 돌아가자는 의지가 종합된 완전히 새로운 동기에 근거하고 있기 때문이다. 블리클레는 12개 조항이 지니는 의미를 세 가지로 표현했다.

---

30 성경에서 말하는 십일조는 소득의 10분의 1을 교회에 내는 것인데, 중세 민중들은 소득의 10분의 1을 대십일조로 내고, 가정에서 부수적으로 기르는 과일과 채소 수확물의 10분의 1도 소십일조로 내야 했다.

항의하는 글이면서, 개혁 프로그램이면서, 정치적 선언이다.

오늘날 우리는 『12개 조항』을 읽으며 안타까움을 느낄 수밖에 없다. 역사에서 이들이 작성한 내용과 같은 자유와 법치주의를 향한 소망이 인정받기까지 정말 오랜 시간이 걸렸는데 이것이 절반쯤 이뤄지기까지는 더 긴 시간이 걸렸다. 제후들이 무자비하게 반격했기 때문이다. 잘 훈련된 용병군은 반란을 일으킨 무리를 마구 압박하여 항복할 때까지 밀어붙였고, 혹은 압도적인 다수의 군대를 동원해 이들을 전멸시키다시피 했다. 종교개혁가들은 그들의 가르침을 따르는 무리에게 아무런 도움이 되지 않았다. 마르틴 루터와 필립 멜란히톤은 금세 이 문제에서 등을 돌려버렸고, 제후들에게 힘을 실어주면서 반란을 일으킨 무리와 거리를 둘 것을 강조했다. 이들은 무리를 농민이라 불렀는데 단지 농민이 사회에서 가장 낮은 신분이었기 때문이다.

그러면 오를라 강변에 있는 튀링엔의 소도시 노이슈타트는 어떻게 되었을까? 약탈하는 행진에 여전히 많은 농민이 참여했다. 이들은 귀족의 집에서 약탈한 각종 선물과 전리품을 들고 도시로 돌아왔다. 이때 똑똑한 정치가들은 진짜 위험을 감지하고 비밀리에 재빨리 행동했다.

이들은 약탈하는 무리의 지도자들에게 탈취한 물건들을 도시로 가져오지 말고 성문 앞에 보관하라고 부탁하는 편지를 썼다. 혹시 모를 보복에서 도시를 지키기 위함이었다. 노이슈타트에서도 항의 조항을 작성하기 위해 대표들이 모였다. 목록의 맨 위에는 목사를 선택할 수 있는 권리와 군더더기 없이 하느님의 말씀만 '순수하게' 전하는 사람을 뽑을 권리를 요구하는 내용이 들어갔다.

그러나 이때 역사의 물결은 엉뚱한 방향으로 흘러갔다. 그 지역의 통치자, 게오르크 폰 작센Georg von Sachsen 공작이 지원군을 요청했고 민중은 제후의 지시에 복종했다. 노이슈타트 일행은 프랑켄하우젠Frankenhausen 지역의 전투에서 공작을 돕기 위해 무기와 깃발을 들고 북과 피리 악대를 앞장세웠다. 하필 농민전쟁의 역사에 길이 남을 엄청난 살육이 벌어진 전투가 이것이었다. 1525년 5월, 작센과 헤센의 제후 연합군은 수천 명의 반란군을 도살했다. 과격파 종교개혁가 뮌처도 이날 붙잡혀 고문을 받고 처형당했다.

권력에 저항하겠다던 노이슈타트의 시민들이 너무 쉽게 제후의 편으로 돌아섰다는 사실은 훗날의 관찰자들에게 모순처럼 느껴질 것이다. 혁명적인 열기는 주로 중간 계급, 낮은 귀족들, 수도원과 땅 주인들을 겨냥했고, 이들이 추구했던 것은 사실 아버지 같은 제후들의 자비와 하늘의 진리에 순수하게 접근할 수 있게 되는 것이었다. 역시나 갑작스럽게도 종교개혁의 정신을 근거로 기존 질서에 저항한 움직임도 갑자기 혁명이 되면서 옛 질서를 다시 불러내는 결과를 가져왔다.

다른 도시처럼 오를라 강 근처의 노이슈타트에서도 주모자를 색출하여 처형했다. 많은 용기 있는 시민과 존경받는 법학자가 감옥에 갇혔고, 수치스러운 형벌을 견뎌야 했다. 도시 전체가 무거운 벌금을 내야 했으며 권리를 빼앗겼고 영주를 공격하는 데 사용한 무기를 전부 내놓아야 했다. 반란이 일어난 다른 도시들도 형편이 비슷했다.

이 사건의 사회적·정치적인 결과는 무척 중요하다. 그런 사건은 사람들의 집단 기억 속에 깊이 각인되기 때문이다. 그 후로 '보통 사람'의 정치적인 역할은 오랜 시간 동안 사소한 이해관계에만 국한되었고 종교개혁은 이제 권력층이 해결해야 하는 문제가 되어버렸다.

그러나 농민전쟁이 일어나기 직전의 일은 오늘날까지 미지의 영역으로 남아 있다. 알브레히트 뒤러가 1525년에 출간한 교본 『컴퍼스를 이용한 측정 방법Underweysung der Messung mit dem Zircke』에는 승전기념탑을 설계하기 위한 예시 중 하나로 농민전쟁의 승전탑이 등장한다. 탑의 꼭대기에는 칼이 가슴을 관통한 채로 웅크린 농부가 앉아 있고 그 아래에는 나무통과 농기구가 놓여 있다. 뒤러가 농민들의 사건에 특별한 연민을 품었는지는 알려지지 않았다.

하지만 뒤러의 스케치는 문예학자 스티븐 그린블랫Stephen Greenblatt의 그럴듯한 설명대로 무척 극단적이다. 왜냐하면 당시에는 대등한 상대에게 승리했을 때만 탑을 세울 만큼 대단한 승리를 거두었다고 여겼기 때문이다. 허술하게 무장한 농부들을 잘 훈련된 군대가 진압한 것은 차라리 학살에 가까웠기 때문에 아무런 명예도 아니었을 것이다.

그렇기에 뒤러의 스케치는 의문을 불러일으킨다. 뒤러는 영웅과 거리가 먼 농부들에 대한 연민을 제안하고 싶었던 것일까? 혹은 저항 세력의 무모한 시도를 비웃고 싶었던 것일까? 아니면 이 스케치와 사건이 착시 그림과 같아서 보는 이에 따라 달라져서 완전히 다른 이미지를 보여주는 것일까? 먹을 것을 훔치기 위한 소박한 반란이었다가 자유와 정의를 향한 갈망을 표출한 영웅적인 행동이 되어버린 수백 년 전의 사건은 지금도 우리로 하여금 겸손하게 그 당시를 생각하게 만든다.

글 닐스 민크마르

신학자의 뺨 때리기

여성이 신학적인 문제를 가지고 공개적으로 논쟁한다? 그전까지는 있을 수 없는 일이었다. 하지만 아르굴라 폰 그룸바흐를 비롯한 여성들은 신념을 위해 싸웠다.

젊은 신학자 아르사치오 제호퍼Arsacius Seehofer가 장작더미 위로 올라가게 되었을 때 아무도 그에게 도움을 주지 않았다. 이 젊은 선생의 생명을 위험하게 만든 비텐베르크의 종교개혁가들도 마찬가지였다.

제호퍼는 마르틴 루터의 협력자인 필립 멜란히톤 밑에서 공부했고 1522년에 잉골슈타트Ingolstadt로 돌아가 신학부에서 강사로 일하고 있었다. 바이에른에서 유일한 대학의 교수진은 유명했다. 루터에게 파문 교서를 내리는 데 가장 크게 공헌한 루터의 숙적, 요하네스 에크도 잉골슈타트 대학의 교수였다. 그런데 제호퍼 선생은 겁도 없이, 그리고 당연히 경험도 없으면서 첫 강의부터 비텐베르크 신학 교수의 논제를 알린 것이었다.

오래지 않아 18세의 신학생은 고발당하고, 체포되어 심문을 받게 되었다. 대학은 그를 본보기로 삼기 위해 화형시키겠다고 위협했고 제호퍼는 눈물을 흘리며 종교개혁적인 주장을 철회했다. 바이에른 공작령에서 루터의 글은 금지 대상이었고 종교개혁에 관해 토론하는 사람은 처벌받았다.

감옥에서 판결을 기다리는 젊은 신학자를 위해 변론해주는 권위 있는 목소리는 전혀 없었다. 하지만 여태까지 없었던 일이 벌어졌다. 어느 여성이 이 사건에 관여하기로 작정한 것이다. 1492년 에렌펠스Ehrenfels 성에서 태어나 1554년 차일리츠하임Zeilitzheim에서 생을 마감한 아르굴라 폰 그룸바흐Argula von Grumbach는 1523년 9월에 자신의 이름으로 잉골슈타트 대학의 학장과 의회에 편지를 썼다. 편지는 독일어로, 그리고 여성의 문체로 쓰였다. 그녀는 한 문장으로 이것을 정당화했다.

나는 라틴어를 할 줄 모르지만, 여러분은 독일어를 잘하니까요.

학식 있는 신학자에게 이 문장은 마치 뺨을 때리는 것 같았을 것이다. 이어지는 내용은 더 무시무시했다. 편지의 저자는 자신이 "독일어로 된 마르틴 박사의 글은 전부 읽어보았다"고 시인했다. 루터에게 간접적으로 훈련을 받은 그녀는 성경을 인용하며 논지를 폄으로써 학문적인 논의에 여성인 자신이 개입하는 것을 정당화했다. 아르굴라는 항상 "이단이다, 이단이다!"를 외치지만 정작 비텐베르크의 새로운 아이디어의 내용을 깊이 연구해보지 않는 교수를 비난했다. 신체적인 폭력을 동원하면 누구나 논쟁에서 이길 수 있다고도 썼다. 속달 편지의 말미에 아르굴라는 잉골슈타트에서 공개적으로, 그리고 독일어로 제호퍼 사건에 관해 토론하자고 제안했다.

여러분이 폭력과 감옥과 화형으로 협박하지 않겠다면 말이에요.

이 편지는 성공을 거두었다. 아르굴라는 편지의 사본을 빌헬름 2세Wilhelm Ⅱ 공작에게도 보냈다. 이 편지는 알 수 없는 경로를 통해 뉘른베르크의 인쇄소에 넘겨졌고 즉각 소책자로 만들어져 판매되었다. 책자의 제목은 『크리스천 귀족 여성처럼Wie eyn christliche Frau des Adels』이었다. 두 달 만에 이 강렬한 편지는 15쇄를 찍었고 이 시기에 가장 많이 인쇄된 책자가 되었다. 아르굴라는 유명인이 되었다.

처음 시작은 한 권의 책이었다. 아르굴라의 아버지, 베른하르딘 폰 슈타우프Bernhardin von Stauff 남작은 1502년에 딸의 열 번째 생일 선물로 독일어 성경을 선물했다. 프랑켄 지역의 귀족 가문은 남자나 여자나 차별 없이 교양을 가장 중요하게 생각했다. 아르굴라는 성경을 열심히 읽었으며 다 읽은 뒤에는 다시 처음부터 읽었다. 곧 그녀는 많은 구절을 외워서 말할 수 있게 되었고, 아시리아 장군의 목을 자른 대담한 여인 유디트Judit[31] 같은 흥미로운 내용은 술술 이야기할 수 있었다. 젊은 아르굴라 폰 슈타우프Argula von Stauff는 아마도 열정 넘치는 대학생이 되었을 것이 뻔하지만 16세기의 여성들에게 고등 교육은 수녀원에서만 접할 수 있었다.

그녀는 곧 바이에른의 명문 귀족 아가씨가 걷는 전형적인 길을 따랐다. 바이에른의 수도 뮌헨에서 쿠니군데Kunigunde 공작부인의 궁녀가 되어 궁전에 출입했으며 1510년에 프리드리히 폰 그룸바흐Friedrich von Grumbach와 결혼했다. 아르굴라는 남편을 따라 잉골슈타트 인근 도시 렌팅Lenting에 살다가 부르크그룸바흐Burggrumbach로 이사한 뒤 마침내 남편 프리드리히가 관리하게 되는 알트뮐Altmühl 강 유역의 디트푸르트Dietfurt에 정착했다.

이 시기 동안 그녀가 종교개혁의 메시지를 얼마나 잘 알고 있었는지는 알려진 바가 없다. 확실한 것은 소책자들이 디트푸르트에서도 판매되었다는 점이다. 아르굴라의 오빠인 그라마플란츠Gramaflanz가 현명공 프리드리히의 궁에 살았으니 그가 여동생에게 알려주었을 가능성이 크다. 아르굴라가 나중에 쓴 글에는 그녀가 특별히 루터의 만인사제설에 깊은 감명을 받았다고 쓰여 있다. 만인사제설은 세례를 받은 모든 신자에게는 하느님과 연락

---

31 구약성경의 외전 유디트서에 등장하는 여성이다. 유디트서는 베투리아 마을의 아름다운 과부가 아시리아의 공격 때문에 유대인이 어려움에 처하자 아시리아의 최고사령관 홀로페르네스를 유혹하여 목을 잘라 민족을 구했다는 내용이다.

해줄 중재자가 필요 없으며 누구나 직접 성경을 읽고 이해하고 전할 수 있다는 내용이다.

1523년에 근처 도시인 잉골슈타트에서 아르사치오 제호퍼가 체포되었다는 이야기를 접했을 때 아르굴라 폰 그룸바흐는 만인 사제설을 근거로 자신이 이 학생의 운명에 개입해야겠다고 생각했다. 이 시기에 그녀는 이미 몇몇 종교개혁가들과 연락을 하고 있었다. 뉘른베르크의 개신교 신학자 안드레아스 오시안더가 그녀에게 조언을 해주고 편지를 쓰도록 독려했다. 그룸바흐는 성경에 정통했으며 자신에게는 커다란 장해물이 있다는 사실을 알고 있었다. 사도 바울이 고린도교회에 쓴 첫 번째 편지에 이렇게 썼기 때문이다.

여자는 교회에서 잠잠하라. ─고린도전서 14장 34절

만약 그녀가 제호퍼를 위해 신학적인 논쟁에 끼어든다면 이 말씀을 거역하는 셈이었다.

그래서 그녀는 루터의 가르침 중 첫 번째 원칙인 '오직 성경으로' 방식을 택했다. 성경에 있는 말씀으로 그룸바흐는 바울의 침묵 명령에 반박할 셈이었다. 루터와 똑같이 그녀도 오직 성경으로 납득하지 않으면 안 되었다. 그녀는 (예수 그리스도가 탄생한다는) 예언이 성취된 이후인 신약성경에서 선례를 찾았고 예수의 제자였으며 부활한 예수를 가장 처음 만난 막달라 마리아를 참고했다. 하지만 그녀가 찾아낸 궁극적인 근거는 명쾌하고 간단했다. 만약 남자들이 이 사건에 침묵한다면 여성인 아르굴라가 발언을 해야 하며 그렇지 않으면 그녀는 죄를 짓는 것이었다. 또한 성경을 제외하고 그녀가 그녀만의 기준으로 삼은 것이 있었다. 바로 양심이었다.

하지만 잉골슈타트 대학은 아르굴라를 답장을 보내야 할 정도로 중요한 인물로 생각하지 않았다. 그 대신 익명의 저자가 아르굴라를 비난하는 시를 지었다. 마치 그녀가 루터와 부정한 관계를 맺었다고 암시하는 악의적인 풍자시였다. 그녀는 비난하는 내용에 대고 우아한 답장을 보냈다. 역시 시였는데, 중상자를 향해 그 자신을 알아보는 시간을 가지라고 권고하는 내용이었다.

아르굴라의 개입은 그녀의 가족에게도 영향을 주었다. 공작이 그녀의 남편에게서 영지 관리자의 직위를 없애버렸다. 그녀의 가족은 갑자기 중요한 수입원을 잃게 된 것이다. 게다가 프리드리히는 아내의 출판 활동을 못마땅하게 생각했었다. 그는 가톨릭 신자였으며 개신교에 관해 알고 싶어 하지 않았다. 1523년에 두 사람의 결혼생활은 급격히 불행해졌다. 아르굴라는 그녀가 쓰는 모든 편지에 처녀 때 사용했던 성으로 서명했다. 거의 일 년간 그녀는 대학에 끊임없이 편지를 보냈고 이 편지들은 다시 소책자로 인쇄되어 민중에게 퍼졌다. 모든 편지가 베스트셀러가 되었고 이 시기 초상화를 보면 그녀는 곱슬머리에 단정한 눈빛을 지닌 진지한 여성의 모습이다. 어떤 그림에서는 결연함도 보인다. 아르굴라의 노력이 젊은 제호퍼 선생에게 큰 도움은 되지 않았다. 제호퍼는 화형은 피했으나 에탈Ettal 수도원에 감금되었고 머지않아 이곳을 탈출했다.

아르굴라의 새로운 유명세도 보수적인 도시 바이에른의 사회적 추방령에서 그녀를 보호해주지 못했다. 소란을 일으킨 지 일년 뒤 그녀는 갑자기 잠잠해졌다. 그 후에도 뮌헨에서 일어나는 종교·정치적 사건에 아무 의견도 표현하지 않았던 것이다. 어쩌면 그녀의 남편 프리드리히가 주는 압박이 무척 컸을지도 모른다. 아르굴라의 전기 작가 페터 마테슨Peter Matheson은 그녀가 이 분쟁에서 살아남은 것이 놀랍다고 썼다. 조용한 가운데서도 그녀는 계속 영향력을 발휘했다. 비텐베르크 사람들과 계속 연락했고 종교 문제가 논의되었던 뉘른베르크와 레겐스부르크 제국의회를 방문했다. 1530년에 아르굴라는 드디어 루터를 실제로 만났다. 루터가 코부르크 요새Veste Coburg 인근으로 이사한 뒤의 일이었다. 루터는 훗날 어떤 편지에 이 귀족 여성을 "그리스도의 아주 비범한 피조물"이라고 표현했다. 하지만 끝내 아르굴라를 공개적으로 대변하려 나서지는 않았다.

그 후로는 아르굴라에 관한 기록을 찾을 수 없으며 그 시대의 편지에서 드물게 이름이 언급될 뿐이다. 대개 가톨릭 신자들이 쓴 편지였는데, 나이를 먹었어도 다루기 힘든 이 개신교 노부인이 마을 공동체에서 성경을 낭독한다고 불평하는 내용이었다.

이 '슈타우프 부인'처럼 용기 있고 호전적이며, 변혁의 시대에 목소리를 높인 여성은 거의 없었다. 만약 있었다면 종교개혁가와 결혼을 했거나 강력한 보호자가 있어야 했다.

작가로서 명성을 얻는 데 성공한 여성으로, 목사인 마테우스 첼Matthäus Zell의 아내였던 카타리나 첼Katharina Zell이 그런 경우였다. 1497년 스트라스부르에서 태어나 1562년 그곳에서 생을 마감한 그녀는 1524년에 공개적으로 사제의 결혼을 지지했다. 그리고 당시 명성을 떨치던 신학자들과 교류했고 스트라스부르 대주교를 비난하고 성찬 논쟁을 벌이기도 했으며 루터를 방문하고 심지어 장례식을 집례하기도 했다.

남편인 마테우스 첼이 1546년에 죽기 전까지는 계속 그렇게 지속되었으나 미망인이 되자 목사 아내라는 신분이 더 이상 보호막의 역할을 해주지 않았으므로 카타리나는 비난의 대상이 되었다. 그녀는 남편의 유산을 인정받지 못했고, 그전까지 목사관에서 숙식을 해결한 많은 종교개혁 망명자들은 더 이상 스트라스부르에서 거처를 찾지 못하고 노숙하며 빈곤한 생활을 해야 했다. 카타리나가 피할 곳은 시립 '매독환자의 집'밖에 없었는데 이곳은 아이러니하게도 그녀가 항상 위생 상태를 강하게 지적했던 곳이었다.

당시 사람들은 카타리나와 아르굴라의 신학적·사회적인 활동을 높이 사지 않았다. 두 여성은 너무 앞서간 측면도 있었지만 혁명적인 주제를 건드린 데다 그들이 여성이라는 이유로 이중의 비난을 받아야 했다. 종교개혁이 일어난 기간 동안 여성이 용기 있게 정치 활동을 할 수 있었던 시간은 아주 짧았다. 이들을 공격했던 적이 가톨릭 진영에만 있지는 않았기 때문이다.

개신교 교리가 정치에도 영향을 미치기 시작하면서 루터의 성 역할 이론 또한 많은 지지를 얻었다. 이 종교개혁가는 1520년에 쓴 『독일 기독교 귀족에게 고함』에서 어째서 결혼이 독신보다 더 나은 생활 형태인지 설명했다. 그러면서 한편으로 여성의 역할을 결혼에 한정하고 여성들의 외부 활동을 금지했다. 당시의 여성은 결혼 상대 외의 다른 사회적인 존재가 될 수 없었다. 수녀원과 속세를 떠난 배움의 기회도 개신교 지역에서는 찾기 어려웠다.

종교개혁가들은 아내의 역할을 언제나 여성의 몫인 가정에서만 찾았다. 가정에서의 역할도 부엌에 한정되었을 뿐, 서재는 여성의 공간이 아니었다. 결혼에 관한 종교개혁가들의 생각에 평등이나 해방이란 개념은 존재하지 않았다. 그 결과 아르굴라와 카타리나는 개신교 역사에서 수백 년간 완전히 잊혔고 아르굴라만 가톨릭 역사에서 '이단자'로 언급되었다.

종교개혁은 교회 내에서 여성의 중요한 역할을 허용하지 않았고 이 부분에서 교황의 추종자들과 전혀 다르지 않았다. 1523년에 아르굴라는 자신이 압제를 당해 죽는다면 곧 수백 명의 여성들이 그녀처럼 들고 일어나 목소리를 높일 것이라고 예상했다. 하지만 그녀는 시점을 몇백 년 착각했다. 성 평등법이 시행된 뒤에야 독일에서 여성도 목사직을 맡을 수 있게 되었다. 그것은 1958년의 일이다.

글 크리스티나 리에츠

카타리나 루터

1499년 리펜도르프(Lippendorf) 출생, 1552년 토르가우(Torgau) 사망

수녀 카타리나 폰 보라는 1523년 부활절에 갑자기 유명해졌다. 11명의 다른 수녀들과 함께 포장마차를 타고 그리마Grimma 인근의 시토수도회 수녀원을 탈출했기 때문이다. 수녀들은 비텐베르크까지 와서 대부분 종교개혁가들의 지인 집에 머물렀다. 신변을 위해 대부분의 수녀가 곧 남편감을 찾아 결혼했고 카타리나만 남게 되었다. 1525년에야 그녀는 루터와 결혼을 약속했고 그는 그때부터 그녀를 "내 안주인 케티"라고 불렀다.

카타리나 루터Katharina Luther는 비텐베르크의 어두운 수도원을 루터의 손님들을 위한 숙소로 바꾸어놓았다. 그녀는 땅을 사고 맥주를 빚고 학생들의 거처를 마련했으며 가축을 기르고 루터의 재정을 관리했다. 수녀 출신인 그녀였지만 신학적인 논쟁에는 끼어들지 않았다. 카타리나의 생활방식은 개신교 목사의 아내가 어

떻게 가정을 돌보고 일을 해야 하는지에 관한 모범이 되었다.

1546년에 마르틴 루터가 죽었을 때 카타리나는 오랜 결혼생활을 인정받지 못했고, 그 때문에 유산과 과부 신분을 인정받기 위해 소송을 벌여야 했다. 전쟁과 잦은 이사, 질병으로 쇠약해진 그녀는 1552년에 사고로 골반뼈가 부러져 결국 세상을 떠났다.

엘리자베스 크루시거

1500년경 메세리츠(Meseritz) 출생, 1535년 비텐베르크 사망

그녀가 한 번만이라도 비텐베르크 성당에서 설교했으면 좋겠다는 꿈을 이야기하자 종교개혁가인 그녀의 남편조차 머리를 흔들었다. 하지만 그녀의 메시지는 실제로 많은 교회에 울려 퍼졌다. 예배 때 부르는 찬송가로 말이다.

그녀는 포메른Pommern의 귀족 출신으로 어릴 때 레가Rega 강 근처 트렙토우Treptow에 위치한 프레몽트레수도회Prämonstratenser 수녀원에 들어갔다. 그곳에서 그녀는 종교개혁가 요하네스 부겐하겐을 알게 되었고 그를 따라 비텐베르크에 와서 1524년에 신학자 카스파르 크루시거Caspar Cruciger와 결혼했다. 루터 가족과 친하게 지내며 엘리자베스 크루시거Elisabeth Cruciger는 개신교 목사 아내라는 새롭고 정형화된 삶을 살았다. 살림을 관리하고 남편과 손님들의 건강을 챙기고 다른 종교개혁가 가정과 교류하는 것이었다.

시적인 재능이 있었던 그녀는 1524년에 「그리스도 하느님의 외아들Herr Christ, der einig Gotts Sohn」[32]이라는 찬송시를 썼고, 루터의 만인사제설을 듣고 자신도 설교할 자격이 있다고 생각했다. 루터는 같은 해에 개신교 찬송가를 집필하면서 그녀의 찬송시를 수록했고 지금도 루터 찬송가에서 이 찬송시를 찾아볼 수 있다.

엘리자베스 폰 로홀리츠

1502년 마르부르크(Marburg) 출생, 1557년 슈말칼덴(Schmalkalden) 사망

헤센 백작의 딸 엘리자베스 폰 로홀리츠Elisabeth von Rochlitz는 13세의 나이로 작센의 귀족과 결혼했다. 어린 나이에 통치 후계자의 아내가 된 그녀는 드레스덴 궁전생활에 적응하지 못했고 궁전 사람들도 그녀를 받아들이지 않았다. 헤센의 친척에게 영향을 받아 그녀는 1526년에 종교개혁을 받아들였다. 이것을 계기로 드레스덴 궁의 신하들이 그녀를 내쫓기 위한 음모를 꾸몄고, 1533년에는 심지어 혼인을 파기하겠다는 이야기도 나왔다. 그러자 엘리자베스는 전통 가톨릭의 고해성사와 성찬을 완전히 거부했다. 1537년에 갑작스럽게 남편이 부친보다 먼저 사망하자 그녀는 과부 신분을 얻어 로홀리츠로 돌아갔다.

그곳에서 엘리자베스는 지체 없이 새로운 종파를 도입하고 여

---

[32] 이 찬송시에 바흐가 곡을 붙여 〈바흐 칸타타 BWV 96번〉을 만들었다.

성 제후가 되어 통치했다. 이는 기존 규범을 훨씬 뛰어넘는 사건이었다. 독일 제후 중에서 여성이 영토를 통치하며 게다가 개신교인인 경우는 드물었다. 엘리자베스는 종교개혁가들과 좋은 관계를 유지하며 종교 분쟁을 중재하려고 노력했다. 1538년에 그녀는 황제에 저항하는 개신교 제후들의 동맹인 슈말칼덴 동맹에 정식 제후로서 가입했다. 전쟁의 혼란이 일어나기 전에 그녀는 슈말칼덴으로 이주하여 종교개혁을 지원하고 제후로 통치하며 인생의 말년을 보냈다.

카리타스 피르크하이머

1467년 아이히슈태트 Eichstätt 출생, 1532년 뉘른베르크 사망

개신교 여성들만 종교개혁 시기에 목소리를 낸 것은 아니었다. 1525년부터 뉘른베르크의 클라라 수녀원 원장이었던 카리타스 피르크하이머Caritas Pirckheimer는 생애를 건 싸움을 시작했다. 뉘른베르크 시 의회가 종교개혁을 도입하고 수녀원을 폐지하려고 했기 때문이다. 인문주의를 옹호했던 피르크하이머는 수녀원 생활을 좋아했으며 포기하지 않고 많은 여성들이 더 수준 높은 교육을 받고 경건함을 누릴 수 있도록 힘썼다. 하지만 부모들이 수녀원에 찾아와 딸들을 끌어가자 카리타스는 개입에 나섰다. 뉘른베르크 귀족 가문에서 태어난 덕택에 넓은 인맥을 보유했던 그녀는 종교개혁가 멜란히톤을 수녀원에 초대하여 폐지 혼란을 잠재우

는 데 성공했다. 클라라 수녀원은 계속 가톨릭 신앙을 유지할 수 있었으나 성례를 금지당했고, 새 수녀를 받을 수 없게 되었다. 어쨌든 수녀원은 천천히 내리막을 걸었으나 피르크하이머의 용기와 재치가 기록으로 남아 있다.

철창에 갇힌 왕

뮌스터의 재세례파는 일부다처제를 허용하고 재산을 공동으로 소유하는 독특한 왕국을 건설했다.

1534년 8월 31일에 뮌스터Münster 시민들은 무척 진기한 광경을 보게 되었다. 도시 한가운데에서 25세의 젊은 남자가 커다란 왕관을 쓰고 3개의 계단을 올라가 왕좌에 앉았다. 그는 왕의 홀을 들고 자신을 "하느님의 새 성전에서 왕권을 부여받은 왕 요한"이라고 선포했다. 그는 목걸이에 칼 두 자루가 박힌 지구 모양의 펜던트를 달고 있었다.

이 젊은이는 일반적인 왕들과는 다른 출신과 배경을 가지고 있었다. 얀 반 레이덴Jan van Leiden이라고도 불리는 얀 뵈켈스존Jan Beuckelszoon은 네덜란드 남부 도시 레이덴의 하급 관리와 하녀 사이에서 태어났다. 뮌스터의 군주로 등극하기 전까지 그는 여관을 운영하고 있었다. 그는 또 가수와 배우로도 일했으며 회중을 휘어잡는 재능이 있었다. 겸손은 그가 선호하는 성품이 아니었다.

그는 자신을 메시아라고 불렀으며 이렇게 주장했다.

신의 권력이 나의 권력이다.

그를 추종하던 한 사람은 레이덴이 "온 세상을 통치하는 왕"이라고 선언했다.

종교적인 광신도들이 대개 그렇듯 레이덴과 그의 추종자는 위대한 목표를 추구했다. 이들은 1520년대에 급진적인 종교개혁을 외치며 시작된 재세례파였다. 재세례파의 신도가 되려면 자신의 신앙을 증명하는 행위로 성인세례를 받아야 했다. 이것이 다른 개신교 종파와 분명히 다른 점이었다. 이들은 지배층과 성직자의 권력에 반대하고 특히 종말이 가까워왔다는 사실을 열심히 전했다.

그러므로 권력자에게 재세례파 운동은 위협적이었다. 황제와 제국의회는 재세례파를 이단으로 규정하고 평화를 위협하는 존재로 여겼다. 1529년에 슈파이어Speyer 제국의회는 당시 제국 내에서 활동하는 신도가 약 1만 2000명에 달하던 재세례파 운동을 금지했다. 가톨릭과 개신교는 똑같이 재세례파를 박해했다. 1533년까지 약 700명의 재세례파 신도가 처형되었으나 이런 박해가 오히려 재세례파의 명성을 만드는 계기가 되었다. 재세례파가 말하는 구원의 약속은 삶이 눈물의 골짜기가 된 사람들에게 가장 설득력이 있었기 때문이다.

1520년대 말 중부 유럽은 심각한 경제위기를 겪고 있었다. 흉년으로 빵과 곡물 가격이 치솟았다. 이런 위기는 사회적 모순을 더욱 드러냈는데, 도처에서 '높은 물가'로 이득을 보는 대지주들을 비난하는 목소리가 들렸다. 교회 역시 부당한 이득을 취하고 있었다. 한자동맹의 쇠퇴로 1368년부터 동맹을 이어온 도시 뮌스터도 위기를 맞았다. 기름과 가죽, 모피, 직물 그리고 밀랍을 수입하던 북부 독일 판로가 끊겼으며 실업과 빈곤, 비참함이 도시를 뒤덮었다. 1530년에는 흑사병과 더불어 '영국다한증English sweating sickness'이라 불리던 티푸스Typhus와 유사한 치명적인 열병까지 유행했다.

1만 명의 주민이 사는 뮌스터에서는 750명가량이 성당의 참사회원, 사제, 부사제, 수녀, 수도사 그리고 수련수도사와 수녀였는데, 주교를 위해 일했다. 더 높은 성직자들은 뮌스터 교구에 속한 토지에서 토지 사용료를 받고 있었다. 게다가 성직자들은 세금을 내지 않았기 때문에 어느 역사가가 기록한 것과 같이 "무절제한" 소비생활을 할 수 있었다. 이런 상황을 바탕으로 뮌스터의 시민계급이 종교개혁의 사상에 관심을 갖기 시작했다. 수공업자와 상인 길드[33]는 루터의 메시지에 깊이 공감했다.

---

33 중세 유럽의 동업자조합이다.

뮌스터의 개신교 운동에 앞장선 설교가는 마인츠에서 공부하고 조금 후에는 마르틴 루터의 협력자 필립 멜란히톤과 요하네스 부겐하겐과 교류했던 젊은 신학자 베른드 로트만Bernd Rothmann이었다. 그는 가난한 대장장이의 아들로 1532년 2월에 시민들의 추천을 받아 주교구의 지원을 전혀 받지 못하던 람베르티Lamberti 교회에 목사로 부임했다. 한 해 전에 황제 카알 5세가 주교와 시의회에 편지를 보내 로트만을 처벌하라고 명령했기 때문에 뮌스터 시민들의 이런 결정은 용기가 필요한 일이었다. 람베르티 교회에서 로트만이 한 설교는 일대 사건이었다. 그는 아주 명료한 문장으로 가톨릭교회가 당시 당연하게 행하던 '유료' 미사를 비난했으며 특히 죽은 이를 연옥에서 구해준다는 '고인을 위한 미사'를 신랄하게 비판했다.

개신교 지지자가 증가했다는 증거가 1533년 3월에 열린 의원 선거에서 명백하게 드러났으며 루터파 사람들이 시 정부를 이끌게 되었다. 그렇지만 로트만과 그의 많은 추종자들은 진정한 신앙을 찾기 위한 노력을 멈추지 않았다. 이들은 1525년에 취리히와 스트라스부르, 그리고 독일 남부에서 시작되어 빠르게 세력을 확장하던 재세례파 운동에 참여했다.

더 급진적인 행동을 주도한 것은 뮌스터에 새롭게 발을 들인 사람들, 나중에 '왕'이 된 얀 반 레이덴과 네덜란드 하를렘Haarlem의 제빵업자 얀 마티스Jan Matthys였다. 마티스는 암스테르담의 재세례파 운동에 참여했던 인물로, 자신이 세례를 준 레이덴을 제자로 삼고 1534년 1월에 뮌스터로 파견했다. 몇 주 뒤에는 그가 직접 와서 뮌스터가 바로 새 예루살렘[34]이라는 사실을 알리기 시작했다.

재세례파의 사상은 뮌스터에서 굉장한 호응을 얻었다. 계속해서 타락하고 부패했던 기존 권력층에게 쌓인 불만이 많았기 때문이다. 마티스가 도착했을 때는 뮌스터에 거주하는 성인의 4분의 1인 1400명의 시민이 재세례파로 개종한 상태였다. 이 새로운 신앙 공동체는 시민들에게 희망과 동시에 공포를 느끼게 만들었다. 왜냐하면 재세례를 통해 뮌스터가 '하느님의 도시'가 된다는 희망적인 설교 뒤에 세례를 받지 않는 사람은 모두 죽는다는 위협이 숨어 있었기 때문이다. 이런 광신적인 열기에 반대하는 많은 수의 가톨릭과 개신교 신자들이 도시를 떠났다. 1534년 2월 23일에 치러진 의원 선거로 이제 재세례파가 의회의 주도권을 잡게 되었다.

마티스는 뮌스터부터 시작하여 무력으로 세상을 바꾸어야 한다고 설교했다. 곧 그의 추종자들이 행동에 나섰다. 의원 선거 다음 날 이들은 우상 파괴 위원회를 조직했고, 성당과 수도원을 습격하여 모든 귀중품을 몰수했다. 광신자의 무리는 주교좌성당 참

---

34 요한계시록에 나오는 도시로, 종말에 예수가 재림하면 생겨날 영원한 나라를 뜻한다.

동전에 새겨진 재세례파 얀 반 레이덴의 모습이다.

사회원들의 집 또한 약탈했다. 당시 사건의 목격자는 겁에 질려 이렇게 썼다.

하인과 하녀들이 이제 자신들이 섬기던 주인이 쫓겨난 집에 살면서 주인의 소유물을 마음 내키는 대로 처분했다.

우상을 파괴한 다음 날 뮌스터의 어시장에 등장한 마티스는 가톨릭 신자와 개신교 신자, 그리고 재세례파를 반대하는 모든 사람이 죽어야 한다고 설교했다. 이 설교는 곧 군중 사이에 혼란을 일으켰다. 포목상 가문의 상인 베른드 크니퍼돌링Bernd Knipperdolling이 모여 있던 군중에게 재세례를 거부하는 사람들을

212

모두 몰아내자고 제안했다. 빠르게 개종하면 쫓겨나지 않을 수 있었다. 많은 이들이 압박을 이기지 못했고 사흘 동안 엄청난 숫자가 세례를 받았다. 작은 기독교 도시는 이제 요새가 되었다.

뮌스터와 오스나브뤼크Osnabrück의 주교, 프란츠 폰 발데크Franz von Waldeck는 폭동을 일으킨 도시를 포위하라는 명령을 내렸다. 무장한 주교의 군대가 성을 포위하고 참을성 있게 기다렸다. 뮌스터 내의 혼란은 당연히 매우 컸다. 극단적인 급진주의자 마티스는 공동체를 잘 이끌 것 같아 보이지 않았다. 게다가 2인자였던 레이덴은 마티스만 없으면 권력을 독차지할 수 있었다. 그때 레이덴에게 절호의 기회가 찾아왔다. 부활절을 맞아 마티스가 몇 명의 충성스러운 신도들과 함께 성 밖으로 나가 포위군을 개종시키기로 한 것이었다.

이 행동은 예상했던 결말을 가져왔다. 포위군은 이 광신자를 창으로 찌르고 머리를 베었다. 레이덴은 잠시 동안 슬퍼한 뒤 설교에 나섰다. 그는 하느님이 "다시 한 선지자를 세워 그를 통해 하느님의 의지를 드러낼 것"이라고 이야기했다.

그리고 자신이 바로 하느님의 의지를 드러낼 유일한 사람임을 의심하지 않았다. 레이덴은 '이스라엘 열두 지파의 장로 의회'를 설치하고 최고 권력 기관으로 삼았다. 의회는 뮌스터의 원래 주민과 외부에서 온 이민자들로 구성되었다. 기존 법들을 무력화하고 자신의 독재를 안전하게 유지하기 위한 전략이었다.

뮌스터 재세례파 사람들이 포위군에게 뿌린 전단지에는 "모든 재산은 모두가 공동으로 소유한다"라고 쓰여 있었지만, 열두 장로 의회는 결코 서민의 권력 기관이 아니었다. 이미 1532년에도 시 의원이었던 귀족과 지주, 금세공업자가 장로 의원이 되었다.

기존 명사들이 새 체제에서도 권력을 잡았다. 사회구조 역시 기존 구조를 계승했다. 역사학자 카알-하인츠 키르히호프Karl-Heinz Kirchhoff는 이렇게 요약했다.

> 뮌스터의 재세례파 공동체는 결코 사회적으로 극단적인 사람들이 모인 무리가 아니라, 당시의 평균적인 사회 구성을 그대로 답습한 집단이었다.

레이덴, 로트만 그리고 크니퍼돌링이 이들을 선동한 것이었다. 로트만이 순진한 민중에게 경고하는 '설교자'의 역할에 충실했던 반면, 크니퍼돌링은 반 레이덴의 통치에 충성하는 시민들의 '총독' 역할을 자처했다. 오랜 뮌스터 시민인 그가 이민자인 자신을 위협할 수 있었기 때문에 이를 방지하기 위해 레이덴 '왕'은 교묘한 수단을 택했다. 그 수단이란 민중이 모인 자리에서 크니퍼돌링을 사형 집행인으로 임명하는 것이었다. 이로써 이 상인은 사람들에게 공포의 대상이 되었으며 자연스럽게 명예도 잃어버렸다.

또한 공포정치를 정당화하기 위해 '왕'은 자신이 '정의의 깃발'을 흔들겠노라고 엄숙하게 맹세했다. 1535년 1월에 레이덴은 '왕'을 비난만 해도 사형에 처한다는 경고문을 발표했다.

누구든 반란을 일으키려는 자는 죽여야 한다.

공산주의적인 특징에도 불구하고 뮌스터 공동체는 부유한 계층을 자극하지 않기 위해 애를 썼기 때문에 공동재산을 위한 압박을 완화했으나 추방된 사람들의 재산은 예외 없이 몰수했다. 새로운 의회는 화폐를 없애고 물물교환을 시행했으며 부동산은 그대로 소유하게 했다. 시민들은 금과 은 등 귀금속을 모두 내놓아야 했다. 이것들로 레이덴은 '공공의 목적을 위해' 사용할 장신구를 만들어 착용했다. 다르게 말하면 '자신을 선전하고 사치'할 목적이었다. 반면 일반 세례교인들에겐 수수하고 소박한 차림을 하도록 지시했다. 그러나 그는 민중의 기분을 좋게 하는 방법도 잘 알았다. 많은 뮌스터 시민들이 좋아했던 것은 야외에서 열린 애찬식[35]이었다.

레이덴은 네덜란드의 하를렘 출신 미녀인 '왕비' 디바라Diwara와 함께 이 애찬식에 참석해서 시민들에게 빵 비슷한 과자와 맥

---

35 성찬식과 별도로 기독교인들이 모여 함께 음식을 먹으며 즐기는 예식이다.

주를 선물했다. 성경에 등장하는 가나안 혼인잔치[36]를 연상시키는 행동이었다. 왜냐하면 성 밖을 포위군이 지키고 있었기 때문에 도시의 식량이 점점 부족해졌기 때문이다.

또한 이 '왕'은 여성들에게 그전까지 일반적이었던 것과는 너무 다른 역할을 지시했다. 1534년 7월 23일 설교자 로트만은 그의 지시에 따라 일부다처제를 공표했다. 어떤 여성도 독신으로 지내면 안 되며 모든 남자는 둘 이상의 여성과 결혼할 수 있다는 내용이었다. 이것을 도입한 배경은 도시의 여성 비율이 굉장히 높았기 때문이다. 뮌스터에서 도망친 사람과 추방된 사람들 때문에 여성의 수가 남성의 거의 세 배에 육박했다. 하지만 일부다처제의 도입은 반대에 부딪혔다. 1534년 7월에 한 대장장이가 약 200명의 시민과 함께 반란을 일으켜 잠시 동안 레이덴과 크니퍼돌링을 감금했다. 그러나 재세례파 공동체는 반란자들을 진압하고 47명의 주동자를 처형했다.

여러 명과 결혼할 권리는 남성들만 가질 수 있었고 여성이 같은 권리를 요구하면 사형이었다. 그래서 1534년 9월에 뮌스터 여성 카타리나 코켄베커스Katharina Kokenbeckers는 두 명의 남성과 결혼한 죄로 처형당했으며 한 여성은 남편이 요구하는 '부부의 의무'를 수차례 거절했다는 이유로 죽어야 했다. 하지만 '왕'은 일

---

36 며칠씩 계속되는 혼인잔치에 포도주가 떨어지자 예수가 물을 포도주로 변하게 만든 사건이다.

부다처제의 좋은 면을 잘 이용할 줄 알았다. 그는 16명의 아내를 들였으나 동시에 '간통과 문란한 행동'을 비난했다. 재세례파 공동체는 성매매와 대중목욕을 엄하게 금지했다. 그러면서도 레이덴은 일부다처제가 하느님의 뜻이며 성경에 나오는 첫 번째 명령이라고 주장했다.

너희는 생육하고 번성하며 땅에 가득하여 그중에서 번성하라 하셨더라. ―창세기 9장 7절

뮌스터의 재세례파는 '옛 아담의 죽음'을 전했다. 새로운 인간이 곧 나타날 것이므로 기다리라는 내용이었다. 곧 뮌스터 남성들 사이에 이런 말로 여자를 유혹하는 일이 유행했다.

내 영혼이 그대의 육체로 들어가길 원한다.

또한 많은 남성이 일부다처제를 악용하여 어린 소녀를 강간했다. 많은 11세, 12세 그리고 13세의 소녀가 강제로 결혼을 해야 했고, 당시 심각한 폭행으로 인해 그중 15명가량이 의사의 도움을 받아야 했으며 네다섯 명은 죽었다는 기록이 남아 있다.

'왕국'의 명예를 떨어뜨리는 이런 일이 많았음에도 많은 뮌스터 시민들은 옛 제후들과 성직자들의 권력으로부터 도시를 지키

고자 했다. 그만큼 제후와 성직자들의 권위는 땅에 떨어져 있었다. 기록에 따르면 포위된 성의 주민들은 남자나 여자나 무척 열정적으로 방어벽을 쌓았다고 한다.

하지만 굶주림과 주민 이탈로 1535년 6월에는 대략 800명만이 도시를 수비하게 되었다. 그리고 6월 24일에서 25일로 넘어가는 밤에 무장한 3000명의 포위군이 도시를 공격했다. 어느 배반자가 성벽 안으로 들어가는 길을 알려준 것이었다. 가장 마지막까지 버틴 시민은 시장에 마차로 벽을 쌓고 며칠을 버텼다. 용병들은 무자비한 학살을 저질렀다. 설교자 로트만은 용병에게 붙잡혔으며 크니퍼돌링과 레이덴도 체포당했다. 이들은 다른 재세례파 지도자들과 함께 고문을 당했고 1536년 1월 22일에 중앙 광장의 무대 위에서 달궈진 쇠로 죽을 때까지 태워지는 형벌을 받았다.

용병대는 이들의 시체를 세 개의 철창에 넣어 람베르티 교회의 남쪽 탑에 매달았다. 어째서 죽은 '왕'을 철창에 가두고 공개했는지에 관해 1536년 1월에 헤센 목사 안톤 코르비누스Anton Corvinus는 신학자 게오르크 슈팔라틴에게 보내는 편지에 이렇게 썼다.

폭도들의 시체가 교회 위에 걸린 이유는 모든 불안한 영혼들에게 경고하고 두려움을 심어주기 위함입니다. 미래에 비슷한 일을 꾸미고 시도하지 않도록 말입니다.

글 우베 클루스만

218

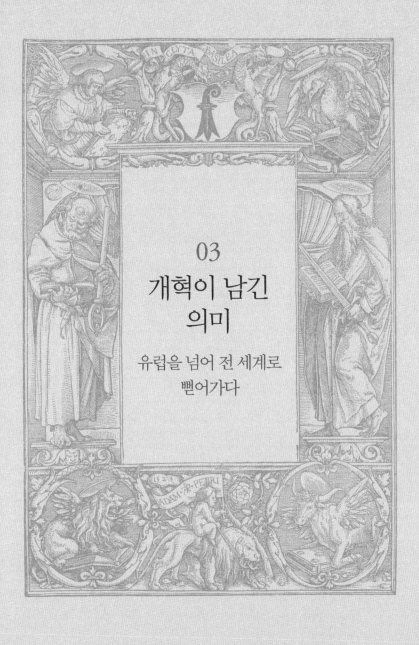

03
개혁이 남긴
의미

유럽을 넘어 전 세계로
뻗어가다

교황의 병사

반종교개혁 운동은 글과 무력을 동원하여 개신교와 싸웠다. 독일에서 가장 주도적인 인물은 예수회 신학자 베드로 가니시오였다.

 독일 가톨릭을 위한 투쟁은 퀼른의 작은 셋방에서 시작되었다. 1544년 5월에 8명의 '예수회' 회원이 성벽 건물에 생활 공동체를 만들었다. 독일어권에서는 최초의 예수회 회원들이었다. 이들은 아주 검소한 삶을 살면서 평생 성경을 연구하고 설교하거나 사제로 일했다. 이들은 아주 겸손했지만 개신교 운동을 막겠다는 분명한 목표를 추구했는데, 이 때문에 주변으로부터 미움을 받았다. 퀼른의 대주교로 있으면서 거의 30년간 자리를 지켜온 헤르만 폰 비드Hermann von Wied는 개신교를 옹호했다. 그는 예수회를 '악마 같은 부류'라 부르며 종교개혁을 방해하는 위험한 집단으로 여겼다. 시 당국도 처음에는 이 신설 수도회를 미심쩍게 지켜보았다. 퀼른에서는 곧 예수회를 비방하는 악의적인 시가 나돌았다. 젊은 사람들을 잘못된 길로 인도하며 "재산을 노리고 나이 든 여성들을 속인다"는 내용이었다.

예수회 회원들은 참고 견뎠다. 이들의 대변자 베드로 가니시오Petrus Canisius는 멈추지 않고 모든 종교개혁의 노력을 비판했다. 그는 또한 신성로마제국의 가톨릭 황제 카알 5세에게 간절한 내용의 편지를 세 차례나 보냈다. 편지는 효과가 있었다. 오랫동안 자리를 지키던 쾰른 대주교가 교황에게 파문당했고 1547년에는 도시에서 쫓겨났다. 이때부터 예수회는 역사에 반종교개혁이라 기록되는 가톨릭 운동의 주인공이 되었지만 오늘날 이 운동은 가톨릭 종교개혁이라고 불린다. 반종교개혁은 1517년 루터의 논제에 반발하여 시작되었고 글과 무력으로 개신교를 진압하는 것을 목표로 했다. 하지만 동시에 가톨릭 내부 개혁도 시작하여 가톨릭이 오래도록 유지될 수 있게 만들었다.

독일 가톨릭 개혁의 핵심 인물은 가니시오였다. 그는 1521년 5월 8일에 네덜란드의 님베겐Nimwegen에서 태어났다. 이날은 카알이 처음으로 종교개혁 운동에 대해 취한 정치적이고 법적인 조치인 '보름스 칙령'으로 루터의 법적 권리를 박탈하겠다고 결정한 역사적인 날이었다. 가니시오의 인생에 이 사건이 결정적인 영향을 미쳤는지도 모른다. 황제와 교황의 엄한 명령도 독일 여론이 모조리 루터에게 쏠리는 것을 막지 못했다.

가톨릭교회에 자체적인 내부 개혁은 피할 수 없는 일이 되었다. 1522년과 1523년에 열린 뉘른베르크 제국의회에 모인 제국의 권력자들은 교회 개혁을 도입하기 위해 '독일 연방의 자유 기독교 공의회'를 소집할 것을 요구했다. 그러나 공의회란 거만한 르네상스 교황[37]들에게는 끔찍한 단어였다. 이들은 열심히 쌓은 권력을 잃어버릴까 봐 두려워했다.

만약 교황이 나서서 개혁의 중심에 섰더라면 교회가 둘로 쪼개지는 일은 막을 수도 있었을지 모른다. 하지만 1523년 말에 선출된 메디치 가문 출신의 교황 클레멘스 7세는 이런 시대의 요구를 이해하지 못했고 1530년에 열린 아우크스부르크 제국의회에서 개신교와 가톨릭은 결국 서로 완전히 갈라섰다. 공의회의 소집을 강하게 요구했던 카알은 허망했을 것이다.

공식적인 조치가 없었기 때문에 이제 막 신설된 예수회 구성원들은 가톨릭의 내부 개혁을 떠안아야 했다. 스페인 바스크Basque 지방의 귀족 이그나티우스 로욜라Ignatius Loyola는 1534년 8월 14일에 파리에서 '예수회'를 창립했다. 예수회는 교회를 분열시킨 루터를 비판하고 가톨릭 신앙을 지키기 위해 헌신했다. 예수회에 가입하려면 무조건 교황에게 복종하겠다는 맹세를 해야 했다. 예수회 구성원은 청빈한 삶과 순결을 맹세했고, 폭넓은 사회 계층에 복음을 전하며 젊은 세대를 교육하기 위해 힘썼다.

이 시기의 독일 가톨릭교회는 절망적인 상황에 처해 있었다.

---

37 1440년에서 1520년까지의 르네상스 시기에 활동한 교황을 일컫는다.

종교개혁 운동이 제국 전역에 강하게 뿌리를 내렸고 가톨릭교회는 내부 분열의 조짐을 보였다. 보름스의 성당을 비롯한 대부분의 가톨릭 성당에서 루터의 교리를 드러내놓고 가르쳤지만 주교들은 간섭할 엄두를 내지 못했다.

이그나티우스는 독일로부터 도와달라는 요청을 계속 받고 있었다. 루터를 공격한 인물로 자주 묘사되는 이 예수회 창시자는 그때부터 알프스 위쪽의 제국을 예수회가 활동해야 하는 중요한 지역으로 삼고 이 '이단자'와 싸울 수 있는 사람을 준비시켰다. 이그나티우스가 선택한 인물은 1543년에 독일어권 신자로는 처음으로 예수회에 가입한 가니시오였다.

가니시오는 쾰른에서 철학과 신학을 공부했고 매우 독실한 신자였다. 그는 아버지의 뜻과 달리 반드시 신학자가 되고 싶었다. 그의 좌우명은 "인내하라Persevera!"였다. 이 똑똑한 신학자는 교황의 새로운 정예군이 된 예수회 수도회에 매료되었다. 그의 개인적인 목표도 일반 대중에게 말씀을 전하고 로마의 이름으로 가톨릭 신앙을 전하는 것이었다. 그때부터 가니시오는 그가 쓴 것처럼 '모든 경건함이 멸시당하는 야만적인 시대에' 십자가 전쟁을 치르기로 자신을 헌신했다. 그는 쾰른에 예수회가 잘 정착할 수 있도록 부친에게 상속받은 유산을 내놓았고 1546년에는 사제 서품을 받았다. 쾰른의 대주교와 겨뤄서 승리한 후에 이그나티우스는 가니시오를 잉골슈타트에 보내 대학의 총장을 맡겼다.

이 시기의 독일의 가톨릭 교육 시설은 황량한 상태나 다름없었다. 구시대의 낡은 교수법이 계속 사용되었으며 적절한 강의 교재도 없었다. 잉골슈타트는 학문적 수준도 뒤처져 있었지만 예의 범절 같은 교양과 경건함도 찾아보기 힘들었다. 매일같이 학생들의 싸움판과 술판이 벌어졌다. 아침 기도 시간에 나타나는 학생은 손에 꼽을 정도였다.

총장이 된 가니시오는 많은 개혁을 추진했다. 물론 그것으로는 충분하지 않았다. 그는 교황에게 편지를 써서 좋은 설교가와 저명한 신학 교수, 재능 있는 작가와 대중에게 인기 있는 사제를 독일에 보내달라고 부탁했다.

"왜냐하면 일반 대중에게는 신뢰를 얻고 동시에 결정권을 가진 이들에게는 인정과 호의를 받기 위함입니다"라고 그는 썼다.

독일의 예수회 지도자는 가톨릭이 개신교와 싸워 이기는 방법은 철저히 교육하는 방법밖에 없다고 확신했다. 예수회는 곧 교육 시설을 본격적으로 늘리기 시작했다. 가니시오는 황제와 가톨릭 왕가의 보호 아래 있는 지역 위주로 학교를 설립했다. 단 몇 년 만에 빈과 프라하, 뮌헨과 쾰른을 비롯한 도시에 10개의 대학이 세워졌다.

새로운 대학은 등록금을 받지 않았으며 가난한 사람도 누구나 들어갈 수 있었다. 가니시오는 적절한 교수진을 배치하고 학칙을 만들었다. 예수회의 교육 방침은 일단 일반 학생에게 맞춰졌으며 포괄적인 교양 교육과 가톨릭 교리를 통합시켜 제공했다. '개인의 존중' 혹은 '정의 실현'과 같은 교육 목표가 바탕이 되었다.

강의 내용은 시대에 뒤처지지 않고 흥미를 유발하는 방식으로 전달되었다. 학교 연극인, 이른바 '예수회 연극'은 세속적인 연출을 활용하여 무대를 꾸몄다. 연극의 내용은 청중의 신앙을 성장시키는 동시에 가톨릭을 선전해야 했다. 수많은 배우와 정성이 들어간 무대 장식, 그리고 음악은 웅장한 감동을 만들어냈고 가니시오에게는 해피엔딩까지 가져다주었다. 연극만큼은 가톨릭교회가 개신교보다 낫다고 평가받았던 것이다.

현실에선 종교개혁 운동이 훨씬 더 앞서나가고 있었다. 가니시오는 개신교의 주력 무기로 개신교를 공격하기로 했다. 여론에 호소하는 방식이었다. 그래서 루터처럼 당시 가장 현대적인 대중 매체였던 책을 이용했다. 그는 "인간이 자신의 손으로 할 수 있는 최고의 일은 경건한 책을 쓰는 일이다"라고 썼다. 예수회는 개신교의 공격적인 문학에 대대적인 공격을 퍼붓기 위해 인쇄소들을 지었다.

그러나 가니시오의 반종교개혁 조치는 항상 가톨릭의 내부 개혁과 함께 이루어졌다. 그는 이단자들을 "잡초 뽑듯이" 제거하라고 지시하면서 동시에 가톨릭 성직자의 부정한 행실을 비판했다. 그는 가톨릭 사제들의 "무절제한 식탐"과 "깊이 생각하지 않는 습관" 그리고 "지식의 부족"이 무척 당황스럽다고 기록했다.

그동안 로마교황청도 교회 개혁이 절실히 필요하다는 사실을 깨달았다. 1534년에 선출된 교황 바오로 3세Paul Ⅲ는 개혁적인 인사들을 추기경단에 임명하고 개혁위원회를 설치했다. 그 때문에 교회의 내부 징계가 시작되었다. 가톨릭 이탈자들을 처벌하기 위해 교황 바오로는 바티칸 내에 교황 직속의 상설 종교법원을 두었다. 불온한 글들은 즉각 '금서 목록'에 추가되었다.

1541년 레겐스부르크 제국의회에서 교회 조직에 관한 문제로 또다시 가톨릭과 개신교 측 신학자들의 의견이 갈라지자 마침내 교황은 그토록 고대하던 공의회를 소집했다. 모든 공의회 참가자들에게 교황은 종교적 분열을 피하고 교회를 개혁할 것을 부탁했다. 트리엔트Trient 공의회는 1545년 12월 13일에 시작되었고 수차례 중단되는 바람에 18년 동안 계속되었다. 그러나 곧 모든 의회 참가자들은 이 회합이 교회 분열을 막아줄 수 없다는 결론을 내려야 했다. 소수의 개신교 대표가 공의회 초기에만 모습을 드러냈고, 루터의 추종자들은 아예 공의회를 멀리 했다.

결국 개신교를 엄격하게 제한하는 독단적인 문서가 작성되었다. 교황의 권위를 인정하고, 성사에 관한 루터의 교리는 거부하며, 초대 교부들의 글도 성경과 동일하게 신앙의 기준으로 여겨져야 한다는 내용이었다. 또한 공의회는 가니시오의 생각과도 일치하는 혁신적인 교회 개혁에 동의했다. 새로운 신학교를 세워 가톨릭 사제들에게 제대로 된 교육을 제공하고, 한 성직자가 여러 개의 교구를 관리하는 것을 금지하고, 불법적인 면벌부 판매는 처벌하기로 결정했다. 또한 공의회의 결정은 주교들이 자신이 관할하는 교구에만 주거하며 더 나은 신앙생활과 목회를 위해 힘쓰도록 강제했다.

1562년에는 가니시오도 공의회에 참석했다. 황제 페르디난트 1세의 중요한 조언자로서 그는 금서 정책을 완화하자고 제안했다. 공의회가 너무 일찍 중단되지 않은 것은 어느 정도는 가니시오의 능숙한 외교 수완 덕분이었다. 황제와 교황의 사절단이 성직자의 결혼, 평신도의 양형 영성체, 그리고 주교의 임명 문제로 다투기 시작했을 때 가니시오가 중재자의 역할을 잘했기 때문이다.

220명의 교부들이 동의한 트리엔트 공의회의 개혁헌장은 가톨릭 개혁의 이정표나 다름없었다. 하지만 공의회를 통해 교회의 분열은 완전히 굳혀졌다. 역사학자 하인리히 루츠Heinrich Lutz는 로마가 루터의 질문에 답하는 대신 "오로지 방어의 뜻"을 내밀었다고 평가했다.

가니시오는 독일 주교들에게 개혁 명령을 전달하고 즉시 실행하라고 재촉했다. 반종교개혁의 정신을 퍼뜨리는 데는 그 자신이 행동에 나섰다. 그는 루터의 가르침이 전파되는 것을 저지하기 위해 교리문답이라고도 부르는 신앙 안내서를 썼다. 가니시오의 교리문답은 가톨릭 신앙을 해당하는 성경 구절과 더불어 빠짐없이 요약한 것으로 100만 부가량이 판매되었다.

이와 동시에 가톨릭교회의 경건 행동이 독일 전역에 다시 모습을 드러냈다. 성물과 성지를 참배하는 행렬은 개신교를 향한 시위 운동이 되었다. 주교들은 루터가 경멸하는 성인숭배, 고해성사, 화려한 퇴마의식을 권장했다. 가니시오도 귀신을 쫓아내는 일로 유명했으며 마녀를 "그리스도인의 적"이라고 표현하고 색출하려 애썼다.

예수회가 말과 글을 통해 종교개혁가들과 싸운 반면 가톨릭의 고위 성직자들은 세속 권력자들과 동맹을 맺었다. 공의회가 계속되던 시기인 1546년에 이미 황제 카알은 제국에서 개신교를 옹호하는 제후들을 강제로 굴복시켰다. 16세기 말에 비텔스바흐Wittelsbach 왕가가 다시 가톨릭으로 돌아온 뒤 수많은 개신교 지역, 특히 독일의 남서부 도시들이 개신교를 포기했다.

가니시오는 가톨릭의 군주들에게 "이단의 지도자"를 막으려면 형법을 적용해야 한다고 끊임없이 권고했으나 정작 자신은 충돌을 피하고 공정하게 토론하며 화해하는 편을 택했다. 가톨릭 진영에선 루터를 "태어난 자 중에서 가장 악한 자" 혹은 "음란한 황소"라고 비방하는 일이 자주 벌어졌으나 가니시오는 개신교를 향해 그런 종류의 치사하고 모욕적인 비난을 하지 않았다. 하지만 결국 둘로 쪼개진 신앙고백이 결코 다시 하나로 합쳐질 수 없다는 사실을 직시해야 했다. 그는 종교개혁이 불화와 혼란을 가져왔다고 지적하며 오직 가톨릭교회가 인정하는 신앙만이 진리라고 썼다.

　가니시오는 1597년 12월 21일에 스위스에서 눈을 감았다. 그는 교황의 병사로서 독일의 토이토부르크Teutoburg 숲부터 시칠리아로, 벨기에에서 폴란드로 이동하며 유럽 전역을 누볐다. 그가 생전에 이동한 거리는 5만 8000킬로미터에 달한다. 하지만 죽기 직전에는 그 자신이 기록했듯이 "즐거웠던 옛날"을 자주 떠올리며 회상에 잠겼다. 쾰른의 작은 셋집에서 종교적인 투쟁을 시작했던 시절의 추억을 말이다.

글 펠릭스 보어

"권력이 모든 것의 중심이다"

교황은 루터의 반박 논제에 어떻게 대응했을까? 독일 역사연구소장을 지낸 비교역사학자 미하엘 마테우스의 대답이다.

 슈피겔 종교개혁이 시작된 가장 중요한 시기에 메디치 가문 출신의 교황 레오 10세가 로마 가톨릭교회의 운명을 쥐고 있었잖아요. 그는 비텐베르크의 반항적인 수도사에게 얼마나 관심을 보였나요?

마테우스 그는 사실 거의 관심이 없었습니다. 그의 사촌 줄리오 데 메디치Giulio de' Medici와 주고받았던 편지의 내용만 봐도 알 수 있는데요. 메디치는 교황을 보좌하는 추기경이 되어 강한 정치적 영향력을 행사하고 신성로마제국과도 끊임없이 편지를 주고받은 인물입니다. 두 사람의 편지에 루터는 단 한 번 등장합니다. 1518년에 아우크스부르크에서 토마스 카예타누스Thomas Cajetan 추기경이 그를 심문한 이야기로 말이죠.

슈피겔 그러면 교황은 무슨 생각을 하고 있었을까요?

마테우스 그의 관심은 오로지 메디치 가문의 권력을 지키는 데 쏠려 있었습니다. 피렌체에서 추방당한 메디치 가문은 몇 년이 지난 1512년이 되어서야 다시 피렌체에 입성할 수 있었거든요. 레오 10세는 프랑스 왕과 협력해서 피렌체의 통치권을 넘겨받았지요. 그 당시 메디치 은행이 다른 이름으로 프랑스에서 몰래 진행하던 사업에도 신경을 쓰고 있었습니다. 게다가 조카 로렌초에게 영토를 마련해주기 위해 고심한 끝에 우르비노Urbino 공국과 직접 전쟁을 치르기도 했습니다.

슈피겔 하지만 로마 가톨릭의 수장이라면 유럽 전체를 관리해야 했을 텐데요.

마테우스 물론 그랬습니다. 하지만 레오 10세는 변함없이 메디치 가문의 이익을 추구했습니다. 합스부르크 가문에 밀리지 않기 위해 프랑스 왕과 좋은 관계를 유지했어요. 당시 합스부르크는 독일과 스페인을 통치했으며 이탈리아에서도 강한 영향력을 떨치고 있었으니까요.

슈피겔 1519년에 합스부르크 출신의 황제 막시밀리안이 죽자 온

갖 협박과 거래가 시작되었잖아요.

마테우스 사실 그 전부터 그랬습니다. 왜냐하면 막시밀리안 황제에게 문제가 있었거든요. 그는 진정한 황제가 아니었고 단지 '선출된 황제'라는 명분만 지닌 로마 왕[38]이었습니다. 그는 마지막까지 교황에게 황제의 대관을 받기 위해 노력했으며 손자인 카알 5세를 독일 왕의 자리에 앉히고 싶어 했습니다. 하지만 레오 10세는 이 두 가지 소원을 모두 들어주지 않았어요. 막시밀리안 황제가 죽자 바티칸은 드디어 젊은 카알을 완전히 누르고 작센의 선제후에게 황제의 관을 줄 기회를 얻었습니다. 현명공 프리드리히가 교황의 선택을 받을 줄 누가 알았을까요? 만약 루터의 선제후가 로마 왕이 되고 신성로마제국의 황제가 되었다면 어떤 일이 일어났을지 한번 생각해보는 것도 즐겁겠네요.

슈피겔 종교개혁은 시작도 하기 전에 진압될 수도 있었나요?

마테우스 가능한 이야기이긴 합니다만 추측에 불과하지요. 진실을 파헤치다 보면 갑자기 전혀 다른 이야기가 튀어나올 때가 있

---

[38] 로마 왕은 차기 황제를 부르는 말이었다. 7명의 선제후가 선출한 차기 황제는 로마 왕으로 불리다가 아헨에서 대관식을 치르고 독일 왕이 되며, 독일 왕은 교황의 대관식을 치러야 마침내 신성로마제국의 황제가 될 수 있었다.

습니다. 프리드리히가 신학 교수인 루터를 보호하며 기독교의 분열이 시작되는데도 아무 조치도 취하지 않은 사실은 바티칸도 알고 있었습니다. 하지만 레오 10세는 아마도 얼마나 많은 신학적인 폭탄이 독일에 쌓여 있었는지 잘 몰랐던 것 같습니다. 독일에서 시작된 루터의 이단 재판은 매우 오랜 시간을 끌었습니다. 그의 반항이 정치적으로 그다지 중요하지 않았기 때문입니다. 그러다 1518년과 1519년에 루터가 엄청난 인지도를 얻는 데 성공합니다. 그가 쓴 종교개혁에 관한 글들이 연이어 출판되며 독일 전역으로 메아리처럼 퍼졌습니다. 교황이 허용해준 틈새를 굉장히 잘 이용한 셈이죠.

슈피겔 마음에 드는 왕을 선출하려던 레오 10세의 계획은 실패했습니다. 결국 카알이 왕좌에 오르고 말았잖아요.

마테우스 그러고 나서 루터 재판이 다시 열리기까지는 그리 오래 걸리지 않았습니다. 로마를 움직이는 힘을 자세히 관찰하면 참 재미있습니다. 정말 중요한 요소가 쾰른과 네덜란드의 루벵Löwen 대학, 그리고 아우크스부르크를 단단히 연결하고 있던 네트워크인데요. 이 네트워크에는 저명한 교수들과 도미니크회 지도자들, 그리고 은행가들이 있었습니다. 제국의 중추였던 이들은 로마교황청, 그러니까 교황의 행정 조직에 있는 지인들과 긴밀한 관계를 유지하고 있었어요. 이 지인들은 특히 로마에 있는 '독일 민족 교회'인 산타마리아델아니마Santa Maria dell'Anima 성당의 사람들이었습니다.

슈피겔 어떤 사람들이었나요?

마테우스 대표적인 인물은 빌헬름 폰 엔켄보어트Wilhelm von Enckenvoirt, 요한 잉엔빙켈Johann Ingenwinkel 그리고 요하네스 징크Johannes Zink입니다. 이 세 사람이 어쩌면 가장 중요한 위치에 있었는지도 모릅니다. 징크는 1501년부터 푸거 가문의 '중개자'로, 그러니까 은행 가문의 대리인으로 로마에 거주하면서 가문의 사업들을 잘 운영했습니다. 1515년부터는 교황청 사무국 서기라는 무척 유리한 자리에서 일을 했지요. 그는 로마의 성직록 시장을 이용하는 법을 굉장히 잘 알았습니다. 성직록이란 교회의 성직자에게 주어지는 수입이지요. 하지만 녹을 받는 사람은 대개 이 수입을 직접 사용하지 않고 대리자를 통해 처리합니다. 독일 잔텐Xanten 출신의 잉엔빙켈은 교황청의 핵심 관리였는데 성직록을 축적하는 데 아주 능통했습니다. 마지막으로 엔켄보어트는 유서 깊은 브라반트의 귀족 가문에서 태어났으며 로마에서 돌풍 같은 기세로 커리어를 쌓고 있었습니다. 1500년부터는 엔켄보어트 역시 푸거 가문의 거래에 관여하여 이익을 얻기 시작했습니다.

슈피겔 이런 사람들은 많은 중요한 사람들과 가까이 지냈을 것 같네요.

마테우스 물론입니다. 유명한 인문주의자였고 제국 기사였던 울리히 폰 후텐은 로마를 여행한 뒤에 이렇게 썼습니다.

나는 징크 그 작자가 굉장한 열정으로 일하는 모습을 보았다. 푸거 가문이 나중에 더 비싸게 팔 것들을 교황에게 사들이고 있다. 이들이 교서를 내리고, 면벌부 대금은 푸거 은행으로 들어간다. 푸거 가문은 로마에서 모든 것을 가능하게 하는 유일한 통로다.

징크는 유명한 면벌부 판매를 위한 조건 협상에도 관여했습니다. 마인츠의 선제후 알브레히트 폰 브란덴부르크와 레오 10세를 중개한 것이죠. 이 푸거 가문의 중개인은 특히 교황에게 돌아가는 몫이 많아지도록 손을 썼습니다.

슈피겔 루터와 그의 논제는 징크와 엔켄보어트, 잉엔빙켈 같은 사람들에게 수입과 지위를 위협하는 존재였을 것 같은데요.

마테우스 그렇습니다. 이들은 처음부터 루터를 반대했어요. 그리고 이들의 네트워크가 깊이 뿌리내린 도시, 바로 쾰른과 루벵에서 1519년에 루터의 글을 처음으로 불태우기 시작했습니다. 이들이 속한 보수적인 집단이 얼마나 순식간에 결집했는지 루터 논제가 나오기 전 굉장한 논쟁거리였던 로이힐린의 경우를 보면 알 수 있습니다. 요하네스 로이힐린Johannes Reuchlin과 루터의 이단 재판은 부분적으로 서로 긴밀하게 연관되어 있습니다.

슈피겔 인문주의자 로이힐린은 16세기 초에 쾰른에서 벌어진 신학 논쟁에서 유대 문서들을 기독교의 유산으로 봐야 하며, 따라서 유대 문서를 불태우면 안 된다고 주장했던 사람입니다. 그는 고소당했고 1513년에 종교재판이 열렸습니다.

마테우스 이 사건은 그야말로 이상합니다. 로이힐린은 처음에 아무 판결도 받지 않았습니다. 레오 10세가 모든 관계자에게 침묵을 지시했어요. 로이힐린을 공격하는 사람들이 계속 소란을 만들었는데도 말이에요. 한편 로이힐린 측은 루터 진영과 교류를 시작했습니다. 1518년에 로이힐린은 비텐베르크의 교수직을 제안받은 적이 있는데 이를 거절하면서 자신을 대신해 조카의 아들인 필립 멜란히톤을 추천했습니다.

슈피겔 1518년부터 1519년까지의 이 기간 동안 이제껏 푸거 가문의 지원을 받고 있던 성직자 네트워크는 압력을 줄이기 시작했습니다. 교황이 결정할 사안이 없다고 생각했던 것 같아요.

마테우스 특히 앞에서 이미 이야기한 왕의 선출 문제에서 말이지요. 하지만 이제 제국 정치는 바티칸의 수장이 결정할 문제가 되었고, 레오 10세에게 사소한 신학적 말다툼에 불과했던 종교 논쟁은 나중에 천천히 처리해도 되는 사안이었지요. 그때 보수 세력이 신학 논쟁을 해결하라고 다시 교황을 압박했습니다. 1520년 6월 15일 교황은 루터에게 파문을 경고하는 교서 「주여, 일어나소서Exsurge Domine」를 내렸고 일주일 후에는 로이힐린에게도 다소 너그럽긴 했으나 판결이 내려졌어요. 유대인의 글을 변호하는 로이힐린의 풍자서 『안경Augenspiegel』은 이후 판매와 읽는 것이 모두 금지되었습니다.

슈피겔 로마에서 활동한 이런 루터와 로이힐린 반대자들 개개인의 영향력이 얼마나 대단했는지 자세히 알 수 있나요?

마테우스 저희도 그 부분을 연구하는 데 어려움을 겪고 있습니다. 로마에 있는 독일 역사 연구소에서 진행하는 큰 사업이 있습니다. '게르만 색인Repertorium Germanicum' 프로젝트인데 현재 온라인으로도 열람이 가능하고 1378년부터 종교개혁 시대까지의 바티칸의 각종 등록부와 행정 문서들을 찾아볼 수 있습니다. 특히 독일제국 지역에서 교황에게 보냈던 모든 청원과 편지, 그리고 인물 임명과 재정에 관련된 서신이 여기에 포함되어 있습니다. 그래서 약 한 세기가량은 정보가 존재하지만 나머지 역사는 자료가 부족해서 연구가 더딘 상황입니다. 저는 우리가 만일 이런 방대한 자료를 완전히 갖출 수 있다면 중요한 역사적 의미가 담긴 여러 의문을 더 잘 풀어낼 수 있을 것이고 루터에 관해 로마에서 일어난 일도 잘 알 수 있게 될 거라 생각합니다.

인터뷰어 디트마르 피이퍼

미하엘 마테우스 Michael Matheus

1953년생으로 마인츠 대학에서 비교역사학을 가르치고 있다. 그는 2002년부터 2012년까지 로마에 있는 독일 역사연구소 소장을 역임했으며 2017년에 만하임과 바티칸에서 개최되는 전시 〈교황과 라틴 세계의 통일 Die Päpste und die Einheit der lateinischen Welt〉을 기획한 두 명의 학술 책임자 중 한 사람이다.

세속정부의 검

종교개혁이 정치적으로 유리하다고 판단한 독일의 제국 영주들은 종교개혁 운동에 앞장섰고 가톨릭 황제 카알 5세를 위협하는 강력한 세력을 형성하게 되었다.

 처음에는 거칠고 사납고 과격했다. 세상의 질서를 심하게 흔들기로 작정한 마르틴 루터가 쓴 글이다.

그리스도인은 모든 것에서 자유로운 자신의 주인이며 누구에게도 예속되지 않는다.

그리고 이 용감한 수도사에게 많은 이들, 그중에서도 특히 아무것도 잃을 것이 없는 이들이 세상의 체계를 흔들 수 있는 용기를 얻었다.

이곳저곳에서 가톨릭교회 지도층의 허풍과 사치, 편견에 신물이 난 신학자들이 혁명적인 모임을 만들었다. 독일 남부와 중부 지방에서는 농민들이 들고 일어났다.

그러나 제후들이 농민 봉기를 진압하고 과격한 신학자들을 고문하고 처형함으로써 루터의 종교개혁은 아직 연약한 혁명적인 근원을 쳐냈다. 이들은 온건파와 손을 잡고 종교개혁을 퍼뜨리기보다 세속의 권력자들과 연합하는 쪽을 택했다. 독일 제후들에게 교황과 로마교황청을 향한 비판은 현실 정치의 권력 경쟁에서 아주 중요한 수단이었다. 그리고 이것이 독일 신성로마제국을 완전히 뒤바꿀 것이었다.

작센의 선제후와 헤센의 백작 같은 귀족들은 정치적 야심을 이루기 위해 종교를 활용할 수 있다는 사실을 무척 좋게 여겼다. 때때로 독일 제후들이 루터파 종교개혁을 지지한 이유가 단순한 경제적 이유 때문인 적도 있었다. 황제가 주도하는 전쟁에 참가하려면 엄청난 비용을 출자해야 했는데, 궁에서 체면을 유지하며 살기 위해서도 이미 많은 비용이 나가고 있었다. 루터를 지지한 이후부터 제후들은 거리낌 없이 주교구 성당과 수도원을 폐쇄하고 여기 속한 재산을 몰수할 수 있었다.

제후들과 연합하기 위해 종교개혁 운동은 격렬한 투쟁을 내려놓고 근본주의자에서 현실주의자로 모습을 바꾸었다. 그리고 계속 복음을 급진적으로 해석하는 자들은 주변으로 밀려났으며 말썽꾸러기로 여겨졌다. 이런 방향을 주도적으로 이끈 인물은 총명하고 제후에게 충성했던 인문주의자 필립 멜란히톤이었다. 그는 이런 글을 썼다.

권력자에게 검은 이유 없이 주어지지 않는다. 이들은 하느님의 종으로서 악한 사람들에게 복수하고 이들을 처벌하는 역할을 수행한다. 하지만 권력 아래 있는 사람들에게도 위로가 되는 것은 하느님이 권력에 복종하는 자들을 칭찬하고 이들이 권력자에게 한 선한 일들을 드러내준다는 사실이다.

봉건제도를 하느님의 명령이라 설명하는 개신교의 교리는 독일 군주들의 마음에 쏙 들었다.

작센의 선제후가 교황의 추적에서 루터를 숨겼던 장소인 아이제나흐 근처의 바르트부르크에는 19세기의 역사적인 그림이 오랫동안 걸려 있었다. 화가 루카스 크라나흐의 화실을 나타낸 그림으로 예술가는 종교개혁가이자 그의 친구였던 마르틴 루터의 초상화를 그리고 있고 크라나흐 뒤에 멜란히톤이 왼손에 책을 편 채 서 있다. 크라나흐가 그림을 그리는 동안 멜란히톤이 책의 내용을 읽고 있다.

이 그림은 멜란히톤을 아이디어를 제공하며 배후에서 조종하는 인물로 그려냈다. 멜란히톤은 그 시대의 천재였다. 선제후가 다스리던 팔츠의 무기 장인의 아들로 태어난 멜란히톤은 어릴 때 그리스어와 히브리어를 배웠으며 일찍부터 수학과 천문학, 고전과 인문학을 섭렵했다. 그는 12세에 하이델베르크 대학을 다니기 시작했고, 15세에 튀빙엔Tübingen 대학에 들어가 학생 신분으로 소규모 강의를 열기도 했다.

그의 꿈은 인문주의자 에라스무스 폰 로테르담처럼 되는 것이었다. 1516년에 19세에 불과했던 멜란히톤이 로마 고전 시에 관한 첫 학술 논문을 출판했을 때 에라스무스는 이 젊은 연구자에게 칭찬을 아끼지 않았다.

얼마나 예리한 글인가! 얼마나 명쾌하고 우아한 논리인가! 이 폭넓은 학식을 보라! 진정 보물 같은 재능이 녹아 있는 장엄한 작품이다!

2년 뒤에 멜란히톤은 작센의 선제후가 세운 비텐베르크 대학의 그리스어 교수가 되었고 당시 대학 시스템을 개선하기 위해 애쓰던 루터와 만났으며 그의 신학과 종교개혁을 접하게 되었다. 두 사람은 특이한 조합이었다. 루터는 거칠고 직설적이었으나 창백하고 마른 몸의 멜란히톤은 감성적이며 온화한 성격이었다. 하지만 두 사람은 서로를 훌륭하게 보완했다. 루터는 자신과 멜란히톤의 다른 기질을 이렇게 표현했다.

필립도 찌르긴 하는데 송곳과 바늘만 사용하는 반면, 나는 창으로 찌르는 편이지.

루터가 1519년에 자신의 논제에 관해 교황의 충성스러운 신학

교수인 요하네스 에크와 논쟁을 벌이기 위해 라이프치히로 갈 때 멜란히톤도 동행했다. 창과 손도끼를 손에 든 200명의 학생들이 경호원처럼 두 사람을 둘러싸고 호위했다. 에크는 능수능란한 언변으로 루터를 몰아붙였으며 논쟁 이후에는 루터를 이단자로 만들기 위해 갖은 수단을 동원했다. 그로부터 2년 후 루터는 파문당하고 추방당했으며 몸을 숨겨야 했다. 이 기간 동안 멜란히톤이 루터를 대신해서 황제와 교황청을 마주해야 했다. 1529년에 멜란히톤은 슈파이어 제국의회에서 개신교의 가장 중요한 조언자 역할을 했다.

16세기에 열린 제국의회는 귀족과 고위 성직자, 그리고 자유 제국 도시의 군주들이 모이는 총회로, 정해진 회기 없이 황제가 임의로 소집하며 슈파이어, 보름스, 아우크스부르크와 같은 다양한 도시에서 열렸다. 총회는 몇 주간 혹은 몇 달간 지속되었다. 왜냐하면 의회 의원단의 지루하고 복잡한 투표 과정을 통해 의제에 대한 결정문이 작성되었기 때문이다.

1529년 4월 중순에 멜란히톤이 슈파이어의 회의장 마당을 밟았을 때는 제국의 분위기가 또다시 매우 혼란스러운 시점이었다. 당시 종교개혁은 계속해서 많은 성공을 거두고 있었다. 스위스 도시 바젤은 개신교도들이 바젤의 대성당에 몰려가 성화들을 모조리 파괴하고 난 뒤 교황을 향한 충성을 철회했다. 며칠 뒤에는 자유 제국 도시 스트라스부르 의회가 성당의 미사를 폐지했다.

반면 이제 황제 카알 5세는 종교개혁 운동을 확실하게 중지시키기로 결심했다. 그는 동생인 페르디난트 대공에게 제국의회를 맡기며 종교개혁의 대변자들에게 강력하게 대응하라고 지시했고 황제를 따르지 않는 제후들에게는 제국 추방령으로 위협을 주었다. 재산을 몰수하고 귀족의 특권을 모두 빼앗겠다는 뜻이다.

교황에게 충성하는 다수의 제국의회 참가자들은 황제의 제안을 받아들였지만 소수의 개신교 제후들은 추방령의 위협에도 불구하고 단호하게 반발했다. 이 복음주의자들은 양심에 따른 종교 선택의 자유를 요구했다.

하느님의 영광을 위해 모든 사람은 하느님 앞에 직접 서서 죄를 고백해야 한다. 하느님의 도움으로 우리는 하느님의 모든 말씀과 성스러운 복음만 설교할 것이며, 그렇지 않은 내용은 전하지 않을 것이다.

5명의 영방 제후와 14개의 도시국가가 서명하여 제출한 항의문의 내용이다. 이 사건 이후로 이들은 이탈자가 아닌 다른 이름을 갖게 되었고 오늘날까지 개신교는 프로테스탄트Protestant(항의자)라고 불린다.

그렇지만 이 제국의회에서 개신교 대표들이 할 수 있는 것은 항의밖에 없었다. 이제부터 다수인 가톨릭 측의 결정을 황제의 군대가 언제라도 무력으로 밀어붙일 수 있다는 현실을 받아들여야 했다. 멜란히톤이 어떻게든 황제와 교황을 설득할 수 있을 것이라고 믿었던 반면, '용맹한' 헤센의 필립은 종교전쟁을 준비하기 시작했다. 그는 비밀리에 온건한 루터파와 스위스의 종교개혁가 훌드리히 츠빙글리Huldrych Zwingli를 중심으로 하는 급진파를 모아 강력한 반가톨릭 연맹을 만들기 위해 움직였다.

전제조건은 양측의 종교개혁가들이 서로를 향한 신학적 논쟁을 단념하는 것이었다. 필립 같은 제후에게는 루터의 주장처럼 성만찬에서 그리스도가 공동체에게 실제로 나타나거나 츠빙글리의 생각처럼 성찬식이 순수하게 상징적인 신앙고백의 행위이거나 아무 차이가 없었다.

하지만 바로 이 문제 때문에 스위스의 알프스부터 독일 북쪽의 발트 해까지 이어지는 거대한 반교황 동맹을 만들려던 필립의 계획은 무산되고 말았다. 1529년에 마르부르크에서 열린 나흘간의 종교회담에서 루터와 츠빙글리가 입장을 고수하면서 종교개혁 진영은 둘로 갈라졌다.

루터와 함께 마르부르크에 왔던 멜란히톤은 황제를 공격하기 위한 비밀회동을 무척 싫어했다. 통치자의 권력이 정당하다고 믿었던 그는 곧 불복종의 반란이 있을 것이라 예감했다. 황제에게 저항하는 것이 그리스도인에게 옳은 일인지 묻는 작센의 선제후에게 멜란히톤은 이렇게 대답했다.

저항은 하느님의 명령을 거역하는 일입니다. 그리스도인은 반항하지 않고 순종하며 인내해야 합니다. 황제가 자신의 약속을 지키지 않는다고 해도 그의 신하들에게는 그를 비난할 권리가 없습니다. 그럼에도 저항하기로 작정한 사람은 복음을 진지하게 생각하지 않는 사람입니다.

하지만 황제 카알은 복음주의 제후들에게 내리려던 군사적인 처벌을 거두어야 했다. 관용을 베푼 것이 아니라 순수하게 정치적인 계산에 따른 것이었다. 왜냐하면 종교적인 말썽 때문에 독일 영토에 일어난 혼란은 아무 쓸모가 없었고 더 중요한 일이 눈앞에 있었기 때문이다. 서방 세계는 오스트리아의 빈 앞까지 올라온 오스만제국을 막아야 했다. 게다가 프랑스의 왕 프랑수아 1세가 여전히 유럽의 패권을 장악하려고 그와 경쟁하고 있었다.

그래서 황제는 종교개혁가들에게 그들의 교리를 곧 다가올 아우크스부르크 제국의회에서 제시할 수 있도록 기회를 주었다. 갑자기 부드럽고 화해하는 분위기가 만들어졌다. 왜 거룩한 신앙과 그리스도의 종교에서 이탈과 분열이 일어나야 하는지 알아봐야 한다면서 카알은 "모든 사람의 판단과 의견과 생각을 애정과 선의를 가지고 들을 것이며 이해하고 가능성을 고민해보겠다"고 약속했다.

멜란히톤은 즉각 작업에 착수하여 「아우크스부르크 신앙고백Confessio Augustana」을 작성했다. 이 신앙고백서에 그는 개신교 신앙의 기본 원리를 담았다. 하지만 동시에 종교개혁 운동은 교회의 분열을 원치 않으며 신의 은총을 받은 황제의 지위에 도전하지 않는다는 사실을 황제와 옛 신앙을 가진 다수의 제후들에게 이해시키고자 노력했다.

> 필립 멜란히톤의 「아우크스부르크 신앙고백」을 쭉 읽어보았는데 매우 마음에 듭니다. 더 수정해야 할 부분이 없는 것 같습니다. 하지만 이대로 보내면 안 될 것 같습니다. 저는 이렇게 부드럽고 온화하게 등장할 수 없거든요.

신앙고백서를 읽은 루터가 1525년부터 작센을 다스리던 선제후 요한에게 보낸 편지다.

1530년 6월 25일 오후에 아우크스부르크 주교 궁전의 회의장에서 작센의 부서기 크리스티안 바이어Christian Beyer는 멜란히톤의 「아우크스부르크 신앙고백」을 낭독했다. 바이어는 궁에 몰려든 족히 수천 명은 되는 모든 사람이 내용을 전부 이해할 수 있도록 독일어로 된 내용을 2시간에 걸쳐 큰 목소리로 낭독했다.

거의 10년 만에 제국의회에 모습을 드러낸 황제는 별로 관심을 보이지 않았다. 그는 낭독이 이어지는 내내 지루해했으며 중간중간 졸기도 했다. 어쩌면 빈약한 독일어 실력 때문에 내용을 이해하지 못했을 수도 있다.

신학적인 세부 내용이 합스부르크 황제에게는 그다지 재미있는 내용이 아니었으나 제국의 혼란을 잠재우기 위해서는 변절한 개신교의 무리가 하루빨리 성스러운 어머니 교회의 품으로 돌아와야 했다. 황제는 모든 유화적인 제스처를 취했으면서도 미리 가톨릭 신학자에게 멜란히톤의 「아우크스부르크 신앙고백」을 반박하는 글을 준비하게 시켰다.

카알에게 사태는 이미 불을 보듯 뻔했다. 멜란히톤이 "경외심을 가지고 로마 교황의 권위를 인정"하며 많은 양보를 하겠지만 태도는 바뀌지 않을 터였다. 황제는 개신교 제후들과 제국 도시 군주들에게 1531년 4월 중순까지 교회 개혁을 중단하고 원래대로 되돌려놓으라고 최종적으로 명령했다. 명령에 거역하는 지역은 군사적으로 응징하겠다고 덧붙였다.

하지만 1년 전의 슈파이어 제국의회에서도 그랬듯이 황제의 위협은 그때뿐이었다. 아우크스부르크 판결은 곧 철회되었다. 터키와 전쟁을 치러야 했으며 신성로마제국의 황제로 자신의 동생 페르디난트를 선출되게 하고 싶었던 카알은 개신교 선제후들의 지지가 필요했다.

하지만 과거의 쓰라린 경험을 기억하는 종교개혁 측 영주들은 휴전 약속에 의지하지 않고 황제의 공격에 방어하기 위한 전쟁 준비를 했다. 주도자는 이번에도 헤센의 필립이었다. 그는 저번과 달리 가톨릭 황제를 향한 대항군을 조직하는 데 성공해야 했다.

1531년 2월 27일, 헤센의 백작과 작센의 선제후 요한 프리드리히의 주도하에 6명의 개신교 제후들과 11개의 제국 도시와 한자 도시 군주들은 동맹을 결성했다. 여기서 생겨난 '슈말칼덴 동맹'의 가입자는 '종교적 문제에 관해' 다른 구성원을 지원해야 하는 의무를 지녔다. 동맹 조약에서 흔히 보이는 내용이다. 더 분명하게는 만일 가톨릭 황제가 제국 내 평화를 깨뜨리고 동맹국을 공격하면 다른 동맹국들이 무력으로 대응해야 한다는 내용이다.

이어지는 10년 동안 더 많은 독일의 제후와 도시들이 이 반가톨릭 방어동맹에 가입했다. 슈말칼덴 동맹은 이제 신성로마제국에서 황제와 교황이 무시할 수 없는 중요한 세력이 되었다. 카알에게 가장 끔찍했던 일은 유럽에서 그와 권력 경쟁을 벌이던 프랑스의 왕 프랑수아 1세가 슈말칼덴과 함께 반합스부르크 동맹을 맺으려고 시도한 사건이었다.

조약이 성사되지는 않았지만 모든 신경을 이탈리아의 여러 전쟁에 쏟아야 했던 황제에게 슈말칼덴 동맹은 괴로운 존재였다. 1534년에는 울리히 폰 뷔르템베르크Ulrich von Württemberg 공작이 헤센의 군사 지원을 받아 황제의 영토에서 반란을 일으켰다. 뷔르템베르크는 1519년에 제국 도시 로이틀링엔Reutlingen을 공격한 벌로 황제의 군대에서 쫓겨났다.

그의 가입으로 반황제 동맹은 또 한 명의 제후를 얻게 되었다.

강력해진 개신교 통치자들은 종교개혁이 빠르게 전파되는 상황을 이용하여 독일에서 황제와 교황의 중앙 권력을 약하게 만들고 자신들의 권력을 키웠다. 이 시점에 놀랍게도 멜란히톤이 정치 구조가 무너질 것을 빠르게 직감하고는 황제의 정치에 반발해야 하는 이념적 근거를 마련했다. 루터의 가장 중요한 대변자는 그가 10년 이상 권위에의 불복종은 무신론과 같다는 주장을 펼친 것과 같은 열정으로 이제 저항이 개신교인의 가장 고귀한 의무라고 설명했다.

이때 멜란히톤이 사용한 논리는 꽤 단순했다. 진짜 진리를 전하지 못하게 함으로써 황제는 자신이 무신론자임을 증명했다. 따라서 그는 더 이상 하느님이 보낸 권력자가 아니라 기독교적이지 못한 독재자이며, 신앙적인 이유로 황제에게 저항하는 일은 정말 당연한 권리라는 것이었다.

제후들은 멜란히톤의 묘수를 듣고 무척 반가워했다. 이제 이들은 완전히 공식적으로 하느님의 이름으로 행동했으며 더 이상 가톨릭 군주의 공격을 받고 물러서지 않았다. 1542년 요한 프리드리히는 독일 북부의 브라운슈바이크-볼펜뷔텔 공작령에 있는 가톨릭 요새를 점령했다. 황제의 충성스러운 신하였던 하인리히 2세Heinrich II 공작은 쫓아냈다.

하지만 5년 뒤에 황제 카알이 교황의 축복을 업고 반격에 나섰다. 1547년 4월 24일, 황제의 군대는 브란덴부르크 남서쪽에 있는 뮐베르크에서 슈말칼덴 동맹을 크게 무찔렀다. 프리드리히와 필립은 체포되어 고향에서 멀리 떨어진 감옥에 5년간 갇혀 있어야 했다.

슈말칼덴 동맹은 그렇게 역사에서 사라졌다. 그러나 동맹 지도자의 체포와 유배로도 가톨릭 황제는 종교개혁이 계속 전파되는 것을 막지 못했다. 개신교의 제후들은 강한 영향력을 드러냈다. 이들은 황제에게 굴복하지 않을 것과 이들 없이는 제국을 통치할 수 없다는 사실을 분명히 했다. 이런 이유로 두 종파의 공존이 이루어지게 되었다.

1552년에 파사우Passau에서 첫 평화회의가 열렸고 3년 뒤에는 아우크스부르크 제국의회에서 종교 평화조약이 체결되었다. 독일 신성로마제국은 공식적으로는 가톨릭으로 남았으나 사실상 옛 가톨릭 지역과 멜란히톤이 25년 전에 작성한 「아우크스부르크 신앙고백」을 따르는 지역으로 분열되었다.

1년 후 카알은 황제직을 내려놓았다. 개신교 제후들은 평화조약을 성공으로 여기며 기뻐했다. 독일에서 드디어 로마가톨릭 외에도 루터의 신앙고백이 공식적으로 인정받게 되었기 때문이다. 다만 멜란히톤은 회의적이었다.

모두가 즐거워하고 있지만 우리가 얼마나 오래 정말 즐거워할 수 있을지는 모르는 일이다.

글 안드레아스 바서만

사형 선고

백작 필립 폰 헤센은 마르틴 루터에게 중혼을 허락받기 원했고 결국 받아냈다.

35세의 제후가 16년의 결혼생활 동안 7명의 자녀를 낳아 기른 후에 아내 크리스티나에 관해 개인적인 성명을 발표한 일은 모양새가 좋지 않았다. 그는 아내가 못생기고, 친절하지도 않으며, 그 외에도 다른 단점들을 가지고 있다고 말했다. 백작 필립 폰 헤센은 그의 아내와 부부생활의 즐거움을 얻지 못했던 것 같다. 왜냐하면 결혼한 뒤에도 "그녀에게 아무런 욕구를 느끼지 못한다"고 불평했기 때문이다. 그래서 이 백작은 비텐베르크에 있는 마르틴 루터의 종교개혁가들에게 전해서 자신에게 반드시 두 번째 부인이 필요하다고 알렸다.

1539년 당시의 백작에게는 첩을 두는 것이 그리 어려운 일도 아니었다. 하지만 그는 매우 깊은 양심의 고통을 겪었던 것 같다. 역사학자들은 필립이 젊은 시절의 연애로 아마도 매독일 것이 분명한 성병에 걸렸을 것이라 이야기한다. 필립은 이것을 신이 혼외 관계를 좋아하지 않는다는 분명한 메시지로 보았다. 게다가 그가 점찍은 두 번째 아내, 17세의 마르가레테 폰 데어 잘레Margarethe von der Saale의 가족들은 교회의 축복을 구했다. 교회의 축복이 없으면 딸을 절대 결혼시킬 수 없다고 마르가레테의 어머니가 못을 박았던 것이다.

정치적인 권력으로 볼 때 종교개혁이 진행되던 시대에 필립은 대단한 권력을 쥔 사람이었다. 16세의 젊은 통치자로 그는 보름스 제국의회에서 루터를 만났고 그 후로는 오랫동안 멜란히톤과 편지를 주고받았다. 개신교 제후들이 황제와 교황에 저항하기 위해 슈말칼덴 동맹을 결성할 때에도 필립은 가장 중요한 역할을 감당했다. 그는 위협적인 군사력을 지니고 있었고 중요한 인물들과 친하게 지냈다.

필립은 자신의 문제를 해결하기 위해 인맥을 활용하기로 마음먹었다. 1539년 말에 그는 비텐베르크의 루터에게 사람을 보내 중혼을 공식적으로 인정해줄 수 있는지 물었다. 필립은 질문과 함께 가능한 신학적 근거를 제시했다. 구약성경을 보면 많은 족장들이 둘 이상의 아내를 거느렸고 하느님도 이를 허락했다는 논리였다.

루터가 보기에 그건 별로 좋은 생각이 아니었다. 종교개혁가들이 더 이상 높은 도덕적 잣대로 가톨릭교회의 부정부패를 지적할 수 없을 것이며 동시에 신약성경의 결혼 원리를 스스로 부정하는 일이었다. 하지만 필립은 강한 정치적 압박수단을 쥐고 있었다. 그는 만약 종교개혁가들이 그의 이중결혼을 인정해주지 않으면 필요시 동맹에서 그의 군대를 빼버리고 황제와 교황에게 은총을 구하겠다는 경고도 함께 전했다.

동료 신학자들과 오랫동안 토론한 뒤에 루터는 멜란히톤이 작성한 복잡한 의견서에 서명을 했다. 죄를 고해한 사람에게 답해주는 형식으로 교묘하게 위장한 문서였다. 요약하면 원칙적으로 기독교인에게 중혼은 허용되지 않지만 아주 특별한 경우로 어떤 사람의 구원이 달린 문제일 때, 그리고 이 모든 일을 다른 사람들에게 알리지 않는다면 예외가 있을 수 있다는 내용이었다.

루터는 1540년에 풀다Fulda의 로텐부르크Rotenburg 교회에서 필립이 마르가레테와 결혼식을 올린 이후에도 한번 더 비밀은 반드시 지켜야 한다고 강조하는 편지를 보냈다. 이 일이 알려지게 되면 "누구나" 이 예외를 악용하려 들 것이고 "결국에는 평범한 농부들까지" 마구 동참하게 될 것이라는 내용이었다.

물론 비밀은 지켜지지 않았다. 루터가 이중결혼을 눈감아주었다는 소문과 기사가 빠르게 퍼졌다. 필립의 누나가 가는 곳마다 이 결혼에 대해 떠들었고, 필립 자신도 금세 자신의 이중결혼을 인정했다. 그 결과 종교개혁가들은 난처한 상황에 처했으나 백작 자신은 생명의 위협을 받게 되었다. 필립은 자신이 수년 전에 황제의 법령인 '카롤리나 법전Constitutio Criminalis Carolina'을 헤센에 도입했다는 사실을 잊고 있었거나 무시했던 것 같다. 이 법전은 다중결혼을 사형에 처하도록 규정하고 있었다.

사형을 피하기 위해서는 황제 카알 5세에게 필립 자신이 무릎을 꿇고 사면을 부탁해야 했다. 하지만 그렇게 하려면 개신교 제후들과 맺은 충성의 맹세 등의 정치적 약속을 포기해야 했으며 이는 종교개혁가들의 슈말칼덴 동맹을 약화시키는 셈이었다.

이런 괴로운 일을 겪은 뒤 루터는 그와 다른 종교개혁가들의 신뢰가 오래 지속될 수 있을지 의심했다. 루터의 적들은 헤센의 군주가 위대한 종교개혁가에게 아주 세속적인 방식으로 보답한 것을 두고두고 비웃었다. 필립이 감사의 의미로 큰 통에 담긴 라인산 포도주를 선물했기 때문이다.

글 마티아스 바르취

종교개혁의 주요 인물들

종교개혁은 한 사람이 이루어낸 업적이 아니라 여러 사람이 기여한 사건이었다. 많은 신학자가 루터를 지지했고 어떤 이들은 자신의 논리를 폈다.

 마르틴 루터가 없는 종교개혁은 상상할 수도 없지만 이 비텐베르크의 교수에게 수많은 협력자와 지지자, 후원자가 없었다면 그렇게 성공적으로 이루어지지 못했을 것이다. 이들은 루터의 사상을 위해 싸웠고, 제국의 여러 도시에서 필요에 따라 루터의 신학적인 아이디어를 수정하기도 했으며, 제국 의회에 참석했던 필립 멜란히톤처럼 협상을 위해 여러 도시를 돌아다니기도 했다.

루터와 별개로 자신의 길을 개척하거나 처음에는 루터를 지지하다가 나중에 돌아선 종교개혁가들도 있었다. 하지만 이들도 종교개혁의 성공에 한몫을 했다. 왜냐하면 이런 복잡한 움직임이 없었다면 제국의 여러 지역에서 시작되어 곧 유럽으로 전파된 어마어마한 불길이 금방 꺼졌을지도 모르기 때문이다. 시간이 지날 수록 종교개혁은 신학적으로 더 견고해졌다. 루터의 사상은 원칙이 분명하고 반박 불가능한 '신앙고백'이 되었다. 이제부터 살펴보게 될 종교개혁의 중요한 인물들 중에는 독자적으로 '개혁된' 종파를 만들어낸 칼뱅과 츠빙글리도 있다.

강경파

제네바의 요하네스 칼뱅은 서유럽에서 가장 영향력 있는 종교개혁가였다. 그는 근면을 강조했다.

성직자 피에르 아모Pierre Ameaux에게 이날은 치욕적인 날이었다. 1546년 초, 아직 봄이 오기 전이었지만 이 제네바 시민은 참회자가 입는 얇은 속옷만 입고 촛불을 든 채 시내의 거리를 돌아다녀야 했다. 하지만 가장 큰 모욕이 그를 기다리고 있었다. 그는 자신이 비난했던 사람에게 무릎을 꿇고 용서를 빌어야 했다. 그 사람은 바로 요하네스 칼뱅Johannes Calvin이었다.

카드 공장을 운영하던 아모는 힘든 시간을 맞게 되었다. 제네바의 종교개혁가 칼뱅이 죄악과 방종을 금지했던 것이다. 아모는 이 조치를 강하게 비난했다. 칼뱅은 아모를 징계하는 근거를 이렇게 설명했다.

만일 내가 하느님의 진리가 훼손되는 것을 보았는데도 잠잠하고 아무런 행동도 하지 않는다면 비겁한 자가 될 것이다.

하느님의 진정한 복음을 전한다는 확신을 품은 프랑스 출신의 이 종교개혁가는 성경 말씀을 깊이 뿌리내리기 위해 싸웠다. 철저하고 무자비한 개혁으로 그는 가장 영향력 있으면서 가장 논란을 많이 일으킨 종교개혁가가 되었다. 슈테판 츠바이크Stefan Zweig는 1936년에 쓴 책 『카스텔리오 대 칼뱅, 폭력에 저항한 양심Castellio gegen Calvin oder Ein Gewissen gegen die Gewalt』[39]에서 "제네바에 그렇게 많은 사형과 처벌, 고문과 추방령이 내려진 적은 없었다"라고 썼다.

근본주의자 장 코뱅Jean Cauvin은 1509년 7월 10일 프랑스 북부의 누아용Noyon에서 주교청 서기의 아들로 태어났다. 1523년에 그는 처음에는 신학적인 커리어를 쌓기 위해 파리로 유학을 떠났다. 하지만 나중에 그의 아버지가 마음을 바꾸어 순종적인 아들에게 법학을 공부하게 했다. 1531년에 그의 아버지가 세상을 떠나자 그는 자신이 원하는 공부로 되돌아갔다. 파리에서 고전 언어들을 공부한 것이다.

머지않아 그는 새로운 계획을 세우고 성경의 원문을 자세히 연구하는 일에 몰두했다. 칼뱅은 그가 종교개혁을 시작한 시기를 돌아보며 "진정한 복음의 경건함이 무엇인지 확실히 알고 나자 내 마음속에서 이를 행동으로 옮겨야겠다는 열심이 불타올랐다"라고 기록했다.

---

39 국내에서 『다른 의견을 가질 권리』라는 제목으로 번역 출간되었다.

하지만 당시 프랑스의 왕은 이런 개혁 운동의 추종자들을 끊임없이 탄압했다. 그래서 1541년부터 칼뱅은 종교개혁을 받아들인 도시 제네바에 정착했다. 이 시기에 그는 이미 유명한 종교개혁가로 알려져 있었다. 1535년에 26세의 나이로 그는 종교개혁 기간 동안 가장 많이 팔린 책 중 하나인『기독교 강요Institutio Christianae Religionis』를 썼다. 칼뱅에게 이 책은 '성경의 올바르고 깊은 이해를 위한 문이자 열쇠'였고 이후로도 계속 발전시켜야 하는 이론이었다.

그는 로마 가톨릭교회가 정한 일곱 성사 중에서 세례식과 성찬식만 인정했다. 루터는 여기에 더해 고해성사도 인정했었다. 종교개혁가들은 성찬식에 관해 의견이 갈렸다. 츠빙글리는 성찬식의 그리스도를 단지 상징적인 의미로 보았지만 루터는 "이것은 내 몸이다"라는 성경 구절을 인용하며 포도주와 빵에 그리스도가 함께한다고 주장했다. 칼뱅은 츠빙글리의 편을 들었다.

그리스도를 지금 존재하는 물체에서 찾는 것은 잘못이며 무의미하다.

하지만 "그리스도는 우리 영혼 내면에서 영적인 양식"으로 현존한다는 조금 다른 입장을 내비쳤다. 칼뱅의 주장은 중간에 애매하게 걸쳐진 것이었다. 1549년 츠빙글리파와 칼뱅파는 그들의 신앙적 차이를 이른바 '공동신앙고백Consensus Tigurinus'이라는 합의를 통해 (비록 루터파는 제외되었으나) 통일된 종교개혁론을 만들었다.

중요한 의식인 성찬식에는 아무나 참여하면 안 된다고 생각한 칼뱅은 제네바 시의회와 의논하여 '교회법'을 도입했다. 하느님의 뜻에 따라 선출된 '장로회'가 그때부터 '개인의 일거수일투족'을 감시하게 되었다. 이 종교개혁가는 검소하고 부지런하며 경건한 삶을 요구했다.

그 밖에도 칼뱅의 신학은 개인의 운명이 정해져 있다는 내용이었다. 칼뱅의 '이중 예정사상'은 하느님이 오래전에 이미 구원받을 사람들과 영원한 저주를 받을 사람들을 예정했다는 내용이다. 성화나 성상을 폐지하는 문제와 마찬가지로 칼뱅은 이 부분에서도 루터와 결정적으로 다른 주장을 펼쳤다. 루터는 그런 선택설을 부정했기 때문이다.

칼뱅의 교리는 곧 스코틀랜드와 네덜란드로 전해졌고, 특히 영국에서 청교도의 형태로 이어졌다. 그의 메시지는 또한 1620년에 '메이플라워Mayflower' 호를 타고 북미 대륙까지 발을 뻗었다. 이 종교개혁가는 그 소식이 들리기 한참 전인 1564년 5월 27일에 눈을 감았다. 그를 비난했던 아모는 굴욕의 날 이후로 칼뱅에 대해 한마디도 하지 못했다고 전해진다.

글 마크 폰 뤼프케

경쟁자

루터와 같은 시기에 스위스에서는 훌드리히 츠빙글리가 종교개혁을 시작했다. 두 종교개혁가는 치열한 공방을 벌였다.

"그리스도를 먹는 자들!" 스위스의 종교개혁가 훌드리히 츠빙글리는 같은 편이었던 비텐베르크의 신학자 마르틴 루터에게 원색적인 비난을 퍼부었다. 그리고 당연한 이야기이지만 루터는 언짢아했다. 기독교 교회를 개혁한 두 사람은 1525년에 서로 만나본 적도 없지만 사이가 틀어졌다.

지면에서 치열한 논쟁을 일으킨 문제는 성찬식을 할 때 예수 그리스도가 정말 현존하는지에 대한 의문이었다. 루터는 그리스도의 몸이 빵에, 피가 포도주에 실제로 들어 있다고 주장했고, 츠빙글리는 포도주와 빵을 먹는 것은 구세주가 인류를 위해 자신의 몸과 생명을 희생한 사건을 기념하는 데 지나지 않는다고 주장했다. 츠빙글리는 이런 내용을 취리히에서 설교하면서 루터를 조롱했다.

오, 주여! 당신을 씹지 않고 삼키고 메마른 목으로 마신다면 살아 남을 사람이 없겠군요!

하지만 세부적인 신학적 견해 차이를 제외하면 츠빙글리와 루터는 근본적으로 가톨릭교회의 개혁이라는 똑같은 목적을 가지고 있었다. 그로부터 한참 뒤에 두 종교개혁가는 회담을 위해 단 한 번 만났다.

홀드리히 츠빙글리의 본명은 울리히 츠빙글리Ulrich Zwingli로, 1484년 1월 1일에 스위스 북동부에 있는 장크트갈렌의 마을 빌트하우스Wildhaus에서 부유한 농부의 아들로 태어났다. 츠빙글리의 부모는 모두 9명의 자녀 중에서 그를 '울리' 혹은 '올리'라고 불렀는데, 그는 라틴어를 배우기 시작한 뒤로 자신을 울다리쿠스라고 부르다가 홀드리히 또는 홀드리후스라고 불렀다. 취리히 주 개혁교회의 웹사이트에 들어가면 아마도 그가 역사에 '자비로운 자huldrych'[40]로 이름을 남기고 싶었기 때문에 그랬을 것이라는 추측을 읽을 수 있다.

어린 나이인 14세에 츠빙글리는 도미니크회 수도원에 들어가려 했으나 그의 부모는 그를 학자로 만들고 싶어 했다. 문학 석사 학위를 따고 사제로 서품을 받자마자 그는 스위스 글라루스Glarus에서 가톨릭 신부의 직무를 시작했다. 군종사제로 전쟁에 참여한 츠빙글리는 1515년에 마리냐노Marignano 전투를 목격했다. 프랑스 연합군이 스위스 동맹군을 잔인하게 살육한 전투로, 그 이후에 스위스는 중립국이 되어 계속 중립을 유지했다. 츠빙글리는 그 뒤로 한동안 평화주의에 빠져 지냈다.

---

40 옛 독일어 'huldrych'는 현대 독일어로는 '자비로운(huldreich)'이란 뜻이다.

1519년에 그는 사목사제, 즉 신자들을 돌보는 사제로 일하다가 취리히로 부름을 받았고 이때부터 그의 평생의 업적이 시작되었다. 츠빙글리는 루터와 관계가 없었으나 그와 아주 비슷한 목표를 좇았다. 성인과 성물 숭배를 비난했으며, 고해와 성체 성사 그리고 독신서약도 비판했다. 물론 자신의 신학적 깨달음을 근거로 비판을 던졌겠지만 개인적인 문제 때문에 목소리를 낸 이유도 있었다.

츠빙글리는 세 자녀를 둔 과부 안나 라인하르트Anna Reinhart와 몇 년째 비밀리에 동거를 하고 있었다. 원래 그는 그녀의 첫째 아들의 라틴어 교사였다. 츠빙글리가 당시 유행하던 흑사병에 걸려 생사를 넘나들고 있을 때 그녀가 그를 돌보아주었고 츠빙글리는 완전히 사랑에 빠져버렸다. 사랑보다 귀한 것은 없다!

1522년에 두 사람은 몰래 결혼을 했고 1524년에는 취리히 대성당에서 공개적으로 결혼식을 치렀다. 당시 안나는 이미 두 사람이 낳을 네 아이 중에서 첫 번째 아이가 태어날 날을 기다리는 상태였다. 츠빙글리의 결혼은 정치적인 행위이기도 했다. 취리히의 민법과 혼인법을 새로 고쳐야 한다는 의미였다. 결혼 후 안나가 집에서 아이들과 가정을 돌보는 동안 츠빙글리는 취리히의 신앙 생활에 혁명을 일으켰고 중간중간 루터와 논쟁을 벌였다. 1529년에 드디어 헤센의 필립이 두 신학자의 만남을 주선했다. 필립의 소유지였던 마르부르크 성에서 루터와 츠빙글리는 한 탁자에 마주 앉아 성찬에 관한 논쟁을 벌였다. 논쟁은 몇 시간 동안 계속되었지만 아무 성과도 없었다. 결국 양측은 허용범위를 넓게 하는 것으로 타협했다.

> 우리는 그리스도의 몸과 피가 실제로 빵과 포도주에 현존하는지에 관해 지금은 합의하지 못했다. 그렇지만 우리 모두는 양심이 허락하는 한 서로에게 그리스도의 사랑을 보여야 한다.

성찬 문제는 두 종교개혁파 사이에 결코 좁힐 수 없는 간극으로 남았다. 하지만 츠빙글리는 당시에 완전히 다른 걱정을 하고 있었다. 그의 교회 개혁은 스위스 몇몇 주에서 종교 분쟁을 일으켰고 그의 교리를 따르는 지역과 가톨릭 신앙을 고수하는 지역 사이에 전쟁이 벌어졌던 것이다.

한때 군종사제를 지낸 후 전쟁에 반대하게 된 츠빙글리는 1531년에 다시 개혁군을 이끌고 전장에 나갔다. 신·구교 군대는 스위스 카펠Kappel 수도원에서 격렬하게 부딪쳤다. 가톨릭군이 더 우세했다. 종교개혁가 츠빙글리는 전장에서 전사했고 가톨릭군은 그를 이단자로 선포했다. 그들은 그의 시체를 사등분하고 장작더미 위에 올려 불태웠지만 츠빙글리의 유산인 종교개혁의 정신은 막지 못했다.

글 사미하 샤피

급진개혁파

혁명을 원한 신학자 토마스 뮌처는 루터와의 관계를 끊었다. 구동독에서 그는 민족 영웅으로 여겨졌다.

튀링엔 주의 뮐하우젠Mühlhausen 성모성당에서 설교하는 목사는 다른 종교개혁가보다 날카로운 메시지를 전하고 있었다. 토마스 뮌처가 경멸하듯 말했다.

우리의 군주와 제후들은 폭리를 취하고 도둑질하고 강탈하는 악의 근원입니다.

큼직큼직한 이목구비에 불타는 듯한 눈빛을 한 남자는 로마의 호민관[41]처럼 행동했다. 그가 보기에 당시의 교회와 사회의 정치 질서는 하느님의 질서와 같지 않았으며, 따라서 완전히 바뀌어야 했다. 뮌처는 "권력은 일반 민중에게서 나와야 한다"고 설교했다.

그의 메시지는 확실히 루터의 논제에서 너무 멀어졌다. 그래서 비텐베르크의 신학자는 뮌처를 "살벌한 예언자"라고 비난했다. 이에 대해 뮌처는 한때 스승이었던 루터를 "거짓말 박사"라

---

41 고대 로마에서 평민과 귀족의 신분투쟁 결과 평민의 권익을 보호하기 위해 만든 관직이며 평민의 생명과 재산을 지키는 것이 임무였다. 호민관은 반드시 평민 출신이어야 하며 평민집회에서 선출되었다.

부르며 "영혼 없이 편하게 사는 비텐베르크의 죽은 육신"이라고 비웃었다. 1517년에 뮌처는 비텐베르크에서 루터를 알게 되었다. 뮌처는 독일 북부의 하르츠Harz 남쪽 도시 슈톨베르크Stolberg에서 소시민의 아들로 태어났다. 그는 라이프치히와 프랑크푸르트(오더Oder 강 부근)에서 대학을 다니고 1514년에 할버슈타트에서 사제 서품을 받았다.

뮌처가 급진주의자가 된 계기는 츠비카우Zwickau에서 사제로 일할 때였다. 이 도시의 사회적 모순과 신학 다툼을 목격한 뮌처는 권력자는 결국 추락한다는 확신을 얻었다. 그들이 진정한 신앙을 막고 있었기 때문이다. 이런 현실을 해결할 계급은 평범한 시민, 농부와 일용직 노동자여야 했다.

나는 결코 민중을 의심하지 않는다.

고행주의자 뮌처는 루터와 달리 신비적인 신령 신학을 중시했다. 그는 성경뿐만 아니라 꿈이나 환상, 예언이 하느님의 음성을 들려준다고 믿고 있었다. 그가 생각하는 그리스도는 심판과 공포의 이미지였다. 이는 뮌처가 열심히 전했던 종말론과 잘 어울렸다. 그는 하느님의 심판이 겉으로 드러난 것이 현실이라고 생각했기에 땅에서 하느님의 나라를 만들기 위해서는 폭력을 사용해야 한다고 믿었다.

무신론자들은 살아 있을 권리가 없기 때문이다.

바젤을 여행하던 중 뮌처는 독일 남부 지역에서 반란을 일으킨 농부의 무리를 만나 그들에게 완전히 매료되었다. 그래서 여행을 마치고 돌아와 튀링엔에서도 반란을 일으키려고 궁리하기 시작했다. 1525년 4월에 뮌처는 희망의 상징인 무지개 깃발 아래 서서 아이히스펠트Eichsfeld에 무장한 군중을 불러 모았다.

너희의 칼날에서 피가 식지 않게 하라.

그러나 1525년 5월에 키프호이저Kyffhäuser 산맥 기슭의 프랑켄하우젠에서 그의 농민군은 처참하게 패했다. 이곳에서 약 6000명의 뮌처 추종자들은 돌진하는 제후군을 맞이했다. 대부분의 반란군이 학살당했고 뮌처는 고문을 당한 후에 처형당했다. 루터는 죽은 이의 소식을 듣고 무감각하게 "나쁜 선지자"였다고 비꼬았다.

뮌처에게 더 많은 관심을 보인 것은 이후 세대의 프리드리히 엥겔스Friedrich Engels였다. 마르크스주의의 공동 창시자 엥겔스는 그의 책『독일 농민전쟁Der deutsche Bauernkrieg』에서 뮌처가 "종교 집단의 서민 계급"을 대표한다고 썼다. 엥겔스는 또한 뮌처의 정치 프로그램이 "공산주의와 교차한다"라고 썼다.

구동독에서도 뮌처를 "진정한 혁명 사상을 최초로 표현한 사람"으로 여기며 이 사상의 정수가 바로 동독에 펼쳐졌다고 주장했다. 하지만 오늘날 역사학자들은 뮌처를 재세례파를 비롯한 종교개혁의 과격파 흐름 중 하나라고 평가한다. 사회혁명가보다는 오히려 신의 나라를 만들기 위해 투쟁한 열광적인 신비주의자로 보는 편이 낫다고 말이다.

글 우베 클루스만

라이벌

카를슈타트로도 알려진 안드레아스 보덴슈타인은 교회에서 모든 겉치레를 없애고 싶어 했다.

안드레아스 보덴슈타인은 루터가 요구한 모든 것을 철저하게 실천했다. 1521년 겨울에 그는 비텐베르크에서 고해성사와 라틴어 미사를 폐지했고 1522년에는 성당에서 성화와 성상들을 제거했다. 하지만 그는 명예와 명성 대신에 미움만 받았다.

프랑켄 지방의 카를슈타트에서 태어난 보덴슈타인은 1510년에 비텐베르크에서 신학 박사 학위를 받았고 1516년에는 로마에서 법학 박사 학위를 받았다. 1517년부터 보덴슈타인은 루터의 초기 지지자로 활동했으며 태어난 장소를 따라 '카를슈타트'라는 이름으로 불렸다. 루터가 1521년 5월부터 1522년 2월까지 바르트부르크에서 성경 번역에 열중한 짧은 기간 동안 비텐베르크의 종교개혁은 카를슈타트가 주도적으로 이끌게 되었다.

하지만 1522년 봄에 루터가 갑자기 되돌아와서 그가 변화시켰던 많은 것을 원상 복귀시켰다. 루터는 카를슈타트가 너무 급진주의자가 되었다고 말했지만 실제로는 단순히 일인자가 되고 싶었던 것 같다. 루터는 그의 경쟁자가 설교하는 것도 금지했다. 그러자 카를슈타트는 깊은 상처를 받았다. 그는 학위와 교직을 모두 내려놓고 시골에 가서 농사를 짓기 시작했다. 잘레Saale 강 부근의 작은 도시 오를라뮌데Orlamünde에서 그에게 마을 목사직을 제의했다.

이곳 소도시에서 그는 유아세례도 없고 성화나 오르간 음악이 없는 이상적인 완벽한 교회를 만들기로 했다. 주변 도시들이 카를슈타트의 아이디어에 관심을 내비치자 1524년에 루터는 카를슈타트의 목사직을 박탈했다. 카를슈타트는 농민들이 종교개혁의 메시지를 바탕으로 권위에 저항하고 있던 프랑켄 지방으로 건너갔다. 그곳에서 그는 농민들에게 폭력을 포기하라고 설득했으나 아무 소득이 없었다.

루터에게 설교나 신학적 논쟁을 하지 않겠다는 맹세를 한 뒤에야 카를슈타트는 1525년 8월에 조용한 작센에 다시 정착할 수 있었다. 하지만 그가 다시 다른 종교개혁가들과 편지로 연락을 시도하자 루터는 1529년에 그를 체포했다. 카를슈타트는 스위스로 망명해 츠빙글리를 지지했고 1534년에 바젤 대학은 그에게 신학

교수직을 제시했다. 1541년 12월 24일에 카를슈타트는 흑사병으로 세상을 떠났다.

글 틸 하인

북쪽에서 비친 빛
교구 목사 요하네스 부겐하겐이 함부르크와 뤼베크, 덴마크의 교회 규정들을 마련했다.

1520년에 포메른에서 루터의 반박 글 「교회의 바벨론 유수Von der babylonischen Gefangenschaft der Kirche」를 손에 받아든 요하네스 부겐하겐은 충격을 받았다. 비뚤어진 아우구스티누스회 수도사 하나가 신성한 로마 가톨릭교회를 이렇게나 모독하다니 얼마나 참담한 일인가? 이단자! 이러한 반감에도 그는 루터의 논제에 점점 더 매료되었고 급기야 완전히 설득을 당하게 되었다. 그는 지역 주교에게 말했다.

이 세계는 모두 눈이 멀었습니다. 이 사람만 홀로 진리를 보고 있습니다.

부겐하겐의 조직관리 능력은 일찍부터 빛났다. 1504년에 고작 19세의 나이로 포메른 소학교의 교장이 되었으며 성경을 공부하던 중 근처 수도원에서 성경 강의를 시작했다. 강의가 얼마나 좋았던지 주변의 베스트팔렌과 발트 연안에서도 학생들이 찾아왔다.

1521년에 그는 루터의 도시 비텐베르크로 이주했고 루터보다 먼저 독신 서약을 깨고 결혼했다. 그는 비텐베르크 대학의 교수가 되었으며 1523년에는 교구 목사가 되었다. 1528년부터 그는 브라운슈바이크, 뤼베크Lübeck, 함부르크, 힐데스하임Hildesheim, 포메른과 덴마크를 위한 새로운 교회 규정을 작성했다.

얼마 지나지 않아 부겐하겐은 독일 북부를 대표하는 종교개혁가로 여겨졌다. 함부르크 주정부는 그의 실용적인 제안에 감동한 나머지 그에게 포도주 150리터와 맥주 200리터, 황소 한 마리를 선물하기도 했다. 부겐하겐의 교회 규정은 교육과 사회복지 같은 중요한 조항들을 포함했다. 가난한 가정의 대학생은 장학금을 받았고 처음으로 여성들도 대학 교육을 받을 수 있게 되었다. 또한 교구의 모든 교회에 사회적인 약자들을 위한 모금함을 두도록 했다.

독일 북부에서 사용하는 저지 독일어Niederdeutsche Sprache로 성경을 번역한 부겐하겐의 번역 성경은 루터 성경보다 더 앞선 1534년에 세상에 나왔다. 1546년 2월에 부겐하겐은 자신의 위대한 롤모델의 장례식에서 설교를 했다. 루터가 죽은 뒤 황제 카알 5세가 다시 군대를 동원하여 가톨릭 교리를 전파했을 때 많은 종교개혁가들이 도망쳤으나 부겐하겐은 자신의 교구를 떠나지 않았다. 그리고 그는 1558년 4월 20일에 비텐베르크에서 세상을 떠났다.

글 틸 하인

신비주의자

카스파르 슈벤크펠트는 신앙을 통해 '새 사람'이 될 수 있다고 믿었다.

카스파르 슈벤크펠트Caspar Schwenckfeld는 다른 종교개혁가들을 신랄하게 비판했다. 이들이 새로운 것을 만들기 위해 로마 교회를 나가서 고작 형식에 매인 조직, "정작 하느님은 혐오하고 가증하게 여길 만한 죽은 교회"를 만들었다고 말이다. 그는 진정한 신앙은 개인적인 체험이 있는 신앙이라 믿었고 그리스도에게 인생을 맡기면 '새사람'이 된다고 했다. 세례나 성찬과 같은 예식은 그에게 전부 불필요한 것이었다. 슈벤크펠트는 1540년대부터 이와 같은 신비주의 신학을 주장했다.

독일 북부 슐레지엔Schlesien의 귀족 가문 영주였던 그는 루터의 추종자들과 논쟁을 벌이기도 했다. 1518년부터 그는 슐레지엔에서 그의 사상을 실행에 옮기려고 노력했다. 하지만 곧 종교개혁가들이 성경의 기본 원리에 따라 살지 않는다고 그를 비판하기 시작했다. 1525년에 루터는 그를 이교도로 판단하고 그의 고향에서 추방시켰다.

슈벤크펠트는 스트라스부르로 도피했다. 그곳에서 그는 마르틴 부처와 잠시 친하게 지내다가 논쟁을 벌이고 갈라섰다. 부처가 쟁취하고자 애쓰고 있던 교회와 세속 권력의 긴밀한 협력을 슈벤크펠트가 반대했기 때문이다. 그리고 개인의 적극적인 개종을 신학의 핵심으로 삼은 재세례파를 부처가 비난했을 때 그는 재세례파의 편을 들었다. 1535년에 슈벤크펠트는 스트라스부르를 떠나야 했다. 그는 울름을 새로운 활동장소로 삼았으나 울름이 그를 튕겨냈다. 1539년에 다수파 신학자들이 주장을 철회하지 않으면 지위를 박탈하겠다고 그를 위협했다. 1540년부터 루터파는 그를 재세례파로 규정하고 적대시했다. 루터는 "재세례파는 죽여야 한다!"고 목소리를 높였다.

20년가량 슈벤크펠트는 지하에서 살았다. 그는 수도원에 몸을 숨기고 살다가 나중에는 그의 추종자 영지에서 살았다. 슈벤크펠트는 50권이 넘는 책을 썼고 그의 '천상 철학'에 많은 이가 매혹되었다.

그가 죽은 후 1561년에 울름으로 그의 추종자들이 모여들었다. 1730년부터 약 200명의 슈벤크펠트교인이 미국에 뿌리를 내렸고, 이들의 후손은 1909년에 미국 펜실베이니아 주에 '슈벤크펠트 교회'를 세웠다.

글 틸 하인

중재자

마르틴 부처는 다양한 신앙의 방향 사이에서 타협점을 찾으려 노력했다.

1520년대에 종교개혁가들 사이에 성찬 논쟁이 격화되었을 때 마르틴 부처는 화해를 끌어내기 위해 노력했다. 그는 성찬 도중에 그리스도가 함께하는 것을 '병에 담긴 포도주나 파이에 든 고기'

처럼 볼 수 없지만 구세주는 어떻게든 신자들 사이에 함께 한다는 논리를 폈다.

프랑스 엘자스Elsass 출신의 이 도미니크회 수도사는 사제 서품을 받은 뒤 1517년부터 하이델베르크 대학에서 공부했다. 그는 에라스무스 폰 로테르담의 글에 푹 빠졌으며 나중에는 루터를 닮고 싶은 인물로 삼았다. 1521년에 부처는 수도회를 빠져나와 그당시에 비교적 자유로운 종교생활을 누릴 수 있었던 제국 도시 스트라스부르에 정착했다. 그는 목사가 되어 일했고 금세 영향력을 얻었다. 1520년대 중반에 부처는 스트라스부르 교회들이 초와 성수를 사용하는 것을 금지하고, 1529년에는 전통적인 미사를 폐지했다.

그의 꿈은 루터파와 츠빙글리파의 종교개혁가들이 잘 타협하여 하나의 통일된 개신교를 이루는 것이었다. 이 꿈을 마음에 품고 그는 1534년부터 1539년까지 말을 타고 작센, 헤센, 독일 남부와 스위스를 오가며 1만 2000킬로미터를 달렸다. 멜란히톤과 독일 남부의 종교개혁가들에게는 동의를 얻어냈다. 츠빙글리의 추종자들만 성찬 문제로 그의 타협안을 거절했다.

부처는 심지어 가톨릭 측과 개신교 진영의 화해를 도모하기도 했다. 그런 이유로 현대의 종교역사학자들은 부처를 기독교 통합 운동의 선구자로 여기지만 당시 사람들은 그를 기회주의자라고 비난했다. 루터는 부처의 글을 읽고 "워낙 대단한 잡담이라 그

수다쟁이 부처가 지금 곁에 있는 줄 알았다"라고 조롱했다.

부처는 헤센과 독일 북부 도시들을 위한 교회법을 작성했고 이탈리아와 덴마크, 슐레지엔의 신학자들과 교류했다. 타협을 위해 늘 중도를 취하던 그였으나 엄격한 도덕 규율을 지키던 한 교회에 대해서는 옹호하는 입장을 분명히 밝혔다. 왜냐하면 그 교회가 1538년에 스트라스부르로 도피했다가 다시 제네바로 옮겨간 칼뱅을 도왔기 때문이다.

1549년에 교황 일파가 그를 스트라스부르에서 추방하자 그는 영국으로 망명했다. 캠브리지 대학의 교수가 된 부처는 그곳에서도 신학적 갈등을 중재하기 위해 애썼다. 그는 1551년 2월 28일에 숨을 거두었으나 죽고 나서도 평안을 누리지는 못했다. 1556년 2월에 영국의 가톨릭 여왕 메리 튜더Maria Tudor가 그의 유골을 꺼내 그의 책들과 함께 캠브리지 광장에서 불태웠기 때문이다.

글 틸 하인

276

"유대인은 우리의 적"

마르틴 루터가 유대인을 비방하는 글을 쓴 사건은 참담한 대목이다. 괴팅엔 대학의 교회사 교수인 역사학자 토마스 카우프만이 루터의 마지막 저작을 소개하고 왜 이 종교개혁가가 그토록 분노했는지 설명한다.

 1546년 2월 15일, 마르틴 루터는 만스펠트 백작 알브레히트 7세Albrecht Ⅶ의 초대를 받아 그의 영지에서 설교를 한 뒤에 「유대인에 관한 경고」를 썼다. 아이슬레벤에는 소수의 유대인들이 살고 있었는데 루터는 백작이 이들을 쫓아냈으면 했던 것 같다. 이는 루터의 마지막 글이다. 글을 쓰고 사흘 뒤에 그는 세상을 떠났으며 얼마 지나지 않아 이 글이 출판되었다.

내가 잠시 동안이었지만 여러분 곁에서 지내면서 설교한 이후에 (중략) 나는 여러분이 열심히 말씀에 따라 살며, 하느님의 은총으로 설교가와 목사 들이 여러분에게 전하는 내용에 성실하게 따르길 바랍니다. (중략)

그런데 나는 여러분의 땅에 크나큰 해악을 저지르는 유대인들이 있는 것을 보았습니다. 처음에 우리는 그리스도처럼 이들을 대하고 기독교 신앙을 전하고 구원자 메시아를 받아들이길 원했습니다. 그분이 우리의 아버지이고 자신의 살과 피로 우리를 구원했고 유대인들이 칭송하는 아브라함의 진정한 후계자니까요. 우리는 그들을 괴롭히려 한 것이 아닙니다. 그리스도가 명령하신 것처럼 세례를 주고 신앙을 전하려 했을 뿐입니다.

하지만 유대인들이 우리에게 한 일은 우리의 주인이신 예수 그리스도를 매일같이 비방하고 모독한 것이었습니다. 그들이 그렇게 행동하기 때문에, 그리고 우리가 이 사실을 알고 있기 때문에 더 이상 참을 수가 없습니다. 나의 주인이신 그리스도가 모욕을 당하고 저주받는 사실을 참는다면 원치 않는 죄를 짓는 것입니다. 나는 나 스스로 지은 죄만으로도 숨이 막힐 지경입니다. 그렇기에 여러분의 영주께서 이를 참지 않고 이들을 쫓아내기를 바랍니다. 만약 유대인이 고리대금업을 포기하고 그리스도를 받아들여 회심한다면 우리는 기꺼이 이들을 우리의 형제로 받아줄 수 있습니다. 다른 방법은 없습니다. 이들이 너무 큰 세력으로 성장했기 때문입니다. 유대인은 우리의 적입니다. 이들은 우리의 주 그리스도를 비방하고, 성모 마리아를 창녀라 부르고 그리스도를 사생아라고 부르며 우리를 뒤바뀐 아이 혹은 유산아라고까지 부릅니다. 만약 유대인이 할 수 있었다면 그들은 우리를 즐겁게 죽일 겁니다. 실제로도 자칭 의사라는 유대인들이 가끔 우리를 돕기도 하지만 살인을 저지릅니다. 사탄이 그들에게 그렇게 할 수 있도록 힘을 줍니다. 그들은 (중략) 약을 만드는 기술도 가지고 있습니다. 그래서 한 시간, 한 달, 1년, 10년 혹은 20년간 천천히 사람을 죽이는 독을 투여합니다.

그러므로 우리의 사랑하는 구주 예수 그리스도를 모독하고 우리의 신체와 생명과 명예와 재산을 가져가는 것 말고는 아무 관심도 없는 그들과 상관하지 마십시오. 그러나 우리는 그들이 우리보다 더 따라야 할 분인 그리스도의 사랑을 보이고 그들이 회심하여 주님을 받아들이도록 기도할 것입니다. 이렇게 회심하는 사람은 악한 유대인이 아니지만 악한 유대인은 끊임없이 그리스도를 모욕하며 (할 수만 있다면) 우리를 탈취하고 살해하는 일을 멈추지 않을 것입니다.

그러므로 나는 여러분이 이런 죄에 동참하기를 바라지 않습니다. 우리에게는 은총을 구하고 심판을 피하기 위해 하느님께 기도해야 할 것이 이미 많습니다. (중략) 그러므로 나는 내가 사랑하는 구세주를 끊임없이 비방하고 모독하는 자들을 참을 수가 없습니다. (중략) 유대인들이 회심하고 그리스도 모독과 우리에게 하는 죄악을 멈춘다면 우리는 기꺼이 그들을 용서할 것입니다. 그러나 그렇지 않는다면 그들이 우리와 함께 사는 것을 눈감아주거나 허락해서는 안 됩니다.

출처 "EJne vermanung wide die Juden", *D. Martin Luthers Werke*, Weimar, 1914.

슈피겔 1546년에 쓴 이 「유대인에 관한 경고」에서 루터는 유대인은 기독교인을 죽이는 것 말고는 원하는 게 없다고 유대인을 비하했는데요. 이미 3년 전에도 그는 유대인이 도둑이고 강도이며, 피에 굶주리고 복수심으로 불탄다고 쓴 적이 있습니다. 루터는 반유대주의자였나요?

카우프만 루터는 생물학적으로 인종을 차별하려는 마음이 전혀 없었습니다. 현대의 반유대주의자와 다른 점이지요. 하지만 그는 유대인은 어떤 특징을 지녔다고 하는 이미지를 전달했습니다. 그래서 저는 루터를 '전 현대적인 반유대주의자'라고 부르는 게 옳다고 생각합니다. 그의 태도는 19세기와 20세기에 인종차별적 반유대주의의 싹이 나도록 토대를 제공했습니다. 나치주의자들도 유대인 탄압의 근거를 루터에게서 찾았지요.

슈피겔 「유대인에 관한 경고」를 통해 루터는 만스펠트 백작이 유대인 주민을 모두 쫓아내기를 바랐습니다. 왜 그게 루터에게 그렇게 중요했을까요?

카우프만 늦어도 1543년부터 루터의 목표는 개신교 영토에 유대인이 들어가는 것을 막는 일이었습니다. 그는 기독교 신앙고백으로 통일된 국가를 구상했습니다. 개신교로 통일된 세계를 꿈꾸었다고 말할 수도 있겠네요. 재세례파나 유대인과 같은 모든 이교도를 몰아내고, 특히 개신교로 개종하지 않는 사람들을 모두 추방할 생각이었겠지요.

슈피겔 당시에 독일에 살던 유대인은 전체 인구의 0.2%가량이었잖아요. 어째서 루터는 유대인을 몰아내는 일에 그렇게 매달렸을까요?

카우프만 당시에는 유대인에 대한 비상식적인 두려움이 깊이 뿌리내리고 있었습니다. 유대인의 제사를 마술의 의식으로 의심하고 이들이 사탄과 연합했다고 믿었습니다. 루터는 이들이 '육체에 깃든 악마diaboli incarnati'라고 이야기했습니다. 이런 사고방식에 따르면 이들이 사람들에게 큰 불행을 끼친다고 믿을 수도 있는 것이죠.

슈피겔 그렇게 널리 퍼진 선입견에 대해 루터가 다른 입장을 취할 수는 없었나요?

카우프만 16세기에도 사람들은 기독교인과 유대인이 나란히 공존하며 사는 것에 찬성했습니다. 소수민족 박해로 기독교인과 유대인의 관계가 위태로워졌던 때는 십자군전쟁이나 14세기에 흑사병이 돌 때뿐이었지요. 전체 중세 시대 동안 기독교인과 유대인은 함께 잘 살았습니다. 신약성경에도 말세에 유대인과 기독교인이 함께 살 것이라는 내용이 당연하게 나와 있어요. 중세 말이 되어서야 영국이나 프랑스, 스페인에서 유대인을 추방하는 일이 늘어났습니다.

슈피겔 그렇다면 루터도 기독교인과 유대인이 함께 사는 것을 상상할 수 있었겠네요. 1523년에 루터는 『예수 그리스도는 유대인으로 나셨다Dass Jesus Christus ein geborener Jude sei』라는 책을 썼습니다. 이 책은 매우 유대인에게 호의적인데, 맞지요?

카우프만 그렇습니다. 당시의 법적인 관행으로 유대인들은 세속 군주에게 보호의 대가를 지불하고 정해진 기간 동안 영토에 사는 것을 허락받았습니다. 하지만 루터는 1523년에 쓴 이 책에서 유대인이 조건 없이 함께 거주할 수 있게 해야 한다고 주장하며 이들에게 다양한 직업을 주어 그전까지는 선택권이 없어서 해야만 했던 이자 거래를 안 해도 되게끔 하자고 말합니다. 무척 혁명적인 내용이지요. 물론 이 모든 사항에는 "그게 효과적이었다고 확인될 때까지"라는 제한이 달려 있었습니다. 그러니까 유대인에게 선심을 쓰는 이유는 많은 유대인을 개신교로 개종시키기 위함이었습니다. 이런 낙관적인 기대는 또한 성경의 로마서에 나오는 것처럼 말세에 유대인과 기독교인이 서로 한 무리를 이룬다는 말씀에 근거한 것이었습니다.

슈피겔 1530년대에 유대인에 대한 루터의 글은 점점 더 공격적으로 변했습니다. 1543년에 「유대인과 그들의 거짓말에 관하여Von den Juden und ihren Lügen」를 썼을 때가 절정이었지요. 이 글에서 루터는 가능하다면 유대인을 추방하고 회당과 집을 태워 없애고 강제 노역자처럼 살게 해야 한다고 주장했습니다. 이런 혐오는 왜 생긴 것일까요?

카우프만 루터는 유대인들이 대거 개종하지 않는 책임을 더 이상 교황의 추종자들에게 물을 수 없었습니다. 유대인들도 번역 성경을 통해 복음을 읽을 수 있었으니까요. 그 외에도 많은 유대인은 1523년의 책이 나온 이후로 루터가 헛된 꿈을 꾸는 사람이라고 생각했습니다. 그런 이미지에서 벗어나고 싶었겠지요. 루터는 유대인이 그리스도를 계속 비방한다고 확신했는데, 그것이 자신의 책임이라고는 믿고 싶지 않았을 겁니다. 그래서 1538년에 소책자 『안식일에 반대한다Wider die Sabbather』에서 증오심을 드러낸 것이죠. 1543년에 극에 달한 적개심은 루터가 극심한 정신적 우울증을 앓던 상황에서 이유를 찾을 수 있습니다. 딸을 잃고 난 뒤에 루터는 절망감을 떨치지 못하고 있었는데 마침 유럽의 고약한 전통대로 전형적인 희생양을 하나 발견한 겁니다. 루터의 마지막 글인 「유대인에 관한 경고」는 조금 더 누그러진 말투로 작성되었습니다. 다시 유대인들을 개신교로 되돌릴 가능성이 크다고 보았지요. 이 마지막 글이 그의 입장을 어느 정도는 무마하는 역할을 하는 것 같습니다.

슈피겔 루터의 전기에서 유대인과 관련된 주제를 어떻게 다루면 좋을까요? 좋은 교훈을 주는 내용은 아니니까요.

카우프만 완벽한 루터를 칭송하는 역사는 잘못된 역사입니다. 우리가 역사적인 대화를 나눌 수 없는, 존재하지 않는 인물인 것이죠. 루터가 쓴 반유대주의 글들은 이 사람의 강박관념이 얼마나 모순적이고 치우쳐 있었는지를 보여줍니다. 이렇게 실수를 저지르며 무척 지친 모습으로 등장하는 역사 속의 루터는 우리가 현실에 직접 적용할 만한 지침을 전해주지는 않지만 이런 사람이 우리의 이전 세대를 만들어냈다는 사실을 생각하면 그 어떤 역사 속 영웅보다 더 우리에게 힘을 주는 인물이라고 생각합니다.

인터뷰어 에바-마리아 슈누어

토마스 카우프만 Thomas Kaufmann

괴팅엔 대학의 교회사 교수다. 그는 2014년에 책 『루터의 유대인Luthers Juden』을 썼다.

근본주의자들의 협약

1555년의 아우크스부르크 제국의회는 신학적인 타결안이 아닌 정치적인 거래였으며, 독일사의 큰 전환점이 된 사건이었다.

페르디난트 1세는 확신에 차 있었다. 1531년부터 로마 독일 왕이 된 그는 신성로마제국 황제인 형 카알 5세에게서 아우크스부르크 제국의회를 주재할 전권을 물려받았다. 페르디난트는 드디어 가톨릭과 루터파로 갈라진 기독교 세계에 평화를 놓을 기회가 왔다고 생각했다. 1555년이 시작될 즈음 그는 제국의 '대표단'이 오랜 종교 싸움에 지쳐서 이제는 '화해'를 원할 것이라고 확신했다.

거의 두 세대가 지나는 긴 기간 동안 신·구교를 화해시키려던 모든 수고가 헛되이 끝났다. 로마에 충실한 황제 카알의 강력한 명령과 협박, 종교적인 대화 중 어느 것도 평화로운 공존 상태를 만들지는 못했다. 또한 제후들을 통한 개신교 운동의 임시적이고 제한적인 중지도 안정을 불러오기에는 역부족이었다. 오히려 제국은 1555년 전까지 10년 동안 신·구교 진영이 싸우면서 일으킨 내란까지 견뎌내야 했다. 1546년과 1547년의 슈말칼덴 전쟁은 황제군이 개신교 제후들과 도시국가들의 동맹을 격파하면서 끝이 났지만, 1552년에 일어난 이른바 '제후의 반란'으로 위세가 역전되어 루터파 제후 동맹이 황제를 궁지에 몰아넣었다.

아우크스부르크 제국의회 직전에는 평화조약도 기독교의 재통일을 의미하지 않을 것이라는 분위기가 만연했다. 가능한 방법은 오로지 모든 신학적 차이를 뛰어넘을 만한 정치적 해결책을 찾는 것뿐이었다.

2월 5일에 페르디난트가 제국의회를 열자마자 모습을 드러낸 의제 역시 민감한 사안이었다. 모든 사람이 신앙을 고를 자유가 있는지, 아니면 통치자들만 종교를 선택할 권한이 있는지에 관한 문제였다. 이 문제를 해결한 것은 16세기 상황을 감안할 때 꽤 진보적인 타협안이었다.

영토의 지배자만이 종교개혁을 도입할 권리가 있다ius reformandi.

그러니까 통치자는 그가 다스리는 영토의 주민들이 어느 분파를 선호하든 상관없이 두 가지 신앙고백 중에서 자유롭게 선택할 수 있었다. 주민들은 영주의 뜻에 그대로 복종해야 했다. 하지만 영주와 다른 신앙을 가진 이들도 개종을 강요당하거나 이단자라는 명목으로 고문당하고 처형당하지 않을 수 있게 되었다.

주민은 다른 지역으로 이주할 권리가 있다ius emigrandi.

영주의 신앙을 따르지 않으려는 사람은 누구나 가족과 함께 다른 곳으로 떠날 수 있었으며, 혹은 떠나야 했다. 왜냐하면 통치자의 신앙을 따르지 않는 이들은 대부분 괴로움을 겪기 때문에 소유를 모두 가지고 다른 곳에 가서 영혼의 안식을 구하는 편이 나았다.

1530년에 루터파 제국의회 대표들이 작성한 「아우크스부르크 신앙고백」을 따르는 이들은 이제 법적으로 가톨릭 신도와 동등해졌다. 제국은 제국 국가들에 대한 종교적인 통치권을 잃어버렸다. 조금 시간이 지난 1612년에 루터파 교회법학자인 그라이프스발트Greifswald 대학교수 요아힘 슈테파니Joachim Stephani는 이 타협안을 "그의 영토에, 그의 종교cuius regio, eius religio"라는 공식으로 요약했다. 제후의 종교가 곧 영토의 공식 종교라는 의미다.

그러나 이렇게 체결된 평화조약이 현대적인 다원론을 채택한 것이라 여기는 사람은 아무도 없었다. 역사학자 루이제 쇼른-슈테는 "두 종파 모두 완벽한 진리를 안다고 여기며 확고한 위치를 차지하고 싶어 했다"고 평가한다.

국가법 및 교회법학자 마르틴 헤켈Martin Heckel은 이렇게 이야기한다. "1555년의 종교 평화조약은 종교의 평화가 아니라 정치적인 평화만 가져왔다." 17세기 초에도 어떤 익명의 저자가 이 평화조약을 두고 "종교를 위한 것이 아니라 순수하게 오로지 정치적인 생각에서 이루어진 것이다"라고 썼다. 물론 조약을 체결한 장본인도 신학자가 아니라 제국 대표들이었다.

이 문서에는 수많은 불분명한 조항과 모순, 논쟁의 여지를 포함했으나 서로 입장을 일치시키지 못한 로마 가톨릭과 루터 개신교를 모두 아우를 수 있어야 한다는 압박 때문에 그대로 조약이 진행되었다. 그래서 이 문서는 처음부터 추후에 생겨날 수 있는 충돌을 다루었다. 제국의회 이후 10년 동안 신·구교 양 진영은 점점 더 멀어졌으며 서로 다른 견해들은 신앙의 근본주의로 발전했다.

하나의 국가에 다양한 종교가 공존할 수 있다는 현대적인 생각은 당시 대부분의 군주와 민중에게 낯선 개념이었다. '통일된 종교는 사회를 통합시키는 필수 요소다religio vinculum societatis'라는 원칙이 가장 보편적이었다. 아우크스부르크 제국의회가 끝난 뒤 독일제국 영토의 신·구교는 법적으로, 조직적으로 발전했고 양측의 교리 또한 더 다듬어졌다.

1608년에는 개신교 제후들이 '제후연맹Union'을 만들었고, 1609년에는 가톨릭 측 군주들도 '제후동맹Liga'을 결성했다. 양측 세력은 이후 1618년부터 1648년까지 이어진 30년 전쟁 동안 치열하게 싸웠다. 이 끔찍한 전쟁을 시작한 것이 종교에 관한 의견충돌이었던 것이다.

역사 자료가 턱없이 부족하긴 하지만 많은 역사학자와 신학자들은 독일 역사의 전환점으로 아우크스부르크 제국의회의 종교 평화조약을 꼽는다. 이 조약은 이후 약 100년에 걸쳐 정치 질서를 세속화하고 국가가 종교에 대해 중립성을 유지하게끔 만든 중요한 사건으로 여겨진다. 다만 1555년의 평화조약은 오로지 두 개의 종교, 가톨릭과 개신교에만 해당되는 것이었다. 그래서 취리히의 종교개혁가 훌드리히 츠빙글리나 프랑스의 요하네스 칼뱅의 추종자들은 자유를 얻을 수 없었다. 이 평화조약은 또한 독일에 연방 질서가 생겨나게 만들었다. 오늘날도 독일을 여행하며 유심히 관찰해보면 종교적인 경계와 지역의 경계가 비슷하고 각 지역의 문화가 가톨릭을 기반으로 하거나 개신교에서 유래한 것임을 알 수 있다.

1555년 9월 25일에 페르디난트는 제국의회의 폐회를 선언하고 종교의 평화를 승인했다. 하지만 마지막까지 그의 형 카알은 타협을 방해하려 했다. 모두가 안심하고 참석하려던 제국의회의 폐회식이 열리기 2시간 전에 황제의 전령이 아우크스부르크에 도착하여 폐회를 유예하라고 전했다. 황제 카알이 그를 폐위하겠다고 위협했지만 페르디난트는 크게 신경 쓰지 않았다. 그는 의회 의원들에게 형의 위협에 대해서는 한마디도 꺼내지 않고 폐회를 미루지 않겠다는 소식만 전령에게 들려 보냈다. 그에게는 제국의 평화가 더 중요했다. 그리고 이 평화는 10년가량 유지되었다. 일 년 후에 카알이 황제의 자리를 동생에게 물려주었기 때문이다.

글 요아힘 모어

살육 이후

스웨덴은 왕국으로서는 최초로 루터교를 국교로 승인했다. 종교적으로 변화되기까지는 수십 년이 걸렸다.

 처음에는 정치가 있었고 인간의 잔혹성이 있었다. 덴마크의 왕은 스웨덴 사람들에게 누가 그 땅의 권력자인지 영원히 보여주고 싶었다. 하지만 그가 얻은 것은 권력의 추락이었고 새롭게 등장한 스웨덴의 통치자는 스칸디나비아 반도에 종교개혁의 시대를 열었다.

이 변혁이 있기 전까지는 덴마크가 14세기 말부터 유럽 북쪽 국가들을 지배하고 있었다. 덴마크의 왕들은 노르웨이를 통치했으며 스웨덴에도 복종을 요구했다. 스웨덴 귀족 중 일부는 덴마크에 충성하려 하고 일부는 그렇지 않았기 때문에 항상 분열되어 있었다.

1513년에 크리스티안 2세Christian II가 덴마크와 노르웨이의 왕으로 등극한 시점은 많은 스웨덴 귀족들이 몇 년 전부터 덴마크의 통치 압박에 강하게 저항하던 때였다. 하지만 새로운 군주는 결코 이런 상황을 오래 놔둘 사람이 아니었다. 스웨덴의 왕관을 빼앗기 위해 그는 유효한 조약들을 들먹일 수도 있었으며 교황과 황제의 지원도 받을 수 있었다. 가톨릭교회의 수장은 크리스티안에게 반대하는 지도자들을 권리가 없는 이단자로 여겨 파문한 바가 있었다.

1520년에 덴마크의 왕은 마침내 원하던 것을 손에 넣었다. 스웨덴 상원은 그에게 법에 따라 선출되는 왕이 아닌 계속 물려줄 수 있는 스웨덴의 왕좌를 약속했다. 그걸로 끝이었다. 11월 4일에 크리스티안은 스톡홀름 대성당Storkyrka에서 대관식을 올렸다. 성과 도심에서는 화려한 파티가 여러 날 동안 계속 열렸고 스웨덴 전역에서 귀족, 주교, 명망 있는 시민들이 초대받았다. 새로운 왕은 이제까지 저항했던 사람들을 모두 사면하겠다고 약속했다.

하지만 11월 7일 정오에 왕은 성의 모든 문을 닫고 빗장을 잠그게 했다. 축제 손님들은 성에 갇혔고 역사에 '스톡홀름의 피바다' 사건으로 영원히 새겨질 일이 벌어졌다. 왕의 사면 약속이 폐기되었다. 세속 군주의 약속은 교회법 아래 있다는 이유로 정당화되었다. 스웨덴에서 가장 높은 성직자이며 그전부터 덴마크 왕을 지지했던 웁살라Uppsala의 대주교가 이단자들을 고발했고 이단자들은 짧은 재판을 받았다.

바로 다음 날부터 스톡홀름의 중앙광장에서 처형이 시작되었다. 제일 먼저 두 명의 주교가 단두대에서 처형되었다. 전체 80명 이상의 사람들이 처형되었고 시체는 불태워졌다. 적지 않은 스웨덴의 성직자와 귀족이 이 끔찍한 숙청 행위에 가담했음에도 크리스티안의 도를 넘는 행위는 반감을 불러일으켰다. 덴마크 왕을 향해 새롭게 저항의 칼날을 들고 일어선 사람은 젊은 구스타프 에릭손Gustav Eriksson이었다. 그는 바사Wasa라는 왕가의 이름으로 더 잘 알려져 있다. 그의 아버지와 친척들은 피바다 사건으로 목숨을 잃었다.

눈 덮인 스웨덴의 달라르나Dalarna 지방에서 바사는 1521년 초에 이미 거대한 민중군을 조직하는 데 성공했다. 반란군을 모으던 바사가 실망하여 떠난 뒤에 용감한 전령 두 사람이 스키를 타고 90킬로미터를 쫓아가 바사를 다시 데려왔다는 에피소드는 오늘날 유명한 눈 마라톤 대회인 '바살로펫vasaloppet' 스키 대회의 기원이 되었다.

반란군은 남쪽으로부터 강한 지원군을 얻게 되었다. 덴마크의 힘을 약화시키고 싶었던 부유한 한자 도시 뤼베크가 그들을 돕겠다고 나섰기 때문이다. 1523년 6월 6일에 바사가 주교의 도시 스트렝네스Strängnäs에서 스웨덴의 왕으로 선출되었을 때만 해도 스톡홀름은 아직 덴마크의 영향력 아래 있었다. 하지만 얼마 후에 뤼베크의 함대가 스톡홀름을 점령했고 스웨덴은 비로소 자유 독립국이 되었다.

스웨덴의 국내 개혁에 중요한 역할을 했던 사람은 일찍부터 루터의 교리에 귀를 기울였던 신학자 라우렌티우스 안드레에Laurentius Andreae였다. 바사의 고문이 된 그는 종교개혁의 내용을 설명하고 왕에게 개신교의 장점을 알려주었다.

교회는 성직자의 것이 아니라 기독교 민중의 것입니다.

이 문장은 어째서 교회의 재산을 국가가 몰수해서 민중의 이익을 위해 사용해야 하는지에 대한 근거로 자주 사용되었다. 당시 국가 영토의 5분의 1은 교회의 것이었다. 방금 얻은 왕위를 단단하게 해야 하고 뤼베크의 상인들에게 상당한 사례를 해야 하는 상황에 있던 왕에게는 유익한 이야기였다.

바사는 신앙이 깊은 사람이 아니었고 항상 권력자의 시각으로 신학과 교회법에 관한 문제를 다루었다. 그가 왕이 되었을 때 7개 주교좌 중 5개가 비어 있었고 이는 자기 사람을 앉힐 수 있는 아주 좋은 기회였다. 그래서 그는 조언자인 안드레에를 불러 교황에게 보내는 모욕적인 편지를 쓰게 했다. 로마가 스웨덴 왕의 주교 임명에 반대한다면 "그리스도의 유일하고 가장 높은 사제"에게 승인을 받겠다는 내용이었다. 사실상 스웨덴 교회의 수장이 누군지를 언급한 것이었다.

그러나 스웨덴의 종교개혁은 느리게 진행되었다. 대부분의 미사는 일 년 넘게 계속 라틴어로 진행되었고, 민중은 익숙한 신앙의 형식을 쉽게 포기하려 하지 않았다. 스웨덴어로 된 신약성경은 1526년에야 등장했다. 왕의 법률 고문인 안드레에와 1516년부터 1518년까지 비텐베르크에서 신학을 공부한 성실한 종교개혁가 올라우스 페트리Olaus Petri가 루터가 번역한 방식대로 성경을 번역했다.

로마와 완전히 사이가 틀어진 해는 1531년이었다. 왕은 올라우스의 동생, 라우렌티우스 페트리Laurentius Petri를 웁살라의 첫 개신교 대주교로 임명했다. 스웨덴 사람들은 또한 사도 계승이 이루어지는 것, 달리 말하면 사도의 직위가 여러 사람을 거쳐 끊이지 않고 이어진다는 것에 큰 의미를 부여했다. 그래서 페트리의 대주교 임직식은 로마에서 주교직을 받은 베스테로스Västerås가 주재했다.

덴마크에도 그동안 몇 가지 변화가 있었다. 폭군 왕 크리스티안은 1523년에 모든 정치적 기반을 잃어버리고 타국으로 쫓겨났다. 그가 나중에 루터에게 심취해서 잠시 비텐베르크에 살면서 목청껏 종교개혁을 외쳤다는 이야기가 역사 속 여담으로 남아 있다. 그의 뒤를 이은 덴마크 왕들은 새로운 신앙 운동을 흔쾌히 받아들였고, 1536년에는 루터교를 국교로 지정했으며, 요하네스 부겐하겐이 고안한 교회법을 시행했다.

오히려 스웨덴은 10년이 넘게 신앙의 문제에서 입장을 정하지 못하고 오락가락했다. 덴마크의 단호한 개혁에 자극을 받은 바사는 먼저 탁발수도회의 수도원을 폐쇄하고 당시 거의 지켜지지 않았던 독신 서약을 없애겠다고 공표했다. 하지만 주교들의 영향력이 너무 강했기 때문에 그는 1540년에 스웨덴 종교개혁가들과 심한 다툼을 벌였다. 그의 오랜 조언자 안드레에와 페트리는 곧 사면되긴 했으나 사형 선고를 받기도 했다. 1541년에 스웨덴어로 된 최초의 신·구약 성경이 출간되었고 이것은 스웨덴 문법에도 영향을 주었다. 안드레에와 페트리 형제가 번역한 성경은 현재 '구스타프 바사 성경'으로 알려진 성경이다.

최초의 바사 왕이 1560년에 죽은 뒤에도 종교적·정치적인 공방은 계속되었다. 새로운 통치자는 다수의 칼뱅주의자들을 스웨덴에 초청했는데 이것이 충돌을 일으켰다. 뒤이어 1568년부터 통치를 맡은 왕은 폴란드 출신의 가톨릭 공주와 결혼을 하고 예수회 가톨릭교회를 편애했다. 그는 1592년에 세상을 떠났다.

1593년에 웁살라에서 '기독교 자유 종교회의'가 열리고 나서야 북쪽 왕국에도 분명한 기준이 생겼다. 이들은 '성례주의와 츠빙글리파와 칼뱅파의 추종자들과 거리를 멀리할 것'과 1530년의 아우크스부르크 신앙고백을 따르기로 결정했다. 스웨덴은 루터교의 든든한 요새가 되었다.

글 디트마르 피이퍼

"독일어도 엉망, 복음도 엉망"

1555년 이후에 거의 모든 영방 군주가 자신의 영토에 단 하나의 신앙고백만 존재하도록 명령했다. 하지만 제국 서쪽에는 명령을 거역한 대담한 공작들이 있었다.

민중은 그를 존경했다. 훌륭한 제후였고 '자애롭고 인정'이 많았기 때문이다. 모범적인 제후 빌헬름 폰 율리히-클레베-베르크 5세Wilhelm V von Jülich-Kleve-Berg 공작은 '술에 취하는 것'을 증오했고 성실하고 선하게 살기 위해 애썼다. 라인 강 하류의 거대한 영지는 신·구교가 격렬하게 부딪힌 시대에도 화해와 타협을 중요하게 생각한 제후의 통치 아래 전성기를 맞이했다. 진정한 신앙을 둘러싼 복잡난해한 분쟁의 한복판에서 그는 자유를 옹호했다.

그는 복음주의 가르침을 거스르지 않았고 가톨릭도 허용했다.

어느 연대기 저자의 기록이다. 하지만 그가 미처 몰랐거나 잊은 사실이 있다. 빌헬름은 또 다른 신앙고백인 칼뱅주의도 받아들였기 때문이다. 그는 한결같이 '시간이 지나면' 이 종교들이 '평화로운 방식으로' 결국 '하나 된 기독교 신앙'으로 돌아올 것이라는 기대를 품고 있었다. 적어도 이 기록자는 그렇다고 생각한 것 같다.

어쩌면 빌헬름이 아버지 요한과 할아버지 빌헬름이 했던 좋은 선례에 자극을 받아서 자신만의 목표를 가지고 개혁을 했다고 보는 편이 더 나을 것 같다. 교회사학자 에케하르트 스퇴브Eckehart Stöve는 빌헬름이 추진한 방식을 '독립적이고, 지속가능한 교회 개혁 프로그램'으로 여겨야 할 것이라고 주장했다.

라인 강 하류 지역은 역사적으로 아주 특이해서 거의 반세기나 빠르게 종교 사상이 자유롭게 발전할 수 있었던 경우에 속했다. 네덜란드의 인문주의자 에라스무스 폰 로테르담의 사상에 깊이 영향을 받고 그의 독일인 제자였던 콘라트 헤레스바흐Konrad Heresbach에 의해 현실화된 개념, 그리고 적절한 라틴어 이름을 가지고 있던 이 개념은 바로 '중도via media'였다. 매우 민감한 상황에서 나타난 아주 흥미로운 정치적 표본이다.

그는 구교와 루터파 프로테스탄티즘 사이에 머물면서 동시에 규제의 효과도 발휘하는 중도를 걸어야 했다. 왜냐하면 다양한 신앙고백이 공존하는 공동체에서 종교의 자유가 사회적인 평화를 해치면 안 되었기 때문이다.

출처 Putzger, *Historischer Weltatlas*

　율리히, 클레베, 베르크, 여기에 변경 백작령과 라벤스베르크Ravensberg, 그리고 라벤슈타인Ravenstein 지역을 비롯해 다양한 특징을 지닌 영토들의 집합체는 1521년부터 하나의 연합체가 된 '통합공국'이었다. 광활한 영토에 대략 40만 명의 주민들이 살았고, 서쪽으로는 마스Maas 강이, 동쪽으로는 베저Weser 강이 영토의 경계였으며 남쪽에서는 옛 슈타우퍼 왕가의 궁전이 있는 진찌히Sinzig부터 북쪽의 위트레흐트Utrecht 근처까지 이어졌다.

　그리고 이 지역은 결코 가난한 땅이 아니었다. 루르Ruhr 지역에서는 석탄을, 마르크와 베르크 지역에서는 철광석을 캘 수 있었으며 직물의 거래가 꽃을 피웠고 곡물은 항상 풍족해서 당시 유럽에서 가장 큰 도시였던 쾰른의 시장에 충분히 납품하고 남을 정도였다. 또한 라인 강 하류 지역의 통치자는 국제적인 지위와 명성을 지니고 있어 동맹을 맺기에 가장 매력적인 상대였다.

이런 배경으로 인해 자의식이 높았던 통합공국의 공작들은 교회와 관련된 사안도 자신감 있게 처리했다. 1444년에 교황 에우제니오 4세Eugen IV는 쾰른의 대주교 디트리히 폰 뫼르스Dietrich von Moers에게 충성하던 이 공작들을 대주교구에서 빼버렸다. 디트리히가 대립 교황에게 호감을 보였기 때문이다. 그 결과 클레베의 영주는 종교와 세속 문제라는 두 가지 통치권을 모두 행사할 수 있었다.

이 상황을 당시 어떤 이는 "Dux Cliviae est papa in territorio suo"라고 표현했다. 번역하면 '클레베 공작은 자기 영토에서 교황이다'라는 뜻이다. 이들이 정말 자유롭게 통치할 수 있다는 이야기였다. 역사학자들은 이런 통치 형식에 '영방 통치하의 교회 지배'라는 이상한 이름을 갖다 붙였다.

공작령의 주민들은 꽤 일찍부터 교회와 제국의 다른 지역과는 다른 관계를 가지게 되었다. 중세 말기에 이웃 국가 네덜란드에는 새롭고, 많은 이에게 매력적인 일상 철학이 빛을 보았다. 이 사상은 '데보치오 모데르나'라고 불렸다. 경건함은 십자군 원정을 떠난다거나 성인 행진에 참여하는 등의 공개적인 증명만으로 나타나는 것이 아니었다. 중요한 것은 오히려 내면의 성장, 진정한 신앙의 내용과 돕는 사랑을 아는 것, 그리고 복음을 '모든 지식의 뿌리, 그리고 인생의 거울로 삼는 것'이었다. 그렇기에 이들이 해야 했던 작업은 성경을 민중의 언어로 번역하는 것이었다. 루터가 번역을 시작하기 훨씬 전에 데보치오 모데르나에서 성경을 번역했다.

하느님에게 드리는 예배도 자유로워야 했다. 이것이 데보치오 모데르나 창시자들의 분명한 소망이었다. 가령 성찬을 나누어 줄 때도 두 가지 영성체를, 그러니까 빵과 포도주를 모두에게 나누어 주었는데, 이는 콘스탄츠 공의회의 결정과 정반대로 행하는 것이었다. 그 결정에 따르면 사제만 잔을 받아 마실 수 있었다.

라인 지역의 역사연구가 빌헬름 얀센Wilhelm Janssen은 "데보치오 모데르나에서 시작된 '경건 운동'은 여러 지역에서 행해지던 부정부패를 향한 시선을 날카롭게 만들었을 것"이라고 평가했다. 이 시선은 또한 자신의 성공에만 관심이 있으며 성직록과 돈에 집착하는 성직자들에게 쏟아졌다. 일반 사목사제들은 유치한 수준의 교육과 지식 수준을 가지고 있었으며 말도 되지 않는 설교를 했다. 또한 거의 지켜지지 않는 독신 서약은 흥미롭게도 언제나 지켜지지 않았다. 대안은 하나밖에 없었다. 지도자와 구성원들을 개혁하는 것이었다. 이를 위해 빌헬름 공작 가문은 3세대에 걸쳐 힘을 썼다.

1475년에 빌헬름 폰 율리히-베르크-라벤스베르크 4세Wilhelm

IV von Jülich-Berg-Ravensberg가 통치자의 지위에 올랐을 때 그는 '격렬한 저항'에도 불구하고 수도원의 규율을 재정비하게 했다. 뫼헨글라드바흐Mönchengladbach의 베네딕투스회 수도원은 특히 부정이 많기로 악명이 높았다. 그는 규율을 중시했고 '교회법을 더 엄격히' 지키게 했다.

그렇게 일관된 조치는 새로운 것이었다. 물론 규율을 지키게 하는 것 말고도 다른 소망이 숨어 있었다. 얀센에 따르면 그는 "종교적인 열심 외에도 고장 난 교회의 권위 때문에 선한 양심의 관행이 모욕당하는 것을 참을 수 없다는 단호한 결심을 겉으로 드러냈다." 공작은 사제와 이들이 거짓으로 벌어들이는 수입을 좌시하지 않고 행동에 나섰다. '성직자답게' 행동하지 않는 사제는 즉시 해고했다. 왜냐하면 빌헬름은 민중과 이들의 신앙에 특별한 책임감을 느꼈기 때문이다.

이런 책임감은 그의 후계자이자 손자인 요한에게 유전되었다. 요한은 비텐베르크 논제 사건이 터지기 6년 전인 1511년에 통치자의 자리에 올랐다. 그는 루터의 교리가 틀렸다고 생각하고 이단으로 여겼다. 그래서 1525년 3월에는 공국 내의 모든 사제에게 루터의 사상과 그의 추종자들이 들어오지 못하게 하라고 명령했다. 행정 관청은 루터를 추종하는 사람의 '신체와 재산을 처벌하라'는 명령을 받았다.

그럼에도 요한은 놀랍게도 루터를 추방하고 저서를 몰수하라는 1521년의 보름스 칙령을 공개하지 않았고, 1525년의 자신의 명령도 실제로는 거의 실행하지 않았다. 요한이 무엇보다 국가 내부의 안정을 중요하게 여겼기 때문이다. 그가 보기에 루터의 생각은 혁명적이었고, 갑작스러운 변화는 '혼란'을 야기할 수 있었다. 이런 두려움이 그를 덮쳤지만 어디까지나 근거가 없는 생각이었다. 역사연구가 크리스티안 슐테Christian Schulte는 '안정과 공공의 안전이 위협을 받지 않으면' 민중에게 자유를 허락했던 그에게 처음으로 신앙의 문제가 현실적인 의미로 다가왔을 것이라고 말한다.

그래서 한번은 1527년에 그가 나중에 사위로 삼게 될 요한 프리드리히가 찾아왔을 때, 프리드리히와 동행했던 '루터파' 보좌목사인 프리드리히 미코니우스Friedrich Myconius에게 쾰른, 율리히, 클레베, 에센Essen, 수스트Soest, 파더보른Paderborn에서 새로운 교리를 공개적으로 설교하고 홍보할 수 있도록 허락해주었다. 이는 요한이 얼마나 마음을 열고 있었는지 잘 알 수 있는 대목이다. 실제로 기록을 보면 미코니우스는 "공작의 영지인 클레베부터 베스트팔렌까지 다니며 새로운 교리를 민중에게 알렸다"고 되어 있다.

요한이 개혁파의 교회 정책을 얼마나 진지하게 받아들였는지 알 수 있게 해주는 중요한 인물이 있다. 요한의 아들 빌헬름이 7세가 되었을 때 요한은 아들에게 교사를 붙여주었다. 콘라트 헤레스바흐는 인문주의 지식인이었고 법학과 철학, 어문학과 신학 등 다방면에 유능했다. 헤레스바흐는 클레베의 후계자에게 자신의 스승인 에라스무스 폰 로테르담을 소개시켜 주었다. 이런 방식으로 라인 강 하류에도 인문주의가 스며들었다.

요한의 측근들은 처음에는 이런 현대적인 사상을 회의적으로 바라보았다. 마침 율리히-클레베-베르크의 교회법을 만들어야 하는 시점이 되자 성직자의 교육, 심각한 범죄자의 처벌, 그리고 특히 교리가 없다는 것과 같은 문제들이 대두되었다.

종교 통일을 위해 의견이 갈리는 문제는 모두 포기해야 했고, 종파적인 차이를 조화롭게 해결해야 했다. 모든 조치의 기준은 성경이었다. 끊임없이 성화를 옮기는 일은 그만두어야 했다. 진정한 신앙은 미신으로 변하지 않았다. 얀센에 따르면 전통 교회의 개혁으로 "아무런 종교 논쟁도 일으키지 않고" 개신교의 규칙들이 적용되었다.

교회 조례에서는 루터에 대해 좋다거나 나쁘다는 아무런 언급이 없었다. 하지만 정작 이 종교개혁가는 라인 강 하류 지역의 개혁 분위기를 그다지 좋아하지 않았다. 루터는 간단히 이렇게 말했다.

독일어도 엉망, 복음도 엉망. 에라스무스에게서 온 것들은 모두 신학투성이라 쓰레기 위에 후추를 잔뜩 뿌려놓은 것 같단 말일세.

여기서 쓰레기는 쓰레기 구덩이를 가리키고 후추도 쓰레기와 동의어였다. "독일어가 엉망"이라는 말은 라인 강 하류 지역의 다양한 출신 때문에 베스트팔렌과 네덜란드와 쾰른의 사투리가 가득한 이 지역 독일어를 비난한 것이다. "복음도 엉망"이라는 말은 개혁의 내용에 관한 비판이었다.

공작의 조언자들은 이들이 비난을 하거나 말거나 내버려두었다. 루터와 그의 친구 멜란히톤은 이들을 '똑똑이'라고 불렀는데 아마도 잘난 체하는 행동을 지적한 것일 터였다. 이들은 분쟁을 방지하고 명확한 공격을 피해야 한다는 더 중요한 목적을 잠시도 잊지 않았다. 1539년에 통치를 시작한 공작 빌헬름은 그의 선조들의 원칙을 그대로 계승하되 더 강하게 이어갔다. 헤레스바흐의 전기 작가인 마르틴 차메이타트Martin Szameitat는 빌헬름이 조언자들의 교회 정책을 그의 아버지 요한보다 더 관대하게 인정했기 때문이라고 말한다.

하지만 가끔씩 빌헬름은 그의 개혁 프로그램을 제대로 지속할 수 없었던 것 같다. 1543년 여름에 황제 카알 5세가 대군을 이끌고 통합공국을 공격했다. 전형적인 상속 문제로, 겔데른Geldern과 저트펀Zutphen 공작령이 원래 황제의 땅이라는 이유였다. 빌헬름 측은 황제군에게 패했고 카알은 이 승리로 종교 문제를 빠르게 해결하여 가톨릭교회의 통일을 이룰 수 있겠다고 확신했다.

1543년 9월 7일, 빌헬름은 종교의 모든 개혁을 되돌리고 전통

교회에 충성하겠다는 내용의 벤로Venlo 조약에 서명해야 했다. 황제의 뜻은 종교개혁을 포기하라는 것이었다. 하지만 빌헬름은 한 번도 프로테스탄트로 기울었던 적이 없었다. 그리고 그는 기본적으로 가톨릭 신앙에 머물려고 노력한 적도 없었다. 그가 고집하는 것은 인간을 위한 모든 종류의 개혁 단 한 가지였다.

따라서 황제와의 조약도 그에게는 단지 한 장의 종이 부스러기에 불과했다. 그래서 그는 자신의 교회 정책인 중도를 계속 고수했고 그의 직속 신하들에게도 자유를 허락했다. 종교적인 이유로 네덜란드에서, 벨기에에서, 영국에서 도피한 개신교도와 칼뱅주의자들은 빌헬름의 영지로 피할 수 있었고, 심지어 재세례파들도 이곳에서 안전하게 지낼 수 있었다.

쾰른의 종교개혁 전문가 하름 클뤼팅Harm Klueting은 라인 강 하류의 '난민 공동체'가 독립적이고 자율적인 개혁주의 독일 공동체의 모범이자 기반이 되었다고 평가했다. 위에서 지시하고 아래부터 실현되는 과정이었다. 이 지역의 통치자는 다원주의적이면서 서로 인정하는 독특한 신앙 공동체를 만들어냈다.

어쩌면 이상적인 왕의 길일 수도 있는 중도 정치는 1566년에 빌헬름이 갑작스러운 심장마비로 제대로 통치를 할 수 없게 되자 끝이 났다. 일 년 뒤에 국경을 마주하는 옆 지역에서 스페인의 투사이며, 알바의 공작인 페르난도 알바레즈 데 톨레도Fernando Álvarez de Toledo가 공포정치를 시작했다. 네덜란드에서 일어난 개신교도의 반란에 그는 총사령관으로 임명되어 무자비한 살육을 저질렀고 1만 8000명이 죽임을 당했다.

라인 강 하류 지역의 공작들의 시대도 끝이 났다. 그들은 관용이라는 교회 정책으로 시대를 앞서갔으며 현대의 우리가 당연하게 누리고 있는 관용을 먼저 시작했다.

글 게오르그 뵈니쉬

진리를 둘러싼 전쟁

갑자기 기독교가 두 개로 갈라지면서 정치계에는 놀라운 결과가 벌어졌다. 근대 초기 유럽사 연구의 전문가 루이제 쇼른-슈테는 시민들에게 압제하는 군주를 폐위시킬 명분이 생겼다고 설명한다.

 슈피겔 쇼른-슈테 교수님, 근대의 유럽 역사에서 종교개혁은 중요한 사건이었나요?

쇼른-슈테 중요한 사건인 건 맞지만 가장 중요한 사건은 아니라고 대답할게요. 역사는 확신할 수 없거든요. 종교개혁으로 하나였던 서양 기독교가 분열되었고, 종파 분열로 인한 파급효과는 심지어 제2차 세계대전이 끝난 뒤까지도 이어졌습니다. 유럽 역사에 커다란 획을 그은 사건이었죠.

슈피겔 종교개혁을 통해 중세가 끝나고 근대가 시작된 것인가요?

쇼른-슈테 종교개혁 전에도 두 시대를 연결하는 사건은 많이 있었습니다. 루터의 종교개혁은 사실 중세 시대만을 겨냥한 것이었습니다. 엄밀히 말하면 중세 교회의 특정한 성사 관행을 겨냥한 것이죠. 예를 하나 들면 성찬식 때 예수의 몸과 피가 진짜 등장한다는 전통적인 믿음을 루터는 끝까지 고수했어요. 동시에 루터의 사상은 16세기의 변화된 환경에서 영향력을 발휘했습니다. 그러면서 완전히 새로운 시대가 열린 것이지요.

슈피겔 그렇다면 종교개혁이 남긴 근대화의 결과는 무엇이 있을까요?

쇼른-슈테 1970년대에는 종교개혁이 새로운 국가관을 만들었다는 주장이 나왔습니다. 국가가 신앙을 통제하여 국민을 복종시키고 중앙집권적으로 통치한다는 시각 말이죠. 하지만 저는 이 주장이 타당하다고 생각하지 않습니다. 중세의 시민 입장이 되어 당시 사회를 떠올려본다면요. 16세기의 사람들은 여러 지역을 아우르는 국가라는 개념을 상상하지 못했습니다. 제 생각에는 정치적이긴 하지만 완전히 다른 발전이 일어났을 것 같습니다.

슈피겔 어떤 발전 말인가요?

쇼른-슈테 16세기 도시국가의 시민은 자신의 경제력에 따라 그에

걸맞은 정치적인 권력도 지니고 싶어 했습니다. 중세 말기에 모습을 드러낸 이런 소원을 종교개혁의 신학이 지지해주었습니다. 루터는 공동체의 구성원은 전부 정치에 참여할 권리가 있고 공동체가 스스로 성직자를 뽑아야 한다고 말했습니다. 초대 교회 공동체를 재현하는 것이죠.

슈피겔 그러자 시민들이 사제를 직접 선출하고 싶어 했겠군요.

쇼른-슈테 이것은 곧 정치적인 요구가 되었습니다. 대부분 땅 주인이었던 시 의원들은 이 특별한 권리를 자신들만 행사하려고 했고 그러자 시민들이 들고 일어나 종교를 선택할 권리를 주장했어요. 종교를 선택할 권리, 그리고 통치에 관여할 권리에 대한 논쟁은 1550년대부터 약 100년간 유럽 전체에서 끊임없이 지속되었습니다. 정치와 종교는 계속 서로 결합되어 있었지요.

슈피겔 이 현상을 민주주의 사고방식의 시작으로 볼 수도 있을까요?

쇼른-슈테 물론 오늘날 우리가 생각하는 민주주의와는 다소 거리가 있습니다. 당시에는 정치적인 조치를 합법적으로 취할 수 있는 집단, 즉 공직에 누가 오를 수 있는지가 문제였습니다. 제국 차원에서는 높은 귀족과 성직자, 제후, 제국 도시의 군주가 제국 의회의 의원이었습니다. 주마다 주 의회가 있었고 도시국가에서는 상인과 수공업자의 대변자, 즉 동업조합인 길드가 정치에 관여했습니다. 하지만 어떤 경우에도 '평민'은 참여할 수 없었어요. 대부분의 논쟁은 이런 식으로 결론이 났고, 농부들은 매번 승산 없는 싸움을 해야 했습니다.

슈피겔 정치적 개입을 향한 소망은 어떤 결과를 가져왔나요?

쇼른-슈테 독일에서는 이 문제가 제국 차원에서 처음 불거졌습니다. 기독교 분열 이후에 헤센의 백작과 작센의 선제후는 신앙과 양심 문제에서 조금도 타협하지 않겠다고 선언을 했어요. 그런데 만약 황제가 타협하라고 강요한다면 그는 신앙을 지켜야 하는 기독교 지도자로서 그의 의무를 다하지 않는 것이며, 따라서 독재가 아니냐 하는 논쟁이었습니다. 독재자는 폐위시킬 수 있었거든요. 정치 개입 요구는 또한 통치자가 의무를 다하는지 평가하겠다는 통치권의 통제를 의미했습니다. 근대 초기에 이른바 자치권이라 불린 권리에 대한 이런 논쟁은 점차 유럽 전체로 퍼졌습니다. 예를 들면 영국과 프랑스, 폴란드로요.

슈피겔 민중이 권력자를 쫓아낼 수 있다는 논리는 칼뱅주의자들

의 주장이었는데요. 루터의 추종자들도 이와 같은 이야기를 했
나요?

쇼른-슈테 그렇습니다. 마르틴 루터 자신은 언제나 이를 부정했습
니다. 그는 정치와 거리가 먼 인물이었지요. 하지만 필립 멜란히
톤이나 요하네스 부겐하겐 그리고 다른 신학자들은 법 교육을 받
은 사람들이었고, 1530년대 초반에 이미 이 문제를 놓고 논의를
시작했습니다. 칼뱅은 그 당시 아직 활동을 시작하기 전이었지요.

슈피겔 그러면 가톨릭교회도 이 문제를 다룬 적이 있나요?

쇼른-슈테 공동체 차원에서 드물게 이야기가 나오긴 했습니다.
가톨릭은 부사제부터 교황까지 이르는 무척 경직된 계급 구조를
당연하게 생각했으니까요. 하지만 민중 대부분이 가톨릭 신자인
상황에서 영주가 개신교인 경우에 이런 논쟁이 불거져 나왔고,
특히 예수회는 적극적으로 군주가 공동체의 신앙 유지를 방해한
다면 그는 독재자이며 폐위될 수 있다고 주장했지요.

슈피겔 그러면 통치자를 비판하는 일도 가능해졌나요?

쇼른-슈테 중세 시대에도 통치자 비판은 불법이 아니었습니다.

군주가 통치 규정을 벗어났다고 해서 독재자로 몰리지는 않았습니다. 대부분의 경우 그는 양심을 저버렸다는 이유로 폐위되었지요. 어쨌든 가톨릭의 기독교 신앙이 지배하는 시대였으니까요. 고대 시대 이후 폭정에 대한 토론이 다시 벌어지고 정치적·법적 결과가 통치자 비판으로 이어지게 된 것은 종교개혁 운동으로 기독교가 둘로 갈라지고 나서부터입니다.

슈피겔 종교개혁의 결과로 한 영토에 하나의 신앙만 보유할 수 있게 되었잖아요. 그러면 개신교 군주의 땅에 살았던 가톨릭 신자들은 어떻게 되었나요? 군주 때문에 신자들이 전부 종교를 바꾸는 일도 있었나요?

쇼른-슈테 영토가 작은 도시국가에서는 통치권이 세습될 때마다 그런 상황이 발생했습니다. 아우크스부르크 제국의회의 종교 평화조약이 맺어진 후에 가톨릭 영토로 인정받은 지역이 있었습니다. 이후 세습 군주가 개신교를 믿었지만 주민들은 가톨릭 신앙을 유지했습니다. 같은 일이 개신교 영토에서도 벌어졌지요. 당시에는 서로 다른 신앙고백에 대한 아주 세분화된 접근법이 존재했습니다. 정말 다양했지요. 서로 다른 종교인이 결혼하는가 하면 종교 난민들이 이주하여 정착을 했으며, 군주가 다른 신앙을 요구하더라도 자신의 신앙을 지킨 사람들도 있었습니다.

슈피겔 이런 사람들은 박해를 받았나요?

쇼른-슈테 개종하라는 압박이 있었지만 모든 지역에서 그랬던 것은 아니에요. 근대 초기의 통치 질서는 강력한 감시 체제가 아니었어요. 법의 준수를 감시하기 위해 군인이나 경찰을 배치하지도 않았지요. 공권력이 구석구석 미치지 않았기 때문에 사람들은 아무리 가난한 사람이라도 어느 정도는 자유를 누렸습니다. 많은 지역에서 불복종이나 고집스러운 반대를 볼 수 있었습니다. 제후나 군주는 여론의 결정을 알 수 있는 사람들, 그러니까 시 의회나 도시국가의 대표 또는 경제적으로 부를 쌓은 농촌 공동체의 대표들과 잘 협의해서 어느 조치는 시행 가능하고 어느 것은 불가능한지 알아내는 것이 관행이었죠.

슈피겔 두 가지 신앙고백이 공존하면서부터 비로소 사람들에게 통치자 같은 문제에 대안도 있을 수 있다는 인식이 생긴 것은 아닌가요?

쇼른-슈테 중세에서 근대로 넘어가는 일이 항상 좋았던 것은 아닙니다. 그전에도 대안이 없었다고는 볼 수 없을 것 같아요. 하지만 두 가지의 신학적 진리가 서로 상충한다는 사실은 자연스럽게 많은 결과를 불러왔습니다. 사람들은 이런 결론에 도달했습니다.

만약 권력자가 대중의 신앙을 존중하지 않으면 대중의 양심을 괴롭히는 셈이고, 그러면 필요한 경우 대중은 권력자의 폐위를 통해 사회 질서를 다시 세울 권리가 있다고 말이죠. 정치적 대안을 생각하는 사고방식은 이제 무엇보다 새로운 신학의 인정을 받게 되었습니다.

슈피겔 신앙의 차이로 인해 당시 사람들의 생활방식도 다양해졌나요?

쇼른-슈테 신학이 다양해지고 이로 인해 문화가 발전한 것은 종교 개혁가들이 의도한 결과가 아니었을 겁니다. 중세에도 그런 발전의 조짐이 있었지만 종교개혁 이후로는 급격히 증가했습니다. 결과적으로 독일은 문화적인 통일을 이루기까지 무척 오랜 시간을 기다려야 했습니다. 종교가 하나였던 프랑스나 영국과 완전히 달랐지요.

슈피겔 현재의 시각에서 볼 때 각각의 종교가 양심의 자유를 세차게 주장하면서 정작 다른 종교인의 자유는 허용하지 않았던 점은 참 이해하기가 힘든데요. 어떻게 설명이 가능할까요?

쇼른-슈테 양심의 자유는 루터의 염원이었죠. 그리고 정말 새로운 원동력이었습니다. 생각해보세요. 신의 은총을 받기 위해 사제나 교황도 필요하지 않고 개인이 신과 직접 약속을 함으로써 받을 수 있다는 생각이요. 하지만 이런 양심의 자유를 18세기 개인의 자유 개념과 혼동하면 안 됩니다. 당시 두 종파는 완벽한 진리를 안다고 여기며 확고한 위치를 차지하고 싶어 했습니다. 아우크스부르크 종교회의로 인해 충돌이 잠잠해지긴 했지만 누가 옳은지에 관해서는 결론을 내리지 않고 잠정적으로 합의만 한 것이었어요. 그러나 평범한 사람들은 당연히 계속 이 문제를 궁금하게 생각했습니다.

슈피겔 30년 전쟁도 결국 그런 이유 때문에 일어난 것인가요?

쇼른-슈테 그 전쟁이 정말 종교전쟁이었는지에 관해 오랫동안 논쟁이 있었는데, 권력 다툼과 경제적인 이득이 가장 큰 원인이었다고 생각하는 역사학자들이 많습니다. 하지만 처음에 30년 전쟁이 시작된 계기는 실제로 종교의 충돌이었습니다. 신앙적인 동기로 인해 제국과 유럽 내의 동맹군이 무력으로 충돌한 이 사건은 아우크스부르크 제국의회의 효력에 흠집을 냈습니다.

슈피겔 그 당시에는 정치와 종교가 긴밀하게 연관되어 있었잖아요. 두 종교가 서로 다른 타협할 수 없는 진리를 주장한다면 어떻게 나라가 유지되는 거죠?

쇼른-슈테 비극적인 30년 전쟁이 끝난 뒤에 사람들은 정치와 종교를 구분하기로 했습니다. 군주가 통치하는 영역이 있었고, 종교적인 영역은 완전히 분리되었습니다. 이로써 종교개혁 시기의 특징이었던 정치와 종교의 뒤엉킨 관계가 풀리게 된 것이죠. 하지만 동시에 여러 사람이 통치에 관여하는 시대도 끝이 났습니다. 독재 군주의 시대가 시작된 것입니다.

슈피겔 쇼른-슈테 교수님, 토론에 응해주셔서 고맙습니다.

인터뷰어 에바-마리아 슈누어

루이제 쇼른-슈테 Luise Shorn-Schütte

프랑크푸르트 대학의 명예교수로 근대 초기 유럽사를 가르쳤다. 2015년에 『신의 메시지와 통치자들. 근대 유럽의 정치신학 이야기Gottes Wort und Menschenherrschaft. Politisch-Theologische Sprachen im Europa der Frühen Neuzeit』를 출간했다.

연대표

1517년 10월 31일 마르틴 루터가 면벌부 판매에 반대하는 95개조 논제를 마인츠의 대주교, 알브레히트 폰 브란덴부르크에게 보냈다.

1517년 12월 마인츠의 대주교, 알브레히트 폰 브란덴부르크가 루터를 잠재적인 이단자로 지목하는 편지를 로마에 보냈다.

1518년 3월 루터가 소책자 『면벌부와 은총에 관한 설교』를 출간했다. 면벌부를 비판하는 내용을 독일어로 쓴 책이다.

1518년 6월 도미니크회 수도사인 요하네스 테첼의 이단자 고발이 있은 후에 로마에서 루터를 소환하여 이단 재판을 열기로 했다.

1518년 여름 스위스에서는 에라스무스 폰 로테르담의 제자인 홀드리히 츠빙글리가 처음으로 성지순례와 '악한 관행'들을 비판하는 설교를 했다.

1518년 10월 교황의 사절인 토마스 카예타누스 추기경이 아우크스부르크 제국의회 기간 동안 루터를 따로 불러서 심문했다. 루터는 자신의 주장을 철회하지 않았다.

1519년 6~7월 라이프치히에서 요하네스 에크와 벌인 논쟁에서 루터가 공의회도 잘못을 저지를 수 있다는 사실을 지적했다. 처음으로 바티칸을 공개적으로 비판한 것이었다.

1520년 6월 15일 교황 레오 10세가 교서 「주여, 일어나소서」를 내려 루터의 파문을 예고하며 교황의 가르침에 복종하라고 명령했다.

1520년 8월 이때부터 11월까지 루터의 주요 저서 세 권 『독일 기독교 귀족에게 고함』 『교회의 바벨론 유수』 『그리스도인의 자유』가 출간되었다. 루터가 많은 대중을 설득시키는 데 큰 기여를 한 서적들이다.

1520년 12월 10일 루터가 비텐베르크의 엘스터 문 앞에서 공개적으로 교황의 파문 경고 교서를 불태웠다.

1521년 1월 3일 교황 레오 10세가 루터를 파문하는 교서 「로마 교황의 지당한 명령」을 발부했다.

1521년 4월 18일 보름스 제국의회에서 루터가 논제를 철회하라는 요구를 거부했다.

1521년 5월 26일 황제 카알 5세가 5월 8일자로 루터의 법적 권리를 박탈하고 모든 저서의 유포를 금지시킨다는 칙령을 발표했다.

1522년 여름까지 루터가 바르트부르크에서 신약성경을 독일어로 번역했다.

1523년 1월 홀드리히 츠빙글리가 취리히를 개혁하기 위한 첫 번째 논쟁을 시작했다.

1523년 기사 프란츠 폰 지킹엔이 트리어의 선제후를 공격하려다가 도리어 진압당했다.

1524년 신성로마제국의 수많은 지역에서는 1526년까지 농민들이 다른 계급과 손을 잡고 폭동을 일으켰으며 더 나은 권리를 요구했다. 농민 폭동의 근거는 종교개혁이었으나 루터는 이들과 거리를 두었다.

1524년 토마스 뮌처와 카를슈타트 같은 신학자를 중심으로 종교개혁의 급진개혁파가 탄생했다. 스위스와 독일 남부에서는 재세례파가 시작되었다.

1524년 스웨덴 왕 구스타프 바사가 로마와 교류를 끊고 마음대로 주교를 임명했다. 이 일로 인해 스웨덴에서 종교개혁이 시작되었다.

1525년 가톨릭 기사단이 통치하던 나라 프로이센이 개신교를 받아들였고 세속의 공작령이 되었다.

1526년 제1차 슈파이어 제국의회에서 제후들은 보름스 칙령을 거부하고 사실상 무효화했다.

1527년부터 노르웨이와 덴마크에서도 왕 프레데리크 1세와 크리스티안 3세의 주도 아래 개신교 민족교회가 꾸준히 생겨났다.

1528년 스위스에서는 베른과 장크트갈렌이 개혁을 받아들였고 뒤이어 바젤도 개신교로 개종했다.

1529년 루터는 평신도들이 개신교의 신앙 원리를 쉽게 이해할 수 있도록 『대요리문답(Großen Katechismus)』[42]을 펴냈다.

1529년 제2차 슈파이어 제국의회에서 황제의 총독이자 왕인 페르디난트 1세가 보름스 칙령을 다시 시행시키려 했다. 개신교로 개종한 제후들이 이에 거세게 항의(protest)했다. 이날 이후로 종교개혁을 지지하는 이들을 프로테스탄트라고 불렀다.

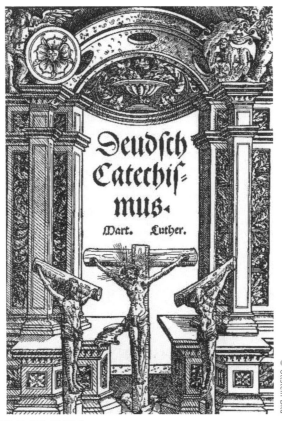

『대요리문답』의 초판 사본이다.

42 기독교의 중요한 교리들을 체계 있게 교육시킬 목적으로 만든 문답 형식의 글이다. 성직자를 위한 『대요리문답』과 평신도를 위한 『소요리문답(Kleine Katechismus)』이 있다.

1530년 아우크스부르크 제국의회에서 멜란히톤이 28개조 신앙고백인 「아우크스부르크 신앙고백」을 제시했다. 하지만 모든 종교개혁 집단이 이 신앙고백을 인정한 것은 아니었으며 황제는 여전히 보름스 칙령을 시행하라는 입장이었다.

1531년 더 많은 개신교 제후들이 황제의 종교 정책에 반대하는 연맹인 슈말칼덴 동맹에 동참했다.

1532년 뉘른베르크 공의회 이후 황제 카알 5세가 임시적인 종교 평화를 위한 '평화조약'을 제안했다. 그 대신 개신교 측은 터키와의 전쟁에 지원하겠다고 약속했다.

1534년 영국의 왕 헨리 8세가 스스로 영국국교회(성공회)의 수장을 자처하고 로마와 단절했다.

1534~1535년 뮌스터에서는 재세례파가 요한계시록의 '천년왕국'을 건설했다. 가톨릭과 개신교 연합군이 도시를 포위하자 뮌스터는 내부 혼란 끝에 함락되었다.

1540년 교황이 1534년에 결성된 예수회를 공식 승인했다. 예수회는 교황에게 절대 순종을 약속하고 가톨릭의 단합을 추구했다.

1541년 레겐스부르크 제국의회에서 가톨릭과 개신교는 화해를 시도했으나 여전한 신학적인 입장 차이로 실패했다.

1541년 프랑스인 요하네스 칼뱅이 제네바에서 교회법령을 만들어 개혁을 일으켰다.

1543년 쾰른의 대주교 헤르만 폰 비드가 자신의 교구에 종교개혁을 도입했다. 교황의 파문을 받고 그는 불화를 피하기 위해 1547년에 주교직을 사임했다.

1545년 교황이 트리엔트에서 공의회를 소집했다. 가톨릭교회가 종교개혁에 어떻게 대응할 것이냐는 문제를 논의했다.

1546년 루터가 아이슬레벤에서 사망했다.

1546년 황제 카알 5세가 개신교 제후들을 상대로 슈말칼덴 전쟁을 일으켰다. 황제가 승리한 뒤 작센의 제후직을 황제의 편이던 모리츠에게 넘겨주었다.

1547년 프랑스의 왕 앙리 2세가 개신교를 무자비하게 탄압했다. 이때 신교도를 경멸적인 호칭인 위그노(Huguenots)라고 불렀다.

1553년 영국의 메리 튜더가 왕위에 오른 뒤 종교개혁을 중지시키고 개신교를 탄압했다.

1555년 아우크스부르크 제국의회에서 종교 평화조약이 맺어졌다. 협정은 단지 종교 문제를 일축하려는 시도였으며 많은 문제가 해결되지 못한 채 동결되었다.

종교개혁가 마르틴 루터의 핵심 주장

솔라 피데 Sola fide — 오직 믿음으로

루터는 오직 믿음으로 영혼의 구원을, 하느님의 의롭다 하심을 받을 수 있다고 확신하며 근거로 사도 바울의 문장을 인용했다.

> 그러므로 사람이 의롭다 하심을 얻는 것은 율법의 행위에 있지 않고 믿음으로 되는 줄 우리가 인정하노라. ─로마서 3장 28절

선행이나 성인들에게 하는 기도 부탁, 서품을 받은 사제의 중재를 통해서는 아무도 천국에 못 들어간다는 이야기다. 그래서 루터는 무엇보다 당시에 만연했던 면벌부 판매와 성인 숭배를 비판했다. 그리고 각 사람이 하느님에게 직접 기도하고 말씀을 듣는 직접적인 관계가 중요하다고 말했다. 하느님의 계시를 알려주고 구원을 중재하는 사제는 더 이상 필요하지 않았고, 루터는 성찬식과 세례 그리고 (유보적이지만) 고해성사를 제외한 성례를 폐지했다.

솔라 그라티아 Sola gratia — 오직 은총으로

루터는 은총은 노력하여 얻는 것이 아니라 하느님이 선물로 주는

것이라고 생각했다. 선행과 특별한 행위로는 죄를 깨끗이 씻거나 천국에 갈 수 없다는 내용이다. 면벌부를 사는 일과 일부 사람들, 특히 수도사와 수녀 들이 인생을 헌신했다는 이유로 하느님의 특별한 은총을 받을 수 있다는 생각을 겨냥한 비판이었다. 루터는 하느님 앞에서 인간은 모두 동일하다고 생각했고 모든 교회 계급과 수도원, 독신 맹세는 필요 없다고 말했다.

솔라 스크립투라 Sola scriptura ─ 오직 성경으로

루터는 오래된 전통이 아닌 성경 원문이 교회 교리의 옳고 그름의 판단 기준이 되어야 한다고 주장했다. 복음은 명확하며 누구든지 이해할 수 있으므로 사제는 더 이상 자신만 신의 말씀을 해석할 수 있다고 할 수 없었으며 신자는 스스로 성경을 읽고 판단하고 행동해야 했다. 모든 신자가 성경을 읽을 수 있도록 루터는 성경을 독일어로 번역했다. 성경이 신학적 진리를 알려주는 유일한 근거였으므로 신앙 문제에 관한 공의회의 결정이나 교황의 교서, 당시에 자주 인용되던 초대 교부들의 글은 아무런 권위가 없었다. 루터의 동료 필립 멜란히톤은 이를 아주 명료하게 설명했다.

신앙의 문제에서 교황과 공의회, 교회는 무엇을 고치거나 결정할 권한이 없다. 신앙에 관한 논점은 순수하게 오로지 성경의 가르침(원문)을 기준으로 해결해야 한다.

루터의 후손 — 미국 사례를 중심으로 살펴본 기독교 교파들의 계보

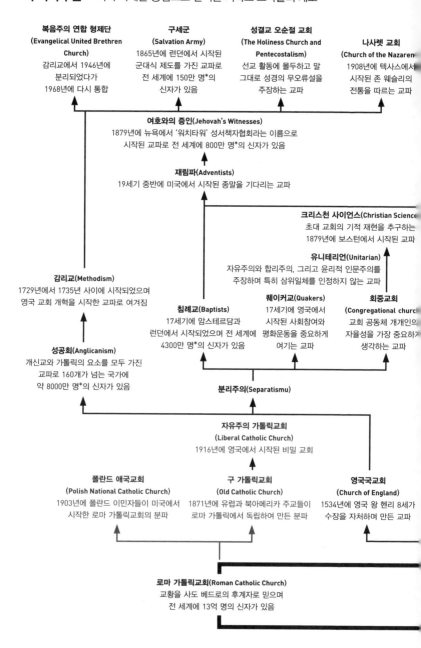

복음주의 연합 형제단
(Evangelical United Brethren Church)
감리교에서 1946년에 분리되었다가 1968년에 다시 통합

구세군
(Salvation Army)
1865년에 런던에서 시작된 군대식 제도를 가진 교파로 전 세계에 150만 명*의 신자가 있음

성결교 오순절 교회
(The Holiness Church and Pentecostalism)
선교 활동에 몰두하고 말 그대로 성경의 무오류설을 주장하는 교파

나사렛 교회
(Church of the Nazarene)
1908년에 텍사스에서 시작된 존 웨슬리의 전통을 따르는 교파

여호와의 증인(Jehovah's Witnesses)
1879년에 뉴욕에서 '워치타워' 성서책자협회라는 이름으로 시작된 교파로 전 세계에 800만 명*의 신자가 있음

재림파(Adventists)
19세기 중반에 미국에서 시작된 종말을 기다리는 교파

크리스천 사이언스(Christian Science)
초대 교회의 기적 재현을 추구하는 1879년에 보스턴에서 시작된 교파

유니테리언(Unitarian)
자유주의와 합리주의, 그리고 윤리적 인문주의를 주장하며 특히 삼위일체를 인정하지 않는 교파

감리교(Methodism)
1729년에서 1735년 사이에 시작되었으며 영국 교회 개혁을 시작한 교파로 여겨짐

침례교(Baptists)
17세기에 암스테르담과 런던에서 시작되었으며 전 세계에 4300만 명*의 신자가 있음

퀘이커교(Quakers)
17세기에 영국에서 시작된 사회참여와 평화운동을 중요하게 여기는 교파

회중교회(Congregational church)
교회 공동체 개개인의 자율성을 가장 중요하게 생각하는 교파

성공회(Anglicanism)
개신교와 가톨릭의 요소를 모두 가진 교파로 160개가 넘는 국가에 약 8000만 명*의 신자가 있음

분리주의(Separatismu)

자유주의 가톨릭교회
(Liberal Catholic Church)
1916년에 영국에서 시작된 비밀 교회

폴란드 애국교회
(Polish National Catholic Church)
1903년에 폴란드 이민자들이 미국에서 시작한 로마 가톨릭교회의 분파

구 가톨릭교회
(Old Catholic Church)
1871년에 유럽과 북아메리카 주교들이 로마 가톨릭에서 독립하여 만든 분파

영국국교회
(Church of England)
1534년에 영국 왕 헨리 8세가 수장을 자처하며 만든 교파

로마 가톨릭교회(Roman Catholic Church)
교황을 사도 베드로의 후계자로 믿으며 전 세계에 13억 명의 신자가 있음

* 자체 통계수치

출처 Hubert Jedin 외, *Atlas zur Kirchengeschichte*, Freiburg, 2004, p.102.

말일성도교회 혹은 모르몬교회
(The Church of Jesus Christ of Latter-day Saints/Mormon Church)
1830년에 미국 뉴욕 주에서 시작되었고 전 세계에 1500만 명*의 신자가 있으며 본부는 미국 유타 주 솔트레이크 시티에 위치

예수그리스도 교회(Church of Christ)
모르몬(Mormon) 공동체

제자회(Disciples of Christ)

연합 그리스도의 교회
(United Church of Christ)
1957년에 미국에서 시작되었으며 옛 청교도 정신에 뿌리를 둠

장로교(Presbyterian)
1647년에 웨스트민스터에서 신앙고백을 인준받은 장로 중심 교회

개신교와 개혁파
(Evangelism and Reformed church)
츠빙글리와 칼뱅의 개혁 전통을 따르는 노선

개혁파
(Reformed church)
종교전쟁 끝에 1648년 베스트팔렌 평화조약을 통해 신교 인정

칼뱅파(Calvinism)
1564년에 제네바에서 죽은 종교개혁가 요하네스 칼뱅을 계승

메노파(Mennonite)
16세기에 북부 독일과 네덜란드에서 시작

루터파(Lutheran)
마르틴 루터의 종교개혁으로 시작되었으며 전 세계에 약 7500만 명의 신자가 있음

츠빙글리파(Zwinglian)
1523년에 취리히에서 시작된 급진적인 개혁 운동

재세례파(Anabaptist)
1525년경 취리히에서 시작, 유아 세례를 인정하지 않음

모라비아 형제단
(Moravian Brethren)
1467년에 보헤미아에서 결성, 초기 기독교 공동체를 지향

개신교(Protestant Church)

비잔틴-정교회(Eastern Orthodox Church)
1054년 동방교회 독립(동서 교회 대분열)

동방-정교회(Oriental Orthodoxy)
5~6세기에 로마 가톨릭교회에서 독립

초기 기독교(Apostolic Age)
교 활동이 시작된 서기 48~49년부터 대략 120~130년까지

참고문헌

1. Thomas Kaufmann, *Geschichte der Reformation*, Verlag der Weltreligionen, Frankfurt, Main, 2009.
   괴팅엔의 교회사학자가 1500년부터 1555년까지의 사건을 아주 종합적이고 현대적으로 표현해낸 책이다. 작게 나눠진 소문단은 강의 교재로도 적합하며, 누구나 '농민전쟁'이나 '재세례파' 같은 원하는 주제를 골라 바로 읽을 수 있다. 물론 내용을 이미 아는 사람에게도 유용하다.
2. Volker Leppin, *Das Zeitalter der Reformation: Eine Welt im Übergang*, Wissenschaftliche Buchgesellschaft, Darmstadt, 2009.
   튀빙엔의 교회사학자가 중세 말기의 철학 그리고 신앙 세계를 설명해주는 책이다. 많은 삽화를 수록하고 있으며 루터가 어떤 근거로 자신의 주장을 폈으며 그의 메시지가 어떤 영향을 발휘했는지 쉽고도 명확하게 설명하고 있다.
3. Volker Leppin, Gury Schneider-Ludorff(공저), *Das Luther-Lexikon*, Verlag Bückle & Böhm, Regensburg, 2015.
   종교개혁을 아주 정확히 그리고 체계적으로 알고 싶은 독자를 위해 핵심 개념 위주로 정리한 책이다. 알파벳 순서를 따라 읽다 보면 중요한 개념과 인물에 대한 가장 최신 지식을 얻을 수 있다.
4. Diarmaid MacCulloch, *Die Reformation 1490-1700*, Deutsche Verlags-Anstalt, München, 2008.
   옥스포드 대학교수가 훑어주는 감동적인 교회사다. 종교개혁의 신학적인 근거와 유럽 전체에서 일어나는 정치적인 결과를 해박한 지식을 곁들여 설명했으며 중세 사회에서 있었던 마녀사냥부터 가족사진, 그리고 성도덕 문제도 다루고 있다.
5. Sonja Poppe, *Bibel und Bild: Die Cranachschule als Malwerkstatt der*

Reformation, Evangelische Verlagsanstalt, Leipzig, 2014.

화가 루카스 크라나흐 1세와 그의 그림이 지닌 종교개혁의 의미를 더 알고 싶은 독자에게 아주 적합한 책이다. 간단한 책 소개 뒤에는 수많은 삽화와 함께 화가의 작품에 담긴 중요한 모티브의 설명이 자세하게 이어진다.

6. Bernd Schäfer, Ulrike Eydinger, Matthias Rekow, *Fliegende Blätter: Die Sammlung der Einblattholzschnitte des 15. und 16. Jahrhunderts in der Stiftung Schloss Friedenstein Gotha*, Arnoldsche Art Publishers, Stuttgart, 2016.

16세기 초부터 등장한 그림이 실린 단면 인쇄물을 독일에서 가장 많이 수록한 책이다. 한때 단순한 종이 뭉치로 여겨졌던, 고타(Gotha)의 소장품은 1480년부터 1599년까지 인쇄된 약 700 종류의 전단을 포함하는 유일한 역사의 증거물이다.

7. Heinz Schilling, *Martin Luther: Rebell in einer Zeit des Umbruchs*, C. H. Beck, München, 2012.

전문 지식을 원하는 독자에게는 베를린의 근대역사학자가 쓴 전기를 추천한다. 쉴링은 루터의 이론이 발전한 과정을 정확하게 표현했고 교회 비판의 발전은 황제와 교회의 반응에 루터가 제시한 답변을 통해 설명한다. 정확하고, 재미있으며 어렵지 않다.

8. Götz-Rüdiger Tewes, *Die römische Kurie und* die *europäischen Länder am Vorabend der Reformation*, De Gruyter, Berlin, 2001.

1450년과 1520년 사이에 교황들과 세속 군주가 어떻게 연합하고 또 전쟁을 벌였는지 아주 자세히 알고 싶다면 이 책을 추천한다.

저자 약력

마티아스 바르취(Matthias Bartsch): 프랑크푸르트 암 마인에 있는 슈피겔 중앙편집부의 편집자다.

Dr. 다니엘 벨린그라트(Dr. Daniel Bellingradt): 에어랑엔-뉘른베르크 대학의 서지학 부교수다.

슈테판 베르크(Stefan Berg): 베를린에 있는 슈피겔 독일 국내 분야 저자다.

게오르그 뵈니쉬(Georg Bönisch): 뒤셀도르프에 있는 슈피겔 중앙편집부의 편집자다.

펠릭스 보어(Felix Bohr): 프리랜서 저널리스트이자 역사학자다.

아네트 브룬스(Annette Bruhns): 슈피겔 역사와 슈피겔 지식 잡지의 편집자다.

Dr. 마르틴 되리(Dr. Martin Doerry): 슈피겔 문화부 저자다.

틸 하인(Till Hein): 프리랜서 저널리스트다.

닐스 클라비터(Nils Klawitter): 슈피겔 경제부 편집자다.

우베 클루스만(Uwe Klußmann): 슈피겔 역사와 슈피겔 지식 잡지의 편집자다.

울리케 크뇌펠(Ulrike Knöfel): 슈피겔 문화부 편집자다.

Dr. 닐스 민크마르(Dr. Nils Minkmar): 슈피겔 문화부 저자다.

요아힘 모어(Joachim Mohr): 슈피겔 역사와 슈피겔 지식 잡지의 편집자다.

크리스티나 리에츠(Christina Rietz): 프리랜서 저널리스트다.

디트마르 피이퍼(Dietmar Pieper): 슈피겔 역사와 슈피겔 지식 잡지의 편집장이다.

Dr. 요하네스 잘츠베델(Dr. Johannes Saltzwedel): 슈피겔 역사와 슈피겔 지식 잡지의 편집자다.

Dr. 에바-마리아 슈누어(Dr. Eva-Maria Schnurr): 슈피겔 역사와 슈피겔 지식 잡지의 편집자다.

사미하 샤피(Samiha Shafy): 슈피겔 국제부 편집자다.

미하엘 존트하이머(Michael Sontheimer): 베를린에 있는 슈피겔 독일 국내 분야 편집자다.

마크 폰 뤼프케(Marc von Lüpke): 프리랜서 저널리스트이자 역사학자다.

안드레아스 바서만(Andreas Wassermann): 베를린에 있는 슈피겔 독일 국내 분야 편집자다.

감사의 글

많은 똑똑하고 세심한 동료들이 우리를 도와주지 않았다면 이 책은 만들어지지 못했을지도 모른다. 닥터 하우케 얀센이 이끄는 슈피겔 자료 검증팀이 평소처럼 모든 기고문의 객관적인 사실관계를 확실하고 꼼꼼하게 확인해주었다. 요르크-하인리히 아렌스, 울리히 봄스, 비올라 브뢰커, 닥터 하이코 부쉬케, 요하네스 엘츠쉬크, 클라우스 팔켄베르크, 코넬리아 프라이발트, 닥터 안드레 게이케, 질케 가이스터, 베르톨트 홍거, 미하엘 위르겐스, 레나테 클렘퍼-구세크, 울리히 클뢰처, 닥터 발터 레만-비스너, 소냐 마스, 토비아스 물로트, 잔드라 외프너, 톤스텐 올트머, 마르코 샤를로프, 슈테판 슈토츠, 라이너 스침, 페터 발레, 우르술라 밤서 그리고 말테 첼러에게 감사를 전한다. 사서 요한나 바르티코프스키, 하이코 파울센이 빠르고 정확하게 방대한 문헌들을 찾아주었다.

마르틴 브링커, 루드거 볼렌, 막스 휘버, 게르노트 마츠케, 코넬리아 파우터, 율리아 자우어, 미하엘 발터가 지도와 그림을 디자인하고 토마스 하머가 이 책에 맞도록 확대해주었다. 클라우스-디터 슈미트가 그림 선정에 도움을 주었고 브리타 크뤼거가 그림들의 저작권을 사용할 수 있게 해주었다. 교정팀에서 루츠 디트리히스, 카타리나 뤼커, 타피오 지르카가 본문 표기가 옳은지 한번 더 검토해주었다. 총무팀의 하이케 칼브, 카트린 마스, 엘케 모어가 모든 과정이 마찰 없이 진행될 수 있도록 신경써주었다.

슈피겔 잡지팀의 에바 프로포소바, DVA 출판팀의 카타리나 라인아르츠가 편집 과정 전체를 감독했고, 안드레아 모그비츠가 발행을 책임졌다. 함께 일할 때마다 무리 없이 작업을 완성하게 해주는 이들 모두에게 진심으로 감사를 보낸다.

2016년 여름에 함부르크에서

디트마르 피이퍼, 에바-마리아 슈누어

인물 색인

이 책에 사용된 도판 중 일부는 저작권자와 연락이 닿지 않아 정식 협의 절차를 진행하지 못했습니다.
추후라도 연락해주시면 저작권 협의 후 합당한 조치를 취하겠습니다.

KI신서 7177

1517 종교개혁

1판 1쇄 인쇄 2017년 10월 13일
1판 2쇄 발행 2019년 4월 15일

엮은이 디트마르 피이퍼, 에바-마리아 슈누어
옮긴이 박지희
감수 박흥식
펴낸이 김영곤 박선영 **펴낸곳** ㈜북이십일 21세기북스

정보개발본부장 정지은 **인문기획팀장** 장보라 **책임편집** 윤홍 **교정교열** 최태성
디자인 씨디자인: 조혁준 함지은 김하얀 이수빈
해외기획팀 임세은 장수연 이윤경
마케팅본부장 이은정
마케팅1팀 나은경 박화인 **마케팅2팀** 배상현 김윤희 이현진
마케팅3팀 한충희 김수현 최명열 윤승환 **마케팅4팀** 왕인정 김보희 정유진
홍보기획팀 이혜연 최수아 박혜림 문소라 전효은 염진아 김선아 양다솔
제작팀 이영민 권경민

출판등록 2000년 5월 6일 제406-2003-061호
주소 (10881) 경기도 파주시 회동길 201(문발동)
대표전화 031-955-2100 **팩스** 031-955-2151 **이메일** book21@book21.co.kr

(주)북이십일 경계를 허무는 콘텐츠 리더

21세기북스 채널에서 도서 정보와 다양한 영상자료, 이벤트를 만나세요!
장강명, 요조가 진행하는 팟캐스트 말랑한 책 수다 〈책, 이게 뭐라고〉
페이스북 facebook.com/jiinpill21   포스트 post.naver.com/21c_editors
인스타그램 instagram.com/jiinpill21   홈페이지 www.book21.com
서울대 가지 않아도 들을 수 있는 명강의! 〈서가명강〉
네이버 오디오클립, 팟빵, 팟캐스트에서 '서가명강'을 검색해보세요!

ⓒ 디트마르 피이퍼, 에바-마리아 슈누어, 2017

ISBN 978-89-509-7224-0 03100

책값은 뒤표지에 있습니다.

1555년 아우크스부르크 종교회의에서 체결된 평화조약은 신성로마제국의 제후들에게 관할 영토의 종교를 선택할 수 있는 자유를 허락했다. 루터의 신앙고백을 따르려는 지역과 도시는 이제 로마 가톨릭을 지지하는 지역과 동일한 법적 권한을 가지게 되었다. 하지만 영주가 자신이 선택한 종교를 자신의 영토에 부여할 수 있다는 의미의 선언 "제후의 영토는 곧 그의 종교(cuius region, eius religio)"가 모든 곳에서 통용되지는 않았다. 개신교 종교개혁이 우세했으나 영주가 개신교를 인정하지 않은 지역(헤센)이나 어느 한쪽도 우세하지 않은 지역(라인 주와 베스트팔렌 주의 일부 지ᅟ는 공인된 종교가 없었다.

평화조약이 수십 년간 유효했음에도 불구하고 신성로마제국의 종교 충돌은 계속되었고 유럽의 다른 지역으로 퍼져나갔ᅟ우크스부르크에서 만들어진 평화는 꽤 오래 이어졌으나 1ᅟ30년 전쟁으로 막을 내렸다.

스코틀랜드 왕국
1560년부터 장로교/개혁파

아일랜드

영국 왕국
1534년부터 영국국교회
1553년부터 1559년까지 가톨릭

런던●

네덜란드 연방
1648년에 독립

안트베르펜

플랑드르 백작령
브라반트 공작령

룩셈부르크 공작령

유럽의 분열

1555년의 공식적인 종교 상황

- 개신교-비텐베르크 개혁파(루터파)
- 개신교, 그러나 확고한 분파는 없음
- 개신교-개혁파
- 신구교 공존
- 로마-가톨릭
- 영국국교회
- 정교회
- 이슬람

- 여러 분파가 공존함
- 지역 전체에 하나의 분파만 존재함

파리●

프랑스 왕국

스트라스부ᅟ

제네바●

스위ᅟ
1648ᅟ독립

아비뇽●

포르투갈 왕국

스페인 왕국

●마드리드

100km

출처: J. Wischmeyer, 라이프니츠 유럽 역사 연구소

DER SPIEGEL

사르데냐 왕국